Wilhelm Weischedel

Der frühe Fichte

Aufbruch der Freiheit zur Gemeinschaft

„Wir fingen an zu philosophieren aus Übermuth und brachten uns dadurch um unsere Unschuld; wir erblickten unsere Nacktheit und philosophieren seitdem aus Noth für unsere Erlösung."

Fichte an Jacobi, 30. August 1795

frommann-holzboog

Die 1. Auflage erschien 1939 bei Felix Meiner in Leipzig

2. Auflage — Stuttgart-Bad Cannstatt 1973
ISBN 3 7728 0393 8

Käte Weischedel gewidmet

Vorwort zur zweiten Auflage

Dem vorliegenden Buch ist in seiner ersten Auflage kein günstiges Geschick beschieden gewesen. Der Erscheinungstermin — das Jahr des Ausbruchs des zweiten Weltkrieges — war nicht dazu angetan, den Sinn für philosophische Besinnung zu wecken. In den Jahren darauf ist der größte Teil der ausgedruckten Exemplare dem Feuer zum Opfer gefallen. Dem Inhaber des Frommann Verlages, Günther Holzboog, ist daher besonders zu danken, daß er es unternimmt, die längst vergriffene Schrift neu herauszugeben.

Der Titel des Buches ist etwas verändert worden. In der Zeitsituation des erstmaligen Erscheinens mußte dem Verfasser daran liegen, neben „Gemeinschaft" auch „Freiheit" im Haupttitel zum Ausdruck zu bringen. Diese Notwendigkeit fällt jetzt weg. Der bisherige Untertitel kann nun — in gekürzter Form — obenan stehen.

Die Schrift selber erscheint trotz des Abstandes von fast 35 Jahren in unveränderter Form. Wollte der Verfasser den Text ändern, dann müßte das dahin führen, daß er ein neues Buch schriebe. Nicht nur, daß die seither erschienene reiche Literatur über Fichte einzuarbeiten wäre. Auch die Grundtendenz des Buches müßte einer Revision unterzogen werden. Eines der Hauptverdienste des frühen Fichte sah der Verfasser seinerzeit in dem Verzicht auf metaphysische Spekulation, während er dem späteren Fichte vorwarf, daß er davon allzu reichlich Gebrauch mache. Inzwischen hat sich das Interesse des Verfassers eher auf den Fichte der „Anweisung zum seligen Leben" und der späteren Fassungen der Wissenschaftslehre verlagert. Diese mehrfach in Vorlesungen vorgetragene revidierte Fichtedeutung hat erstmalig in einem Kapitel des kürzlich erschienenen Buches „Der Gott der Philosophen"[1] Ausdruck gefunden. Nicht als ob der Verfasser nun meinte, man könne die Metaphysik des späteren Fichte kritiklos hinnehmen; das angeführte Buch zeigt vielmehr gerade, daß dessen metaphysischer Standort nicht haltbar ist. Aber auch der frühe Fichte wird von dem gegenwärtig

1) Wilhelm Weischedel, Der Gott der Philosophen; Grundlegung einer Philosophischen Theologie im Zeitalter des Nihilismus, 2 Bände, Darmstadt/München 1972/73.

erreichten Problembewußtsein des Verfassers her fragwürdiger, als er in der vorliegenden Arbeit erscheint. Auch jenes „Wesen des Menschen", in dessen Herausarbeitung das Buch gipfelt, entspringt ja selber einer metaphysischen Konzeption; im Hintergrund steht die Auffassung vom Menschen als einem Wesen, das in all seiner Endlichkeit doch mit einem Teil seines Seins in die Sphäre des Absoluten hineinreicht. Fichte ist also nicht nur der besonnene Phänomenologe, als den ihn das vorliegende Buch darstellt, sondern auch und gerade in seinen frühen Schriften Metaphysiker. Doch das auszulegen und kritisch zu analysieren wäre die Sache einer eigenen Darstellung. So mag denn das Buch, auch vom Verfasser aus der Distanz betrachtet, unverändert das Feld der philosophischen Diskussion betreten.

Inhalt

Vorbemerkung

Die Werke Fichtes wurden in der von Medicus besorgten Ausgabe (erschienen bei Meiner, ohne Jahr) benutzt. Bei der Zitierung wird zunächst die betreffende Schrift Fichtes angegeben. Dabei bedeuten:

Gel.	Einige Vorlesungen über die Bestimmung des Gelehrten. 1794.
Gel., dän. Ausg.	Dasselbe, Zusätze zur dänischen Ausgabe von 1796, aus der von Hans Schulz in den Kantstudien, XV, Heft 2/3 mitgeteilten Rückübersetzung (zitiert nach Medicus).
WL	Grundlage der gesamten Wissenschaftslehre. 1794/95.
Grdr.	Grundriß des Eigentümlichen der Wissenschaftslehre in Rücksicht auf das theoretische Vermögen. 1795.
NR	Grundlage des Naturrechts nach Prinzipien der Wissenschaftslehre. 1796/97.
SL	Das System der Sittenlehre nach den Prinzipien der Wissenschaftslehre. 1798.
1. Einl.	Erste Einleitung in die Wissenschaftslehre. 1797.
2. Einl.	Zweite Einleitung in die Wissenschaftslehre. 1797.
Vers.	Versuch einer neuen Darstellung der Wissenschaftslehre. 1797.
WL 1801	Darstellung der Wissenschaftslehre. 1801.
WL 1804	Die Wissenschaftslehre. 1804.
Grundz.	Die Grundzüge des gegenwärtigen Zeitalters. 1806.
Anweis.	Die Anweisung zum seligen Leben. 1806.
Reden	Reden an die deutsche Nation. 1808.
WL 1810	Die Wissenschaftslehre in ihrem allgemeinen Umriß. 1810.
SL 1812	Das System der Sittenlehre. 1812.
Staatslehre	Vorträge verschiedenen Inhalts aus der angewendeten Philosophie. Die Staatslehre. 1813.

An zweiter Stelle in der Zitierung werden die Band- und Seitenzahlen der Ausgabe von I. H. Fichte (1834—1846), die in der Ausgabe von Medicus vermerkt sind, angegeben.

Vorrede

Seit dem „Staat“ Platons ist *die philosophische Frage nach der Gemeinschaft* im abendländischen Denken nicht zur Ruhe gekommen. Aber sie ist kein Problem, das nur in den inneren Bezirken der philosophischen Wissenschaft beheimatet wäre. Vielmehr erwächst sie immer wieder vor den Augen des Menschen aus den Gegebenheiten und Notwendigkeiten seines Daseins. Darum findet sie ihre Lösung auch nicht in einer Region bloßen Nachdenkens, sondern in der Wirklichkeit des Miteinanderlebens, in den Beziehungen und Bindungen des gemeinschaftlichen Existierens. Weshalb aber dann noch die „philosophische“ Frage nach der Gemeinschaft? Wird sie nicht allzu nachträglich und ohne Fruchtbarkeit für das Leben gestellt?

Dies müßte der Fall sein, wenn Philosophie nur nachträgliche Sichtung, Ordnung und Deutung gegebener Tatbestände wäre. Zwar kann sie sich als Wissenschaft dergleichen Aufgaben nicht entziehen, doch erfüllt sich nicht darin ihr eigentlicher Sinn. Wesenhaft ist sie vielmehr die Frage des Menschen nach sich selbst, die dann entspringt, wenn dieser sich nicht in der Wirklichkeit und ihrem Sosein beruhigt, sondern, bedrängt von der Fragwürdigkeit der Erscheinung, nach dem Grunde forscht. In diesem Fragen aber ist die Kühle des bloßen Wissenschafttreibens verwandelt. Die Suche nach sich selbst wird die vorherrschende Leidenschaft, und dem Philosophierenden erwächst die Aufgabe, von dem Grunde her und aus den Aspekten, die sich dort eröffnen, sein Dasein zu gestalten. So ist *Philosophie* nicht ohnmächtiges Nachdenken, sondern selbst *eine Macht in der Existenz;* die Tiefe des Gedankens zeugt die Verantwortlichkeit, die Macht und Recht zu der verwandelnden Tat gibt. „Entschlossenheit im Denken führt notwendig zur moralischen Güte und zur moralischen Stärke.“ [1])

Eben darum ist die philosophische Haltung nicht den Philosophen von Beruf vorbehalten; sie kann ebenso gut und oft stärker in denen

[1]) Johann Gottlieb Fichte, Über Belebung und Erhöhung des reinen Interesse an Wahrheit, 1795, VIII 352.

herrschen, denen die tätige Bewältigung der Wirklichkeit, an welchem Punkte auch immer, anvertraut ist, wenn anders in ihren Drang zur Tat die Leidenschaft der Besinnung gemischt ist. Darüber hinaus besteht die Bemühung dessen, der sich das Philosophieren ausdrücklich zur Aufgabe macht, nur darin, daß er die Fragen, die an alle gestellt sind und die die verantwortlich Existierenden im Denken und Handeln aufnehmen, radikal zu Ende fragt. Ein solches Fragen in den Grund hinein wird immer dann notwendig, wenn eine bis dahin scheinbar sichere Haltung fragwürdig geworden ist, oder die Bedrängnis durch den Augenblick eine neue Besinnung herausfordert. Es ist kein Zweifel, daß das Problem der Gemeinschaft sich gegenwärtig dem Philosophierenden unabweisbar aufdrängt. *So versucht denn auch die vorliegende Schrift, die Frage nach der Gemeinschaft im echten Sinne philosophisch zu stellen und sie, wenn es ihr gelingen sollte, ihrer Lösung ein Stück entgegenzuführen.*

Die Untersuchung stellt sich als eine *Auslegung der Frühphilosophie Fichtes* dar. Doch ist schon aus ihrer Zielsetzung deutlich, daß sie die Interpretation nicht um ihrer selbst willen unternimmt, sondern in der Erwartung, von Fichte geleitet, in die Tiefe des Problems geführt zu werden. Zu einer solchen Führung ist Fichte vor andern vorzüglich berufen. Zwar fragt auch schon die Philosophie der Aufklärung ausdrücklich nach der Gemeinschaft. Fichtes eigentümliches Verdienst ist es jedoch, daß er ihre Begründung in einer *Ursprünglichkeit* ansetzt, wie sie seit Platon und Aristoteles nicht mehr erreicht wurde. Er stellt erstmals wieder die Frage danach nicht empirisch-psychologisch und nicht metaphysisch, sondern entdeckt ihre *Verwurzelung im Problem des Wesens des Menschen* — der eigentlich philosophischen Grundfrage —. Denn Gemeinschaft ist eine Seinsweise des Menschen; ihre Notwendigkeit philosophisch begründen, heißt zeigen, daß der Mensch sein Wesen verfehlte, wenn er den Verlockungen zum Einsiedlertum und zur Verachtung des Miteinander erliegen wollte.

Will man der Frage nach der Gemeinschaft am Leitfaden einer Interpretation Fichtes nachgehen, so läge es nahe, sich an den *späteren Fichte*, an den Fichte der „Reden an die deutsche Nation“, zu wenden. Ist es doch gängige Auffassung, daß er erst auf dieser Stufe seines Nachdenkens das tiefste Verständnis von Gemeinschaft erreicht habe, daß er dagegen im Beginn seines Philosophierens noch weithin in dem individualisierenden und atomisierenden Denken der Aufklärung befangen sei. Diese Ansicht übersieht jedoch, daß Fichte später die bestehenden Gemeinschaftsformen nur darum umfassender und lückenloser begründen kann, weil er mit der These von der Priorität des Ganzen vor dem einzelnen einen metaphysischen Grundsatz undiskutiert übernimmt, während er im ersten Anlauf voraussetzungslos mit der bloßen Frage nach dem Wesen des Menschen beginnt. Zum Leitfaden für das eigene Forschen muß uns die Ausarbeitung eines Problems aber da werden, wo einer es so ursprünglich stellt, als wäre es vor ihm noch nie gestellt worden; denn nur aus dieser Vereinzelung mit der Frage erwächst die philosophische Leidenschaft.

Daß Fichte dergestalt neu das Problem der Gemeinschaft aufwerfen kann, hat seine Ursache darin, daß er die grundlegende Frage nach dem Wesen des Menschen in einer Klarheit stellt, der Kant zwar den Weg gebahnt hatte, die er aber in der Mühe des Durchbruchs selbst nicht erreichen konnte. Zwar gilt *die Wissenschaftslehre von 1794/95* allgemein als das „abstrakteste" Buch der philosophischen Literatur, und es wird ihr damit die Fruchtbarkeit für echte, die Existenz berührende philosophische Problematik abgesprochen. Schwierig ist dieses Werk allerdings, und es erfordert langen Atem und Geduld, ehe man es begreift; unsere Auslegung, die den Beweisgängen Fichtes nachgeht, wird daher oft das Odium der Umständlichkeit auf sich nehmen müssen. Aber dies ist von der Sache selbst gefordert, die keine Schlaffheit im Denken erlaubt. „Ich muß erinnern, daß die Wissenschaftslehre aus dieser milden Denkart weder hervorgeht, noch auf sie rechnet. Wenn auch nur ein einziges Glied in der langen Kette, die sie zu ziehen hat, an das folgende nicht streng anschließt, so will sie überhaupt nichts erwiesen haben." [2]) Wir werden versuchen zu zeigen, daß dieses Buch nicht abstrakt ist, sondern in jedem seiner Sätze aus dem konkreten Wissen um Sein und Haltung des Menschen heraus spricht. Wie alles Formulierte hat auch die Wissenschaftslehre ihre formale Seite; aber darin eben besteht die Aufgabe der philosophischen Interpretation, zu zeigen, welche gemeinten Sachverhalte im Gewande der philosophischen Kunstsprache verborgen sind. „Denn die Sprache liegt selbst in der Region der Schatten ... Was ich daher ausspreche, ist nie meine Anschauung selber; und nicht das, was ich sage, sondern das, was ich meine, ist unter meinem Ausdrucke zu verstehen." [3])

Der Anschein der Abstraktheit verschwindet, wenn man die Wissenschaftslehre von 1794/95 und die mit ihr gleichzeitigen Schrif-

[2]) 1. Einl. I 440. [3]) Der Patriotismus und sein Gegenteil, 1807, XI 258.

ten nicht als Erkenntnistheorie oder als Metaphysik, sondern als Beiträge zur philosophischen Analyse des Menschseins, also als *Ontologie des Menschen*, auslegt. Damit setzt sich unsere Interpretation in Gegensatz zu der geläufigen Auffassung über Fichte und den Deutschen Idealismus überhaupt, eröffnet aber eben dadurch einen Einblick in die eigentümliche Lebendigkeit, in der Fichte fragt.

Seine Versuche, den Menschen zu begreifen, spüren in immer erneuten Anläufen, von Gegebenheiten des faktischen menschlichen Daseins ausgehend, der Tiefe seines Wesens nach; sie haben zum Ergebnis, daß *der Mensch, in sich selbst gegensätzlich,* sich nie anders als im Widerspruch begreifen kann. Alle einzelnen widerstreitenden Bestimmungen des Menschen wurzeln letztlich in der Grundwidersprüchlichkeit von Absolutheit und Endlichkeit, die sein Wesen durchherrscht. Sie beide, und gerade in ihrem Widerstreit, machen ein solches Sein, wie es das des Menschen ist, überhaupt erst möglich. Aber sie gefährden es zugleich von der Wurzel her. Denn bliebe die Widersprüchlichkeit das letzte Wort, so zerrisse dem Menschen sein Dasein und nicht nur die Erkenntnis seiner selbst, sondern seine Existenz überhaupt würde unmöglich. Die Sorge, daß es dabei bleiben könne, ist der Atem, der die oft langwierigen Deduktionen Fichtes treibt. Es gehört zu den dramatischsten Geschehnissen im Bereich der philosophischen Forschung, wie er in immer neuen Anläufen eine *Einheit in der Widersprüchlichkeit* zu finden sucht. Die Auslegung der verschiedenen Synthesen — der theoretischen, die das Denken und Vorstellen innerlich ermöglicht, der praktischen, die den Menschen als Wesen des Wollens, der Freiheit und des Zugehens auf das Ideal kennzeichnet, und schließlich der ontologischen Synthesis, die das Selbstbewußtsein als geeinte Selbstentzweiung möglich macht, — zeigt die Stufen auf dem Wege, den Fichte beschreitet, um sich der Einheit zu bemächtigen. Auf jeder Stufe jedoch zerbricht die gewonnene Synthesis wiederum in die Zwiespältigkeit, um neu die Frage nach der Einheit aus sich hervorzutreiben.

Dieser dialektische Absturz alles Erkennens, der letztlich um des dialektischen Wesens des Menschen willen geschieht, macht es unmöglich, eine letzte Einheit zu finden, die als gemeinsame Wurzel die Gegensätze aus sich erwachsen ließe; dann verlören die widersprüchlichen Seinsbestimmungen ihre Kraft, die sie doch in der Ermöglichung der Existenz offenbaren. Der Mensch widerstreitet vielmehr in der Tiefe seines Wesens sich selbst schlechthin und ist doch zugleich mit sich selbst schlechthin eins. Dieser innerste Gegensatz von Einheit und Widerstreit ist in ihm darin gebunden, daß er *ein Wesen des Unterwegs* aus der ungedeuteten Vergangenheit in die Ungewißheit der Zukunft, daß er letztlich nichts ist als *die existierende Frage nach sich selbst,* die sich ihre immer wieder zerbrechende Antwort entschlossen selber geben muß.

Erst eine solche in die Tiefe des Grundes dringende Auslegung des Menschseins ermöglicht eine gegründete Aussage über *Notwendigkeit oder Zufälligkeit der Vergemeinschaftung.* Fichte zeigt, daß der Mensch eben darum ein Wesen der Gemeinschaft sein muß, weil er die geeinte grundwidersprüchliche Existenz und letztlich Frage ist. Wäre seine Existenz widerspruchslos, so wäre er nicht in die Unruhe des schöpferischen Willens zur Gemeinschaft geworfen; fände der Widerstreit keine Einigung, so zerstörte der Mensch sich selbst und die andern. Nur der geeinte Widerstreit, wenn er in der Selbstverantwortlichkeit ergriffen wird, entfaltet sich notwendig in die Mitverantwortlichkeit. So stellt sich gerade da, wo das Wesen des Menschen als freie Frage nach sich selbst die Hybris der Eigenherrlichkeit herauszufordern und die Hingabe an die andern zu gefährden droht, die schlechthinige Aufgabe der Gemeinschaft.

Den Aufweis einer solchen Verklammerung von Freiheit und Gemeinschaft nachzuvollziehen und ihn da, wo Fichte noch in den Formeln und Beweisgängen der Aufklärung befangen ist, entscheidender durchzuführen, wird die Aufgabe des zweiten Teiles unserer Untersuchung sein. Denn es ist das Anliegen der vorliegenden Schrift, nicht in Behauptung oder Verkündigung, sondern in der „Anstrengung des Begriffs" *zu zeigen, daß der Mensch nicht Mensch sein kann, es sei denn, er wäre Mensch in der Gemeinschaft, und daß sein Wesen den Aufbruch der Freiheit zur Gemeinschaft fordert.*

Einleitung

§ 1

Die Frage nach der Gemeinschaft und das Problem des Wesens des Menschen

Wenn wir das Wort „Gemeinschaft“ aussprechen, klingen darin Gefühlsmomente und sittliche Werte mit an: das Innige, Trauliche der Gemeinschaft, die Geborgenheit in ihr, das Mitverschworensein; andererseits der Wert des Gemeinnutzes vor dem Eigennutz, die den Menschen fördernde Bedeutung der Gemeinschaftsbildung in Freundschaft, Ehe und Staat. Aber diese mitschwingenden Töne lassen den *Begriff der Gemeinschaft* noch nicht scharf abgegrenzt und deutlich heraustreten; sie machen es im Gegenteil gerade schwierig, ihn zu fassen.

Ebensowenig hat die Geschichte der philosophischen Interpretation dieses Phänomens vermocht, es eindeutig zu klären. Zwar liegt der philosophische Sprachgebrauch seit *Tönnies* [1]) in einem wesentlichen Punkte fest: im Unterschied zu der Gesellschaft, die die künstlich zuwege gebrachte Form des Miteinander ist, trägt Gemeinschaft gleichsam organischen Charakter. Wie wenig selbstverständlich aber diese Unterscheidung ist, erhellt daraus, daß etwa *Schleiermacher* [2]) genau die umgekehrte Begriffsbestimmung gibt; für ihn ist Gesellschaft die organische Form des Miteinander, während Gemeinschaft im ausdrücklichen Setzen von Zwecken entsteht. Ehe daher mit Sinn die Frage nach der Gemeinschaft gestellt werden kann, muß gezeigt werden, wonach denn eigentlich und in welcher Hinsicht danach gefragt wird.

Gemeinschaft ist im allgemeinsten Sinne eine Art des Miteinander von Menschen. Damit sind zunächst aus unserer Frage ausgeschlossen mögliche Arten von Gemeinschaft zwischen Menschen

[1]) Tönnies, Ferdinand, Gemeinschaft und Gesellschaft. 4. und 5. Aufl. 1922.

[2]) Schleiermacher, Friedrich, Versuch einer Theorie des geselligen Betragens. 1799. Werke (Meiner) II 1 ff., vgl. bes. 8 f.

und anderen Lebewesen oder Gott. Das menschliche Miteinander aber wird im weitesten Umfang dieses Begriffes befaßt, gleichgültig, ob es ein Eintreten füreinander, eine gemeinsame Tätigkeit, ein bloßes Nebeneinander oder gar ein Gegeneinander ist — auch das Gegeneinander ist ja eine besondere Form des Miteinander.

Die genannten Gefühlsmomente im Worte „Gemeinschaft" — Innigkeit, Traulichkeit, Mitverschworensein, Geborgenheit — weisen aber über diese formale Bedeutung hinaus auf einen sachhaltigen Sinn. Ein Gegeneinander könnte nie Geborgenheit geben, ebensowenig das bloße Nebeneinander. Deshalb werden wir etwa eine Aktiengesellschaft nicht als Gemeinschaft bezeichnen. Vielmehr gehört zur Gemeinschaft eine gewisse Verbundenheit der einzelnen miteinander, die es macht, daß sie sich als Angehörige eines umfassenden Ganzen verstehen, das sie trägt und hält.

Dieses Moment hängt nun aufs innigste zusammen mit dem, was wir oben als den sittlichen Wert der Gemeinschaft kennzeichneten. Gemeinschaft ist — zwar nicht immer in der Wirklichkeit, aber der Idee nach — für den Menschen nur dann das Tragende und Haltende, wenn er selbst sie mitträgt und mithält. Gemeinschaft bildet sich erst in der Hingabe des einzelnen an sie und an die Menschen, mit denen er verbunden ist. So läßt sich denn in unserer vorbereitenden Klärung des Phänomens der *Begriff der Gemeinschaft* so verdeutlichen: sie ist *diejenige Form des Miteinander, die durch Hingabe der einzelnen entsteht und getragen wird und in der die einzelnen wiederum Halt und Geborgenheit haben.*

Stellt man die Frage nach der Gemeinschaft philosophisch, so ist sie zunächst *Wesensfrage*; es wird gefragt, was Gemeinschaft ist. Die vordeutenden Begriffsbestimmungen, die wir oben gaben, stecken ja nur den Bezirk ab, in dem Gemeinschaft zu suchen ist, ohne über ihr Wesen etwas Sachhaltiges auszusagen. Die Wesensfrage ist aber zugleich *Ursprungsfrage*; nicht im Sinne des äußeren Werdens, als fragten wir danach, wie sich Gemeinschaft in der Wirklichkeit bildet, sondern so, daß wir danach forschen, wie sie von innen her sich aufbaut, welches die Konstituentien ihres Seins sind.

Eines dieser Bauelemente — und, wie unsere Darstellung zeigen wird, das entscheidende Moment — haben wir bereits angedeutet; es ist die Hingabe der in der Gemeinschaft Vereinigten. In ihr bildet sich Gemeinschaft, oder, allgemeiner ausgedrückt: *Gemeinschaft wird in den gemeinschaftbildenden Verhaltungsweisen des Menschen.* Damit ist der Blick von der bloßen Beschreibung der Arten und Formen von Gemeinschaft weggerückt und fällt nun auf den in der Gemeinschaft stehenden Menschen. Wenn wir also nach der Genesis der Gemeinschaft fragen, so fragen wir nach dem Menschen, der sie baut, in sie eintritt, sich ihr hingibt, sie weiter gestaltet, von ihr gestützt wird. Zugleich sind damit alle Versuche abgewehrt, Gemeinschaft etwa als ein freischwebendes Ding oder als einen Wert an sich, losgelöst vom Menschen, zu begreifen; sie sind von vornherein dazu verurteilt, in der Sphäre des bloßen Beschreibens bleiben zu müssen.

Mit all dem befindet sich die Frage nach der Gemeinschaft noch innerhalb des Bereiches rein phänomenologischer Klärung. Wenn wir jedoch von der „Frage" nach der Gemeinschaft sprechen, müssen wir die besondere Fragwürdigkeit ins Auge fassen, die dazu zwingt, überhaupt diese Frage aufzuwerfen. Ohne Zweifel ist es nicht die immanente philosophische Problematik allein, die vor diese Frage stellt, sondern sie bricht aus dem Existieren selbst hervor. Denn den Verhaltungen des Menschen, in denen der Ursprung der Gemeinschaft liegt, stehen andere Möglichkeiten gegenüber, in denen der Mensch sich auf sich zurückzieht, sich der Gemeinschaft versagt und sich sogar gegen sie stellt. Beide Gruppen von Verhaltungen aber beanspruchen — wie dies im Wesen der menschlichen Möglichkeiten liegt — den Menschen. Dringlich wird die Frage nach der Gemeinschaft eben dadurch, daß der Mensch vor eine Wahl gestellt ist, vor die Entscheidung, ob er sich vereinzeln oder sich der Gemeinschaft hingeben darf und soll.

So gestellt ist die Frage nach der Gemeinschaft eine *Existenzfrage*, die an jeden einzelnen gerichtet ist und die jeder für sich zu beantworten hat. Die Ursachen, die ihn zu der einen oder andern Antwort veranlassen, können verschiedener Art sein: eine bestimmende Charakteranlage, ein verehrtes Vorbild, die Dringlichkeit eines von außen herangetragenen Anspruchs, aber auch die Bequemlichkeit, in der eingeschlagenen Richtung zu bleiben.

Philosophisch wird diese Existenzfrage erst dann gestellt, wenn sie mit der Wesensfrage zusammengefaßt wird. Ist es wesensmäßig notwendig, so lautet die Formulierung von der einen Seite her, daß Gemeinschaft verwirklicht werde? Und von der andern Seite aus ist zu fragen: muß der Mensch wesensmäßig seine Möglichkeit, gemeinschaftlich zu existieren, verwirklichen? Weil aber philosophisch nach Gemeinschaft fragen — wie wir oben sahen — nach ihrem Ursprung fragen heißt und weil der Ursprung eben die Verwirklichung der Gemeinschaft durch den Menschen ist, deshalb sind beide Fragen im Grund ein und dieselbe Frage, nämlich die, *ob aus dem Wesen des Menschen heraus Gemeinschaft notwendig ist.*

Auch diese Frage führt nicht zu einer abstrakten philosophischen Problemdiskussion. Denn wie anders soll ich in einer konkreten Situation verantwortlich entscheiden, ob ich mich in eine mir begegnende Gemeinschaft eingliedern soll, als so, daß ich mir darüber klar werde, ob es meinem Wesen — nicht meinen zufälligen Launen oder Gelüsten, sondern dem, was ich eigentlich und wesenhaft bin — entspricht, mich ihr hinzugeben. Die Frage nach der Gemeinschaft wurzelt so in einer konkreten, im Dasein selbst sich erhebenden Fragestellung und mündet ein in die *Problematik einer Ontologie des menschlichen Daseins.*

In die Richtung ontologischer Fragestellung weist eine Schrift, die Gerda *Walther* unter dem Titel: „Zur Ontologie der sozialen Gemeinschaften" vorlegt [3]). Ihre Untersuchung der Gemeinschaft in deren allgemeinen Strukturen bleibt aber rein im Phänomenologischen und dringt nicht in die Region der sachhaltigen Problematik einer Ontologie der Gemeinschaft vor. Auch der Versuch, „die ontologischen Grundlinien der Gemeinschaft" nachzuzeichnen, wie ihn Dietrich *von Hildebrand* in seiner „Metaphysik der Gemeinschaft" macht [4]), kommt nicht über die formale Charakteristik hinaus zum eigentlichen Problem der Gemeinschaft. Zudem wird der Begriff der Person aus Schelers Philosophie undiskutiert übernommen und überdies Person ohne weiteres als eine Art von Substanz interpretiert. Die Grundlinien einer Ontologie des Menschen in seinem Sein in der Gemeinschaft werden von Martin *Heidegger* in seinem Buch „Sein und Zeit" gezogen [5]). Aufbauend auf einer eindringenden Interpretation des Wesens des Menschen, macht er das Mitsein als die spezifische Seinsweise des Menschen im Miteinander zum Problem. Aber die grundsätzliche Absicht einer Ausarbeitung der Seinsfrage überhaupt bringt es mit sich, daß das Problem einer Ontologie der Gemeinschaft nur gestellt, nicht aber eigens gelöst wird. So stellt sich erneut die *Aufgabe einer ontologischen Interpretation der Gemeinschaft aus dem Wesen des Menschen.*

[3]) Jahrbuch f. Philosophie und phänomenolog. Forschung. Bd. VI 1 ff.

[4]) Metaphysik der Gemeinschaft. Untersuchungen über Wesen und Wert der Gemeinschaft. 1930.

[5]) Sein und Zeit, I. Hälfte, 1927; insbes. 114 ff.

§ 2

Fichte und das Problem der Gemeinschaft

Wenn die Frage nach der Gemeinschaft neu gestellt werden muß, so gilt dies in erhöhtem Maße von der ihr zugrunde liegenden Frage nach dem Wesen des Menschen. Überkommene Definitionen des Menschseins, mögen sie auch durch ihr Alter eine große Ehrwürdigkeit besitzen, müssen sich, ehe man sie übernehmen kann, vor der Erkenntnis rechtfertigen, die dem Philosophierenden aus seinen eigenen Bemühungen um die Erfassung der Wirklichkeit erwächst. Andererseits aber bildet sich eine solche Erkenntnis nicht im leeren Raum des Nachdenkens, sondern in der Auseinandersetzung mit bereits wirksamen Gestaltungen der philosophischen Durchdringung der Wirklichkeit. Im Blick auf die Vergangenheit gewinnt das Verständnis der Gegenwart erst seine eigentliche Klarheit. So werden auch wir unsere Frage nach der Gemeinschaft und nach dem Wesen des Menschen in der *Auslegung einer der geschichtlichen Bemühungen um dieses Problem* zu beantworten suchen.

Wenn wir uns gerade an *Fichte* wenden, so geschieht dies deshalb, weil bei ihm, wenn wir ihn geschichtlich betrachten, *das Problem der Gemeinschaft im Begriff* ist, *in den Mittelpunkt der philosophischen Fragestellung einzudringen.* Bei Kant steht es noch gänzlich an der Peripherie; Hegel wiederum orientiert von Anfang an seine Philosophie auf die Begriffe des Ganzen und der Gemeinschaft. Eben der Übergang aus einer Zeit, der die Gemeinschaft nicht fragenswert war, zu einer Periode ausgeprägten Gemeinschaftsdenkens bringt es mit sich, daß in leidenschaftlichem Vorstoß neu nach ihr gefragt und, weil Gemeinschaft grundlos geworden ist, ihre Begründung bis an die Wurzel vorgetrieben werden muß.

Solcher für die Geschichte des Gemeinschaftsbegriffes entscheidender Augenblicke gibt es mehrere: die Frage *Platons* nach dem Staat, die aus der unsicher gewordenen Haltung des Menschen im Staat entsprang; das Problem, die eigentliche und wesenhafte Existenz durch die Zugehörigkeit zu einem Ganzen, der Kirche, zu sichern, das *Augustin* im Gegensatz zu den individualisierenden Tendenzen der Spätantike bewegte; der Durchbruch des *Nicolaus von Cues* zum Begriff der Einheit gegenüber der zersplitternden Denkrichtung des Nominalismus. Was die Begründung der Gemeinschaft, die *Fichte* gibt, von der des Augustin und des Nicolaus von Cues unterscheidet und in die Nähe Platons rückt, ist, daß sie sich von traditionellen metaphysischen Gesichtspunkten zu lösen sucht und die Frage wirklich ursprünglich ansetzt. Darüber hinaus unterscheidet sie von der Platonischen Fragestellung, daß sie ausdrücklich und über sich selbst im klaren die Frage nach der Gemeinschaft als ein Problem der Ontologie des Menschen stellt, während bei Platon der Gemeinschaftsbegriff in frageloser Selbstverständlichkeit aus dem Ganzen eines Bildes vom Menschen erwächst.

Zu diesen Ursachen, die uns veranlassen, *die Frage nach der Gemeinschaft* am Leitfaden einer Auslegung Fichtes zu stellen, kommt hinzu, daß sie *Fichte während der Dauer seiner gesamten philosophischen Arbeit und Wirksamkeit aufs stärkste beschäftigt* hat. Schon 1793, also noch ganz in den Anfängen des Entwurfs seines philosophischen Systems, schreibt er an Kant, seine Seele glühe von dem großen Gedanken, die von Kant gestellte Aufgabe durchzuführen, eine Staatsverfassung, die zugleich die größtmögliche menschliche Freiheit gewährleiste, zu entwerfen [6]). Im gleichen Jahre erscheinen zwei Schriften, die sich mit den Problemen der Gestaltung des staatlichen Miteinander, wie sie durch die französische Revolution geweckt wurden, befassen, die „Zurückforderung der Denkfreiheit" und der „Beitrag zur Berichtigung der Urteile des Publikums über die Französische Revolution" [7]). Den Abschluß der Gedanken Fichtes zur Gemeinschaft bilden die aus dem Nachlaß herausgegebenen und Fragment gebliebenen „Vorträge verschiedenen Inhalts aus der angewendeten Philosophie" [8]), die vor allem den Fragenkreis des Staates und des Reiches betreffen. Dazwischen erschienen die „Grundlage des Naturrechts" [9]), deren Mittelpunkt das Problem der Möglichkeit der Rechtsgemeinschaft bildet, das „System der Sittenlehre" [10]), das in wesentlichen Teilen eine Ethik der Gemeinschaft ist, und die Vorlesungen, die sich die Überwindung des Zeitalters des Individualismus und die Gewinnung einer Epoche neuen Gemeinschaftsbewußtseins zum Ziel setzen, nämlich die „Grundzüge des gegenwärtigen Zeitalters" [11]) und die „Reden an die Deutsche Nation" [12]). Aber auch Schriften, die in ihrem Titel nicht ohne weiteres eine Beziehung auf das Gemeinschaftsproblem aufweisen, stehen unter diesem Gesichtspunkt, so die „Anweisung zum seligen Leben" [13]) und die Vorlesungen über das Wesen

[6]) J. H. Fichte, J. G. Fichtes Leben und literarischer Briefwechsel, 1862, Bd. II S. 152. [7]) 1793; VI 1 ff., 37 ff. [8]) 1813; IV 367 ff.
[9]) 1796/97; III 1 ff. [10]) 1798; IV 1 ff. [11]) 1806; VII 1 ff.
[12]) 1808; VII 257 ff. [13]) 1806; V 397 ff.

des Gelehrten, die Fichte in verschiedenen Zeitabständen jeweils in neuer Fassung wiederholte [14]).

Gemeinhin wird in der Literatur über Fichte die Bedeutung der Reden an die Deutsche Nation und der Schriften, die in demselben Zeitraum erschienen sind, für das Problem der Gemeinschaft überbewertet. Die Anfänge seines Gemeinschaftsdenkens werden zumeist übergangen, oder es wird betont, daß Fichte sich dort noch stark in den Bahnen des aufklärerischen Gedankens bewege. Und doch liegen die Voraussetzungen, aus denen heraus Fichte seine „Reden" halten konnte, schon in seinen frühen Gedanken zur Gemeinschaft beschlossen; bereits dort werden die entscheidenden Gesichtspunkte gewonnen. Überdies — und gerade das ist wesentlich — werden die Ideen über die Gemeinschaft in der späteren Epoche im Zusammenhang mit metaphysischen Grundsätzen mitgeteilt, die nicht in dem eigenen Vorstoß Fichtes zur Ontologie des Menschen gewonnen, sondern aus der Tradition übernommen sind.

Wir beschränken uns daher bei unserer Auseinandersetzung mit Fichte auf *die Periode seines Denkens, die mit den politischen Schriften von 1793 beginnt und etwa mit dem Atheismusstreit von 1799 endet.* Als thematische Werke für die Frage nach der Gemeinschaft dienen dabei vor allem die „Grundlage des Naturrechts nach Prinzipien der Wissenschaftslehre" von 1796/97 [15]) und das „System der Sittenlehre nach den Prinzipien der Wissenschaftslehre" von 1798 [16]). Die ontologische Begründung, die die Verwurzelung der Gemeinschaft im Wesen des Menschen aufzeigt, findet sich jeweils in den ersten Paragraphen dieser beiden Schriften, die wir deshalb eingehend behandeln werden. Sie bleiben aber — Fichte macht selbst darauf aufmerksam — letztlich unverständlich, wenn sie nicht aus dem Ganzen des Entwurfs einer Ontologie des Menschen heraus begriffen werden, den Fichte vor allem in der 1794 und 1795 veröffentlichten, aus den ersten Vorlesungen in Jena hervorgegangenen „Grundlage der gesamten Wissenschaftslehre" [17]) darlegt. Hinzu treten als Ergänzung und in gewisser Hinsicht als Weiterführung die erste und zweite „Einleitung in die Wissenschaftslehre" von 1797 [18]) und der Fragment gebliebene „Versuch einer neuen Darstellung der Wissenschaftslehre" aus demselben Jahre [19]).

Unsere Aufgabe wird daher sein, ehe wir die Begründung der

[14]) 1794; VI 289 ff. 1806; VI 347 ff. 1811; XI 145 ff. [15]) III 1 ff.
[16]) IV 1 ff. [17]) I 83 ff. [18]) I 417 ff., I 451 ff. [19]) I 519 ff.

Gemeinschaft, wie sie Fichte gibt, auslegen, uns die Grundzüge der Analyse des Menschseins, die er in den genannten Schriften zur Wissenschaftslehre mitteilt, zu vergegenwärtigen. Die folgende Darstellung gliedert sich demgemäß in die *zwei Hauptabschnitte:*

I. Das Wesen des Menschen.

II. Die Begründung der Gemeinschaft aus dem Wesen des Menschen.

Das Verständnis der *Wissenschaftslehre* als einer *Ontologie des menschlichen Daseins* werden wir uns allerdings erst erkämpfen müssen. Es steht in Widerspruch zu der gängigen Auffassung, der gemäß die Wissenschaftslehre den Charakter einer Theorie des Erkennens oder einer Metaphysik tragen soll. Ihre Kennzeichnung als Erkenntnistheorie scheint durch den Titel bestätigt zu werden; als Lehre von der Wissenschaft muß sie doch vom wissenschaftlichen Erkennen, also von einer besondern Art des Erkennens, handeln und muß somit Erkenntnistheorie sein. Aber schon ein Blick auf ihren Aufbau zeigt, daß nur im zweiten Teil vom Erkennen die Rede ist, daß aber im übrigen von Wollen, Freiheit, Ideal und ähnlichem gesprochen wird, also von Begriffen, die das Sein des Menschen nicht nur in seiner Erkennensfunktion, sondern in weiteren Bereichen kennzeichnen.

Näher an der Sache ist die zweite These — wir werden sie später noch genauer kennen lernen —, die die Wissenschaftslehre als Metaphysik kennzeichnet. Nur ist sofort deutlich, daß die Wissenschaftslehre, wenn sie Metaphysik ist, eine Metaphysik des Menschseins sein muß. Der Begriff des Seins wird in ihr interpretiert vom Bewußtsein her, und dieses aus dem Selbstbewußtsein, das das innerste Thema der Ontologie des Menschen darstellt. „Metaphysik" ist daher „nicht eine Lehre von den vorgeblichen Dingen an sich ..., sondern eine genetische Ableitung dessen, was in unserm Bewußtsein vorkommt" [20]). Auch die im ersten Teil der Wissenschaftslehre dargelegten Grundsätze, die zunächst als metaphysische Sätze schlechthin anmuten, erhalten, wie wir zeigen werden, erst innerhalb einer Ontologie des Menschen ihren vollen Sinn.

So werden wir zugleich damit, daß wir in der Auslegung Fichtes uns selbst die Gesichtspunkte für eine Ontologie des Menschen schaffen, eine bestimmte *philosophiegeschichtliche These* zu beweisen versuchen, daß nämlich Fichtes Wissenschaftslehre primär nicht vom

[20]) Über den Begriff der Wissenschaftslehre, 1794; I 32.

Wissen und Erkennen, auch nicht von metaphysischen Gegenständen und Seinsbestimmungen handelt, sondern der philosophischen Durchdringung der Frage des Menschen nach sich selbst dient und so kein abstraktes System bietet, sondern, als der philosophische Versuch zur Klarheit über die fragwürdige Wirklichkeit des menschlichen Daseins, aus diesem entspringt. Das „abstrakte Denken in der Philosophie" ist seiner „Möglichkeit" nach „durch die vorhergegangene Erfahrung bedingt . . .: wir fangen unser Leben nicht an beim Spekulieren, sondern wir fangen es eben beim Leben selbst an" [21]).

Damit haben sich zugleich Richtlinien für die *Methode unserer Darstellung* ergeben. Wir können uns nicht damit begnügen, Lehrmeinungen Fichtes mitzuteilen und eine auf ihnen errichtete Theorie vom Menschen und von der Gemeinschaft vorzuführen. Vielmehr müssen wir uns in die Problematik selbst hineinversetzen, in der das Sein des Menschen vor den Augen Fichtes sich darstellt und aus der heraus er zu dieser und keiner anderen Beantwortung der Frage nach dem Wesen des Menschen und nach seinem Sein in der Gemeinschaft kommt. Wir müssen darum die Grundbegriffe der Fichteschen Philosophie bis in den Punkt zurückverfolgen, in dem sie der ursprünglichen Frage erwachsen, und so gleichsam hinter die Fixierung und Formulierung der Gedanken Fichtes zurückfragen, um das aufzudecken, was Ursprung und Grund der Bewegung seines Denkens ist. Indem wir so aus den uns gestellten Fragen des Daseins heraus die Philosophie Fichtes aufrollen, wird ein eigentliches *Mitphilosophieren* möglich, das auch erst die Bahn für eine fruchtbare Auseinandersetzung freimacht. „Die Wissenschaftslehre ist von der Art, daß sie durch den bloßen Buchstaben gar nicht, sondern daß sie lediglich durch den Geist sich mitteilen läßt; weil ihre Grundideen in jedem, der sie studiert, durch die schaffende Einbildungskraft selbst hervorgebracht werden müssen." [22])

Der Versuch, Fichte von seiner konkreten Fragestellung her zu begreifen, fehlt vollständig bei Kuno *Fischer* [23]). Seine Darstellung beschränkt sich darauf, das Ideengut Fichtes gekürzt wiederzugeben; die Interpretation geht nicht hinaus über gelegentliche Bemerkungen oder über Vereinfachungen des verschlungenen Weges einer Deduktion.

Echte Interpretation gibt dagegen Richard *Kroner* [24]). Aber

[21]) SL IV 78. [22]) WL I 284.

[23]) Fichtes Leben, Werke und Lehre, 1914, 4. Aufl.

[24]) Von Kant zu Hegel. 2 Bde. 1921 ff.

seine Auseinandersetzung mit Fichte steht von vornherein unter einem bestimmten Gesichtspunkt; er will den Zusammenhang des philosophischen Denkens von Kant bis Hegel darstellen und begreift deshalb Fichte als Glied im Ganzen dieser Entwicklungsreihe. Dabei ist ihm entscheidend die formale Frage der Systemeinheit und des Systemprinzips. Über ihr verschließt sich ihm weitgehend die Einsicht in die sachhaltige Problematik der Fichteschen Philosophie. Zudem will er in Fichte wesentlich den Übergang vom Kantischen zum Hegelschen Grundansatz finden, der beide, also auch den metaphysischen Ausgangspunkt Hegels, in sich befassen muß. Dementsprechend interpretiert er die Wissenschaftslehre von 1794/95 als Metaphysik; das Ich und das Nicht-Ich werden als metaphysische Hypothesen und als absolute Gegenstände verstanden. Wir werden im Verlauf unserer Darlegungen auf dieses Mißverständnis eingehen.

Den lebendigen Zusammenhang der Philosophie Fichtes mit den allgemeinen Fragen seiner Zeit darzustellen, ist die Absicht, die sich Max *Wundt* in seinen Veröffentlichungen über Fichte stellt [25]). Bedeutsam für die Aufhellung der philosophischen Problematik Fichtes ist vor allem das zweite Buch. In eingehenden Analysen der Gestaltung, die die Wissenschaftslehre in den verschiedenen Bearbeitungen Fichtes erfuhr, und unter Verwertung unerschlossenen Materials, besonders der unveröffentlichten Darstellung der Wissenschaftslehre aus dem Jahre 1797, wird nachgewiesen, daß bei Fichte von einem radikalen Umbruch seiner philosophischen Grundhaltung, wie er in der Fichteinterpretation immer wieder diskutiert wurde, nicht die Rede sein kann. Vielmehr stellt Wundt die Entwicklung Fichtes als echte philosophische Wandlung dar, in der jede Antwort auf die Grundfrage der Philosophie wiederum die tiefer gelegte Frage aus sich heraustreibt. Das schließt nicht aus, daß dennoch, wie wir nachweisen werden, ein grundlegender Einschnitt die erste Periode des Philosophierens Fichtes von den späteren trennt.

Das Problem der Individualität im Ganzen der Philosophie Fichtes steht im Thema einer tiefdringenden Untersuchung von Emil *Lask* [26]). Aber er orientiert es nicht auf die Individualität als spezifisch menschliche Seinsweise, sondern fragt allgemein nach der Bedeutung des Besonderen, Einmaligen, Individuellen überhaupt. Dieser Aspekt ergibt sich aus der prinzipiellen Betrachtungsweise, der Lask

[25]) J. G. Fichte, sein Leben und seine Lehre, 1927. Fichteforschungen, 1929.
[26]) Fichtes Idealismus und die Geschichte. 1922.

die Wissenschaftslehre unterwirft. Er interpretiert sie unter dem Gesichtspunkt des Problems des Transzendentalen, das er wiederum von der Logik her versteht [27]). Er behauptet dementsprechend, Fichte sei in der Wissenschaftslehre von 1794/95 „in den absoluten Rationalismus der emanatistischen Logik" verfallen [28]). Versteht man aber die Wissenschaftslehre rein als Logik, so verschließt man sich ihrer sachhaltigen Problematik und geht an der eigentlichen philosophischen Frage vorbei.

Im Unterschied zu Lask sieht Heinz *Heimsoeth* [29]) das spezifische Problem der menschlichen Individualität, weil er die Wissenschaftslehre als eine Philosophie der Wirklichkeit und nicht als eine bloße Logik versteht. So stößt er auf die Problematik des Miteinander. „Die Aufgabe der Wissenschaftslehre ist ja nicht, ein neues Sein zu ‚erraisonnieren', sondern die gegebene wirkliche Erfahrung zu erklären ... In der Tat gehört es zu Fichtes originalsten und bedeutendsten Leistungen, sich das Problem gestellt zu haben, das doch zum wenigsten seit Descartes' Gegenüberstellung des seiner selbst gewissen Ich zur äußeren Umwelt hätte gestellt werden müssen, das aber immer ganz verschwunden war hinter der Frage bloß nach der materiellen Außenwelt: das Problem der Gegebenheit des fremden Ich, der fremden Iche! Alle die, von ihrer ganzen Stellung aus, darauf hätten kommen müssen — Descartes selbst, Leibniz, Berkeley, Kant —, gingen daran vorbei." [30]) Doch ist auch hier Fichtes Fragestellung nicht aus ihrer eigenen Grundproblematik heraus lebendig gemacht; die Aufgabe einer konkreten Auslegung ist mit der metaphysisch-historischen Interpretation Heimsoeths noch nicht geleistet.

Die Frage nach der menschlichen Individualität setzt sich Maria *Raich* zum ausdrücklichen Thema [31]). Aber sie kommt nicht wesentlich über eine Aneinanderreihung von Zitaten und über unbewiesene Behauptungen über „Unhaltbarkeit" einerseits und „erzieherischen Wert" andererseits der Gedanken Fichtes hinaus.

Dieser Darstellung gegenüber zeichnet sich die Untersuchung von Nico *Wallner* [32]) durch Sauberkeit und Begriffsklarheit aus. Ihrer speziellen Zielsetzung wegen, die sie auf eine Erörterung des Staats-

[27]) Vgl. bes. a. a. O. S. 31 Anm. 2.

[28]) a. a. O. S. 83. [29]) Fichte. 1923. [30]) a. a. O. S. 141.

[31]) Fichte, seine Ethik und seine Stellung zum Problem des Individualismus. 1905.

[32]) Fichte als politischer Denker. Werden und Wesen seiner Gedanken über den Staat. 1926.

begriffs beschränkt, dringt sie jedoch nicht in die Tiefe der philosophischen Begründung ein.

Die einzige Untersuchung, die sich mit dem Problem der Gemeinschaft bei Fichte thematisch befaßt, wird von Ernst *Schenkel* [33]) vorgelegt. Aber der Fichtesche Text wird fast durchweg unzureichend und gelegentlich völlig verdreht interpretiert [34]). Wenn Schenkel Fichtes „Erweckungsbotschaft" in der Frage zusammenfaßt: „Wie kann der sich selbst verantwortliche Mensch auf freie Weise in eine Gemeinschaft sich eingliedern, ohne Rücksicht auf das, 'was ehemals, was jetzt, was jemals Grundsatz gewesen' ist" [35]), so ist damit der Sachverhalt bei Fichte entscheidend verfehlt. Einmal bezieht sich das angeführte Fichtezitat [36]) keineswegs auf die Gemeinschaftlichkeit der selbstverantwortlichen Existenz, sondern redet von dem methodischen Prinzip, demgemäß die philosophische Fragestellung nicht nach historischen Fakten forscht, sondern in ihnen das Wesen sucht. Überdies vergißt Fichte keineswegs die geschichtliche Bedingtheit auch der selbstverantwortlichen Existenz. Eine solche Problemstellung konnte nur auftauchen, weil Schenkel darauf verzichten will, den Gedanken der Selbstverantwortlichkeit, der doch die grundlegende Voraussetzung seiner Ausführungen bildet, in seiner Bedeutung bei Fichte zu interpretieren [37]). Das Resultat sind dann Sätze wie dieser: „Der Begriff des menschlichen Ich findet seine tiefste Bedeutung darin, daß es letzte Ursache oder die Tathandlung ist, die dem heutigen Bewußtsein des Menschen zugrunde liegt und es allein möglich macht." [38]) Aber was hat der ursprüngliche Wesenscharakter des Menschen überhaupt, von dem der Begriff der Tathandlung spricht, mit einem „heutigen" Bewußtsein zu tun? Ist etwa das Heute und das Gestern der Bereich, von dem die ontologische Problematik handelt? Am offenkundigsten zeigt sich das Unverständnis der philosophischen Absicht Fichtes, wenn Schenkel auf die Verschiedenheit des Begriffs des Ich von dem des Individuums, ohne deren deutliche Unterscheidung die Frage nach der Begründung der Gemeinschaft bei Fichte auch nicht einmal gestellt werden kann, überhaupt nicht aufmerksam wird. So kann er sagen: „Die Fichtesche Philosophie, die das ganze Weltgebäude aus dem Ich abzuleiten versuchte, mußte auch die Existenz des Staates als notwendige Folge des Individuallebens erweisen." [39]) Man kann

[33]) Individualität und Gemeinschaft. Der demokratische Gedanke bei J. G. Fichte. 1933. [34]) Vgl. etwa a. a. O. S. 19 Anm. 31, mit Fichte, VI 27.
[35]) Schenkel S. 22. [36]) Vgl. VI 257. [37]) Vgl. Schenkel S. 5 f.
[38]) a. a. O. S. 78. [39]) a. a. O. S. 126.

über dieses Mißverständnis kaum ein anderes Urteil fällen, als es Fichte selbst ausspricht: die Verwechslung von Individualität und Ichheit zeuge „nicht nur von einer ungewöhnlichen Gedankenlosigkeit, sondern auch von einer großen Unwissenheit und Unbekanntschaft mit der gemeinsten philosophischen Literatur“ [40]).

Für die Frage nach der Gemeinschaft bei Fichte, die wir uns zum Thema setzen, muß unsere Untersuchung, wie der Blick auf die vorliegende Literatur zeigte, *neue Wege einschlagen.* Zunächst muß überhaupt der Zusammenhang mit der philosophischen Gesamtproblematik Fichtes erarbeitet werden. Die Besprechung der grundlegenden Arbeiten zur Philosophie Fichtes machte aber deutlich, daß wir uns nicht einfach einer bestimmten Deutung anschließen dürfen. Vor der Interpretation des Gemeinschaftsproblems selbst wird es daher, worauf wir schon aus sachlichen Gründen gestoßen wurden, unsere Aufgabe sein, Fichtes Auslegung des Wesens des Menschen in ihren Urprüngen aufzusuchen und in ihren entscheidenden Schritten nachzuvollziehen.

§ 3

Gemeinschaft und Menschsein. Die politischen Frühschriften von 1793

Fichtes Ideen zur Gemeinschaft erwachsen den Fragen, die die Wirklichkeit stellt. So sind es *politische Probleme,* die ihm zum erstenmal das Problem der Möglichkeit der Gemeinschaft nahebringen: die Versuche der französischen Revolution, einen Neubau des Staates von der Idee her aufzuführen. Sie sind Anlaß für die beiden im Jahre 1793 anonym veröffentlichten Schriften: „Zurückforderung der Denkfreiheit von den Fürsten Europens, die sie bisher unterdrückten“ [41]) und „Beitrag zur Berichtigung der Urteile des Publikums über die Französische Revolution“ [42]). Allerdings erörtern diese beiden Schriften eben um ihrer konkreten politischen Zielsetzung willen das Problem der Gemeinschaft nicht ausdrücklich als solches. Doch ist schon dies kennzeichnend für die Art, in der Fichte später die Fragen der Gemeinschaft behandeln wird, daß er die politischen Probleme ins Philosophische wendet und ausdrücklich auf die *Frage nach dem Wesen des Menschen* bezieht. Die Denkfreiheit des Menschen, so argumentiert die erste Schrift, darf nicht unterdrückt werden, weil sie „Bestandteil seiner Persönlichkeit“ ist [43]). Ebenso wird die Idee

[40]) 2. Einl. I 504. [41]) VI 1 ff. [42]) VI 37 ff. [43]) VI 14.

des Staatsvertrages, die das Grundthema der zweiten Schrift bildet, an „der Form unseres reinen Selbst" gemessen [44]).

Andererseits steht Fichte in diesen Schriften noch durchaus im Banne der *Aufklärung*; hierin ist seinen Kritikern Recht zu geben. Der Mensch wird zunächst losgelöst von allen Beziehungen zu andern gesehen; diese kommen gleichsam erst hinzu zu seinem ursprünglich isolierten Dasein. Seine Denkfreiheit etwa gehört ihm als Einzelwesen zu, und zwar schon früher als alle Gemeinschaftsbeziehung; die Freiheit des einzelnen ist letzte Instanz auch für den Staatsvertrag.

Doch finden sich auch hier schon *Ansätze* zu den Gedanken, *die später das starre Gegenüber von Individuum und Gemeinschaft durchbrechen werden.* So betont Fichte, daß das Miteinander notwendig zum Menschen gehöre. Der Mensch wird „in der Gesellschaft geboren" [45]) und in die Welt „an einer fremden Hand" geleitet [46]). Bedeutungsvoller noch ist, daß zur Freiheit und Persönlichkeit, also zu dem, was das Wesen des Menschen kennzeichnet, die „Mitteilung von Geiste zu Geiste" gehört [47]); „Kultur zur Freiheit", also Erziehung des Menschen zur Verwirklichung seines Wesens, wird durch den Staat bewirkt [48]). So kündet sich an verschiedenen Punkten eine neue Wertung der Gemeinschaft an, der gemäß sie vom eigentlichen Sein des Menschen wesenhaft unabtrennbar ist. Dieser Gedanke berührt sich mit der Idee einer „Geisterwelt", in der der Mensch über sein äußeres Dasein hinaus mit andern seinesgleichen sein Wesen hat [49]).

Aber alle diese Ansätze zu einer Begründung der Gemeinschaft aus dem Wesen des Menschen bleiben zerstreut und binden sich *noch nicht* zu einer *einheitlichen Konzeption.* So verdeutlicht der Blick auf die politischen Frühschriften zwar die Behauptung, die Frage nach der Gemeinschaft setze eine Ontologie des Menschen voraus, aber diese wird doch erst als Aufgabe gesehen und noch nicht eigens geleistet.

§ 4

Gemeinschaft und innerstes Wesen des Menschen. Die „Bestimmung des Gelehrten" von 1794

Die Durchführung der Begründung der Gemeinschaft aus dem Wesen des Menschen muß uns dort begegnen, wo nicht ein bestimmtes konkretes Problem, sondern die Frage nach dem Wesen des Menschen

44) VI 87. 45) VI 144. 46) VI 140. 47) VI 16 f.
48) VI 101. 49) VI 14.

als solche im Mittelpunkt steht. Dies ist, wie wir als These aufstellten und was zu beweisen Aufgabe unserer Interpretation sein wird, der Fall in der *Wissenschaftslehre* Fichtes.

Nun zeigt aber ein Blick auf diese Schrift in der Gestalt, in der sie in den ersten Jenaer Vorlesungen Fichtes vorgetragen und in den Jahren 1794 und 1795 herausgegeben wurde, daß die Sache, um die es im Problem der Gemeinschaft geht, in ihr nicht berührt wird, ja daß nicht einmal das Wort Gemeinschaft in ihr vorkommt. Die Erörterungen setzen ein bei einem absoluten Ich und enden bei einem Ich als Idee; sie spannen sich somit aus zwischen Ich und Ich. Das Problem von Ich und Du aber, das Grundproblem in der Frage nach der Gemeinschaft, wird in ihnen überhaupt nicht behandelt.

Dies liegt zum Teil darin begründet, daß die phänomenale Basis einer Ontologie des Menschen bei Fichte zu eng gefaßt wird; wir werden darauf noch öfter zu sprechen kommen. Doch ist die Abgrenzung der philosophischen Disziplinen nicht entscheidend für die sachliche Zusammengehörigkeit; die Ausführungen des „Naturrechts“ und der „Sittenlehre“ gehören daher selbst mit zu der ontologischen Problematik der Wissenschaftslehre. Außerdem gibt Fichte gleichzeitig mit ihr Andeutungen über das Gemeinschaftsproblem, und zwar in fünf Vorträgen aus einer Vorlesungsreihe, die in Jena gehalten und 1794 unter dem Titel: *„Einige Vorlesungen über die Bestimmung des Gelehrten“* veröffentlicht wurden [50]).

Der Fragezusammenhang, in dem hier das Problem der Gemeinschaft steht, läßt sich bereits aus den Titeln der einzelnen Vorträge ersehen. Die 4. Vorlesung handelt von der „Bestimmung des Gelehrten“. Dieser gehört einem bestimmten Stand an, der mit andern zusammen die Gesellschaft ausmacht. Die Bestimmung des Gelehrten muß sich demnach von den Aufgaben der Stände her entscheiden, und so spricht die 3. Vorlesung über die „Verschiedenheit der Stände in der Gesellschaft“. Diese aber läßt sich nur feststellen, wenn überhaupt deutlich gemacht wird, was denn die „Bestimmung des Menschen in der Gesellschaft“ ist; von ihr handelt die 2. Vorlesung. Die gesellschaftliche Funktion aber entscheidet sich aus der „Bestimmung des Menschen an sich“, und diese bildet das Thema der 1. Vorlesung. Bedeutsam für unsere Absicht ist hier wieder der Schritt von der Ontologie des Menschen (1. Vorlesung) zur Bestimmung der Gesellschaft (2. Vorlesung).

Wenn Fichte in dieser Schrift von *Gesellschaft* spricht, so ver-

[50]) VI 291 ff.

steht er darunter das Miteinander in seinem weitesten Sinne. „Gesellschaft nenne ich die Beziehung der vernünftigen Wesen aufeinander“ [51]): Wenn er weiterhin ausführt, daß darunter „überhaupt jede Aggregation vernünftiger Wesen verstanden wird, die im Raume beieinander leben und dadurch in gegenseitige Beziehungen versetzt werden“ [52]), so klingt in dem Worte „Aggregation“ offensichtlich ein aufklärerischer Ton mit; im Hintergrund steht das Bild einzelner Atome, die sich aggregieren. Zugleich aber wird ein anderes Moment dadurch verdeutlicht: das Miteinander wird vom Aggregieren, also von einer Tätigkeit her, verstanden; die Genesis der Gemeinschaft aus den gemeinschaftbildenden Verhaltungen, in der wir in unseren Vorerörterungen die tiefere Fragestellung gegenüber der bloßen Analyse der Phänomene von Gemeinschaft sahen, tritt hier in den Vordergrund. *Der Mensch in seiner Vergemeinschaftung* ist die entscheidende Problembasis für die Frage nach der Gemeinschaft.

Gehört nun, so fragt Fichte weiter, *das Sichvergemeinschaften zum Wesen des Menschen?* Offenbar wäre dies dann der Fall, wenn der Mensch nicht Mensch wäre, es sei denn, er stünde zugleich in Gemeinschaft, wenn er also ursprünglich und vom Grunde seines Wesens her gemeinschaftlich wäre, so daß die „Bestimmung für die Gesellschaft ... aus dem Innersten, Reinsten des menschlichen Wesens entsprungen“ [53]) wäre. Und so stoßen wir auch hier wieder auf die vor allen andern zu stellende Frage, was denn der Mensch ursprünglich und in seinem Wesen sei.

Ehe wir ihr ausdrücklich nachgehen, soll in kurzen Zügen die *Begründung der Gemeinschaft aus dem Wesen des Menschen,* wie sie Fichte *in der „Bestimmung des Gelehrten“* gibt, dargestellt werden. Zunächst wird aus dem Wesen des Menschseins abgeleitet, daß jeder Mensch andere seinesgleichen außer sich annehmen muß. Das Grundwesen des Menschen wird als „Trieb ... nach vollkommener Übereinstimmung mit sich selbst“ verstanden [54]); in welchem Sinne dies gemeint ist und wie es aus den Phänomenen des menschlichen Daseins erwiesen wird, werden wir in unseren späteren Erörterungen sehen. Zu einer vollkommenen Übereinstimmung des Menschen mit sich selbst gehört auch die „Übereinstimmung alles dessen, was außer ihm ist, mit seinen notwendigen Begriffen davon“ [55]). Nun ist im Menschen „der Begriff der Vernunft und des vernunftmäßigen Handelns

[51]) Gel. VI 302. [52]) Gel. VI 293. [53]) Gel. VI 308.
[54]) Gel. VI 304. [55]) Ebenda.

und Denkens gegeben, und er will notwendig diesen Begriff nicht nur in sich selbst realisieren, sondern auch außer sich realisiert sehen. Es gehört unter seine Bedürfnisse, daß vernünftige Wesen seinesgleichen außer ihm gegeben seien [56]). Gäbe es nun in Wirklichkeit keine andern Menschen außer dem einen, so käme dessen reale Erfahrung mit seinem notwendigen Begriff in Widerstreit, er selbst wäre demnach entzweit und könnte nicht vollkommene Übereinstimmung mit sich selbst werden. Somit muß es andere Menschen außer dem einen geben [57]).

Macht schon der reichlich formale Charakter diesen *Beweisgang* verdächtig, so müssen auch sachlich schwerwiegende Einwände dagegen erhoben werden. Zwar wird sich später zeigen, daß die beiden Prämissen — die Übereinstimmung mit sich selbst als Erstrebtes des höchsten Triebes und die Forderung, daß die Außenwelt mit den Begriffen des Menschen von ihr übereinstimmen müsse — ihren durchaus berechtigten philosophischen Sinn haben. Doch folgt aus der Tatsache, daß im Menschen der Begriff der Vernunft gegeben ist, noch nicht ohne weiteres, daß er ihn auch in anderen Wesen seinesgleichen realisiert sehen muß. Entweder müßte aufgewiesen werden, daß der Begriff von vernünftigen Wesen außer ihm notwendig im Menschen gegeben sei, oder Fichte müßte beweisen, daß aus dem Begriff der Vernunft folge, daß er in mehreren Menschen verwirklicht sein muß.

Die weitere Ableitung der Gemeinschaft geht so vor sich, daß Fichte nachweist, sie sei die notwendige Bedingung dafür, daß der Mensch andere Wesen außer sich entdecken kann. Wenn nun die Erfahrung anderer notwendig zum Menschsein gehört, dann gehört auch ihre unabtrennbare Voraussetzung, die Gemeinschaft mit den andern, notwendig dazu. Und so folgert Fichte als Resultat eines Beweisganges, den wir hier nicht im einzelnen verfolgen wollen: „*Der Mensch ist bestimmt, in der Gesellschaft zu leben*; er soll in der Gesellschaft leben; er ist kein ganz vollendeter Mensch und widerspricht sich selbst, wenn er isoliert lebt.“ [58])

So unbefriedigend diese Begründung der Gemeinschaft in ihren einzelnen Schritten sein mag, so zeigt sie doch deutlich das Ziel, das sich Fichte steckt und das er, wie wir sehen werden, später erreicht: *Gemeinschaft als unabtrennbar vom Wesen des Menschen zu erweisen.* Zugleich werden wir dadurch endgültig in den Einsatzpunkt unserer Untersuchung gelenkt: wir haben nunmehr die Frage zu stellen, *was der Mensch ursprünglich und in seinem Wesen ist.*

[56]) Vgl. ebenda. [57]) Vgl. ebenda. [58]) Gel. VI 306, v. Verf. gesp.

1. Kapitel

Das Wesen des Menschen

I. Das ursprüngliche Selbstbewußtsein

§ 5

Das Ich als Thema einer Ontologie des Menschen

Fragt man nach dem Wesen des Menschen, so muß man zunächst ein Merkmal suchen, an dem das Gefragte als solches unverwechselbar erkenntlich wird, so daß man sicher ist, es in der Auslegung seiner Wesenselemente nicht zu verfehlen. Hier bieten sich vielerlei Momente an, die das Sein des Menschen mitkonstituieren: er hat Hände, er kann sprechen, er wird geboren und stirbt. Diese und viele andere Bestimmungen gehören mehr oder weniger wesentlich zum Sein des Menschen. Keines von ihnen kommt jedoch diesem so zu, daß es ihn unverwechselbar von anderem Seienden abgrenzte. Hände oder entsprechende Gliedmaßen haben auch gewisse Tiergattungen, sprechen, wenigstens im Sinne von sich verständigen, können auch andere Lebewesen, Geburt und Tod sind Kennzeichen alles Lebens. Wollte man nun aber versuchen, eine Vollständigkeit in der Aufzählung aller Merkmale zu erreichen, so käme man ins Uferlose.

Doch ergibt sich rein aus der Tatsache, daß alle diese und noch andere Seinsweisen zum Menschen gehören, eine formal anzeigende Bestimmung, die den Menschen unverwechselbar als solchen kennzeichnet. Die Art und Weise nämlich, in der der Mensch das ist, was er ist, unterscheidet sich wesenhaft von der, in der anderen Lebewesen oder gar totem Seienden ihre Eigenschaften und Bestimmungen zukommen. Dies drückt sich bereits in der Sprache aus, die dem Menschen das persönliche Fürwort „ich" vorbehält. Alles, was der Mensch ist, ist er in der Weise des Ichseins; „zu allem, was im Bewußtsein vorkommend gedacht wird, muß das Ich notwendig hinzugedacht werden" [1]). So ist denn *die „Ichheit" das Merkmal, das den Menschen als*

[1]) 2. Einl. I 501.

solchen kennzeichnet. „Ichheit ... ist Charakter des Vernunftwesens." [2])

In der sachhaltigen Erkenntnis des Wesens des Menschen sind wir mit dieser Feststellung jedoch noch keinen Schritt weiter gekommen. Wir haben lediglich eine formale Charakteristik dessen gefunden, was das einheitliche Wesen des Menschen ausmacht. Aber es hat sich die Richtung verdeutlicht, in der weiter gefragt werden muß. Wenn die Ichheit es ist, die irgendeine Seinsweise zu einer menschlichen macht, dann muß sie das bezeichnen, was den Kern des Menschseins ausmacht. Wenn es uns also gelingt, das, was mit der Ichheit gemeint ist, in seiner sachhaltigen Bedeutung aufzuhellen, werden wir dem Verständnis des Wesens des Menschen näher gerückt sein. Es ergibt sich demnach rein aus den Notwendigkeiten des Ansatzes der Frage nach dem Menschen, daß *der Ichbegriff* in den *Mittelpunkt einer Ontologie des Menschen* rücken muß. So handelt auch Fichtes Wissenschaftslehre im Grunde von nichts anderem als dem Ich. Wenn man aber, wie es etwa Kroner will, das Ich hier nicht als das menschliche, sondern als das göttliche Ich oder gar als ein seiendes Absolutum verstehen will, so stehen dem deutliche Aussagen Fichtes gegenüber. In der Philosophie ist „von nichts, was außer dir ist, die Rede, sondern lediglich von dir selbst" [3]). Er stellt weiter die These auf, „daß die ganze Philosophie ... auf nichts anderes abzwecken kann, als auf die Beantwortung" der Fragen des menschlichen Daseins, „und ganz besonders der letzten höchsten: Welches ist die Bestimmung des Menschen überhaupt" [4]). „Die Wissenschaftslehre soll sein eine pragmatische Geschichte des menschlichen Geistes." [5]) Als *menschliches Ich* demnach, als das Ich, das je ich bin und je du bist, steht das Ich im Thema der Wissenschaftslehre als einer Ontologie des Menschen.

§ 6
Das Ich als Selbstbewußtsein

Das Ich zeichnet sich vor allem anderen Seienden durch eine merkwürdige Nähe aus, in der es zu dem Fragenden steht: dieser ist selbst ein Ich. Das einzelne Ich, von dem der Philosophierende ausgeht, um das Wesen des Ich zu erfassen, ist jeweils sein eigenes Ich. Philosophie ist Selbstbesinnung nicht im Sinne bloßer Meditation, sondern als Frage nach sich selbst; in ihr ist „lediglich von dir selbst" die Rede. Aber *was bin denn ich selbst?*

[2]) NR III 17. [3]) 1. Einl. I 422. [4]) Best. VI 294. [5]) WL I 222.

Stelle ich die Frage eben in diesem Augenblick, so läßt sie sich konkret beantworten: ich sitze vor der Schreibmaschine, schaue in ein Buch, das neben mir liegt, befinde mich in meinem Arbeitszimmer, treibe Wissenschaft. Aber gehört dies wirklich wesenhaft zu mir? Wenn ich etwa aufstehe und in ein anderes Zimmer gehe, wenn ich Schreibmaschine und Buch beiseiterücke, bin ich dann nicht mehr ich? Und wenn ich mich mit anderen Dingen als mit Wissenschaft befasse, bleibe ich dann nicht doch noch ich selbst?

Doch habe ich bestimmte Eigenschaften, die mich als den, der ich bin, auszeichnen. Aber schon, wenn ich sage: ich habe diese Eigenschaften, unterscheide ich mich von ihnen. Hätte ich sie nicht, so wäre ich zwar anders, als ich bin, ähnelte dann möglicherweise auch mehr einem andern Ich, als ich es jetzt bin, aber ich bliebe auch dann noch ich.

Man könnte diesen Versuch, das Ich zu fassen, noch weiter fortsetzen. Deutlich ist jedenfalls schon jetzt: *das Ich entzieht sich der Feststellung.* So oft ich sage: dies oder jenes bin ich, schlüpft es mir gleichsam aus der Hand; es gibt „kein unmittelbares, isoliertes Bewußtsein" des Ich [6]).

Dieses Sich-entziehen hat aber selbst einen positiven Sinn. Denn obwohl das Ich sich nicht direkt „stellen" läßt, ist es doch immer in allem, was ich bin, sage, tue, denke, mit da, und eben, daß es mit da ist, macht das Sein, Sagen, Tun, Denken zu menschlichen Verhaltungen. Ein *Mitdasein* ist es also, worin das Ich sein Wesen hat, und dieses muß sich uns enthüllen, wenn wir begreifen, *wie* das Ich mit da ist.

Nehmen wir wieder als Beispiel, daß ich hier vor der Schreibmaschine sitze. Wenn ein anderer Mensch das Zimmer betritt, dann sieht er einen Menschen, der mit den Händen bestimmte Bewegungen ausführt. Er ist für ihn nicht ich, sondern ein Du. Denkt man für einen Augenblick — obwohl dieses Gedankenexperiment tatsächlich unausführbar ist — ich selbst wäre der von außen her Betrachtende, so wäre es doch nicht ich selbst, den ich betrachtete, sondern höchstens das Bild meiner selbst; denn ich selbst wäre ja der Betrachtende, „ich" aber deutet eine Einheit an. So gehört zum Sein des Ich wesenhaft, daß es in dem darin ist, was es tut, denkt oder ist. Das Mitdasein ist eine Art von *Insein.*

Einen Schritt weiter führt uns die Beobachtung, daß das, was ich

[6]) 2. Einl. I 464.

meinen *Leib* nenne, nicht in jedem Falle mit dem Ich zusammenfällt. Nicht nur, daß mir einzelne Glieder fehlen können, ohne daß ich aufhöre, ich zu sein; vielmehr kann ich auch als Leib mich bewegen oder sprechen, ohne daß *ich* es eigentlich wäre, der sich bewegt oder spricht. In gewisser Weise zwar bin ich es, der im Traum umhergeht oder in der Narkose spricht, aber ich bin es doch nicht eigentlich als ich. Der Grund davon liegt darin, daß wir eigentlich vom Ich nur da sprechen, wo es von sich weiß. *Das Ich ist Bewußtsein seiner selbst*; es „ist nur insofern, inwiefern es sich seiner bewußt ist“ [7]).

Dies ist denn auch die Weise, in der das Ich in seinem Handeln, Denken, Wollen, sich Bewegen mit da ist und darin ist; ich denke, handle, will und bewege mich so, daß ich mir dabei meiner selbst bewußt bin, und nur, sofern ich dies bin, handle, denke, will und bewege *ich* mich. „Man kann gar nichts denken, ohne sein Ich, als sich seiner selbst bewußt, mit hinzu zu denken.“ [8])

Fichte verdeutlicht das Mit-hinzudenken und Mit-darinsein des Selbstbewußtseins noch weiter, indem er es in seinem Verhältnis zu allem andern Bewußtsein aufzeigt. „Indem du irgendeines Gegenstandes — es sei derselbe die gegenüberstehende Wand — dir bewußt bist, bist du dir ... eigentlich deines Denkens dieser Wand bewußt, und nur inwiefern du dessen dir bewußt bist, ist ein Bewußtsein der Wand möglich. Aber um deines Denkens dir bewußt zu sein, mußt du deiner selbst dir bewußt sein.“ [9]) „Alles Bewußtsein ist bedingt durch das unmittelbare Bewußtsein unserer selbst.“ [10])

Weil aber so alles Bewußtsein auf das Selbstbewußtsein zurückverweist, deshalb muß dieses sein, wenn anders der Mensch Mensch sein soll; „man kann von seinem Selbstbewußtsein nie abstrahieren“ [11]), weil „das Abstrahierende unmöglich von sich selbst abstrahieren kann“ [12]). *Das Selbstbewußtsein ist die letzte und unbedingte Gegebenheit im Sein des Menschen.* „Das einige, was alle Frage nach einem höheren Grunde schlechthin ausschließt, ist dies, daß wir Wir sind; ist die Ichheit in uns.“ [13])

Unsere Aufhellung des Ausgangspunktes Fichtes macht deutlich, daß dieser keineswegs mit einem abstrakten Begriff, sondern *mit der konkreten Frage des Menschen nach sich selbst beginnt.* Wenn also etwa Kroner behauptet, bei Fichte gehe der Weg nicht von der Erfahrung zu deren Bedingungen, sondern von Gott zur Welt, und die

[7]) WL I 97. [8]) Ebenda. [9]) Vers. I 526. [10]) Vers. I 521.
[11]) WL I 97. [12]) WL I 227. [13]) SL IV 14.

Erfahrung liege nicht zugrunde [14]), so zeigt sich darin ein radikales Mißverständnis des Anliegens Fichtes. Allerdings wird das, was wir hier ausführlich aus dem Phänomen des Ich ausgelegt haben, von Fichte ohne weiteres seinen Erörterungen zur Ontologie des Menschen zugrunde gelegt. „Philosophie geht aus von dem Factum, wir sind uns selbst bewußt, welches nicht kann und nicht braucht bewiesen zu werden.“ [15]) Dieser undiskutierte Ansatzpunkt ist möglich, weil Fichte hier in direkter Tradition wurzelt; schon Kant hatte das Ich als „die bloße Form des Bewußtseins“ [16]) und als „Selbstbewußtsein“[17]) erwiesen.

§ 7

Das Sein des Ich. Das Ich als Tathandlung, Identität und intellektuelle Anschauung

Die Auslegung des Selbstbewußtseins, die Fichte gibt, besteht nicht, wie es oft mißverstanden wird, darin, daß auf der Grundlage dieses Begriffs ein abstraktes System der Philosophie konstruiert wird. Vielmehr analysiert Fichte den im Bewußtsein liegenden sachlichen Gehalt und hält sich dabei streng an das, was phänomenal ausweisbar ist. Deshalb betont er an entscheidenden Stellen immer wieder, daß der Leser die Wahrheit der Behauptungen „in der Selbst-Anschauung seines Verfahrens finden“ müsse; sie lasse sich ihm „nicht aus Begriffen beweisen“ [18]). So muß auch im Gang unserer Untersuchung *das Selbstbewußtsein zur Anschauung gebracht werden;* „meine Aufgabe an dich, verständiger Leser, ist die: dir eigentlich und innigst bewußt zu werden, wie du verfährst, wenn du denkst: Ich“ [19]). Wir müssen somit daran gehen, das, was an und für sich alle Verhaltungen des Menschen nur begleitet, uns eigens als solches vor Augen zu stellen.

Das Selbstbewußtsein hat den formalen Charakter: ich bin oder werde mir meiner selbst bewußt. Das Ich, das sich seiner selbst bewußt wird, nennen wir terminologisch das Subjekt-Ich; das Ich, dessen ich mir bewußt werde, das Objekt-Ich. Allerdings ist dies nur eine formale Kennzeichnung, die der Erläuterung der Gedanken Fichtes

[14]) Vgl. Kroner, Von Kant zu Hegel, 1921 ff., Bd. I S. 416.

[15]) WL 1797; aus einer Handschrift (Yg) in der Halleschen Univ.-Bibl., S. 4. Zitiert nach Wundt, Fichteforschungen, 1929, S. 106.

[16]) Kritik der reinen Vernunft. A 178, Ak.-Ausg. IV 239.

[17]) a. a. O. A 401, Ak.-Ausg. IV 250.

[18]) SL IV 21, vgl. 28, 32, 77. 2. Einl. I 461 u. ö.

[19]) Vers. I 522.

dient; jeder Begriff von Subjektivität und Objektivität ist dabei vorläufig fernzuhalten. Unsere Charakterisierung darf auch nicht so mißverstanden werden, als handle es sich um zwei verschiedene Iche; vielmehr ist das Entscheidende im Selbstbewußtsein — der Ausdruck „selbst" deutet dies an —, daß Subjekt-Ich und Objekt-Ich dasselbe Ich sind. Verschieden sind sie lediglich in ihrer Funktion. *Identität eines in sich selbst Unterschiedenen* ist somit der formale Charakter des Selbstbewußtseins.

Diese Kennzeichnung verdeutlicht sich, wenn wir darauf achten, daß es sich beim Selbstbewußtsein nicht um ein ruhendes Nebeneinander zweier wirkungslos aufeinander bezogener Ichmomente handelt. Vielmehr ist die Beziehung tätig; man findet, sagt Fichte, daß hierbei die Tätigkeit des Ich „in sich selbst zurückgehe, sich selbst zu ihrem Gegenstande mache" [20]). „In sich selbst zurückgehende Tätigkeit ... ist Charakter des Vernunftwesens." [21]) Die Weise, wie das Ich in sich zurückgeht, ist die des Anschauens. Das Selbstbewußtsein ist ein „sich selbst Sehen" [22]); „die Intelligenz schaut sich selbst an ... und in dieser Selbstanschauung eben besteht ihr Wesen" [23]). Zusammenfassend läßt sich das Selbstbewußtsein formal kennzeichnen als *in sich zurückkehrende, sehende Tätigkeit.*

Damit wird der Begriff von Sein, der dem Ich zugesprochen werden muß, deutlich. *Das Sein des Ich ist Tätigsein,* aktuelle Selbstanschauung. „Die Vernunft ist nicht ein Ding, das da sei und bestehe, sondern sie ist Tun, lauteres, reines Tun." [24]) Es ist „von keinem anderen Sein des Ich die Rede, als von dem in der beschriebenen Selbstanschauung" [25]). „Das Ich ist nicht etwas, das Vermögen hat, es ist überhaupt kein Vermögen, sondern es ist handelnd." [26]) Von einem ruhenden Selbstbewußtsein zu sprechen, wäre unsinnig: wenn das Ich sich nicht anschauend zu sich selbst wendete, wäre es nicht seiner selbst bewußt; dann aber hätte es auch kein Selbstbewußt*sein*; da das Ich aber nichts anderes ist als Selbstbewußtsein, hat es auch nur im Vollzug Sein. Das Entscheidende ist demnach, daß „im Ich ..., als Ich, Sein und Bewußtsein zusammenfallen soll" [27]).

Fichte kennzeichnet diesen Sachverhalt auch mit den Worten: „Sich selbst setzen und Sein sind, vom Ich gebraucht, völlig gleich." [28])

[20]) 2. Einl. I 458.
[21]) NR III 17, vgl. 2. Einl. I 462, 492.
[22]) 1. Einl. I 435.
[23]) Vers. I 530, vgl. 2. Einl. I 459.
[24]) SL IV 57.
[25]) Vers. I 529, vgl. I 523, 2. Einl. I 460.
[26]) NR III 22.
[27]) SL IV 29.
[28]) WL I 98; vgl. 97, 134, 176; Vers. I 523.

Der Ausdruck „sich setzen", der in der Fichteinterpretation immer wieder viel Verwirrung angerichtet hat, bedeutet hier nichts anderes als *sich seiner selbst bewußt werden;* man hat ihn jedoch so verstanden, als wolle er besagen, das souveräne Ich erschaffe sich willkürlich aus sich heraus seine Welt. Nun hat zwar auch diese Interpretation ihren richtigen Sinn — später wird sich das im einzelnen noch erweisen —, aber nur so, daß der Begriff der Welt auf den welthabenden Menschen bezogen wird und Sein überhaupt nichts anderes bedeutet als Sein für ein Bewußtsein. In dem massiven Sinne des Erschaffens einer an sich seienden Realität durch das Ich wird der Begriff des Setzens dagegen völlig mißverstanden. Das wird deutlich aus der Tatsache, daß Fichte das Setzen auch durch Modi des Vorstellens umschreibt. Daß das Ich sich als etwas „setzt", bedeutet, daß es sich so „anschaut und denkt" [29]). Ausdrücklich wird an einer Stelle, an der es sich eben um die Gleichheit von Sein und Selbstbewußtsein handelt, Sich-setzen als Selbstbewußtsein gekennzeichnet. „Das vernünftige Wesen ist, lediglich inwiefern es sich als seiend setzt, d. h. inwiefern es seiner selbst sich bewußt ist." [30])

Die Gleichheit von Sein und Selbstbewußtsein besagt umgekehrt, daß *das Ich im Vollzug des Selbstbewußtseins,* in dem es sich selbst erblickt, tatsächlich *zum Sein kommt.* Was Gegenstand eines Erblickens ist, wird vom Menschen als seiend verstanden; Entgegenstehen gegen ein Sehen ist, wie wir später eingehend darlegen werden, der Wesenscharakter des Seins. Demgemäß verleiht das Ich im Anblicken dem Angeblickten, also sich selbst, Sein. „Dein Ich kommt lediglich durch das Zurückgehen deines Denkens auf sich selbst zustande." [31]) Aber Sein hat das Ich nun wieder nicht im Sinne eines Seins an sich, sondern im Sinne des Erscheinens als seiend, also als *Sein für das erblickende Ich.* „Um also den Leser vor allen möglichen Zweifeln sicher zu stellen, ... füge ich zu den eben aufgestellten Sätzen: das Ich ist ein sich selbst Setzen, und dgl. hinzu: für das Ich." [32])

Damit sind alle die Versuche abgewiesen, die das Sein des Ich von einem Seinsbegriff her fassen wollen, der sich an dem naiv verstandenen An-sich-sein der Dinge orientiert. „Unser Wesen ist ...

[29]) SL IV 29.

[30]) NR III 2. Heimsoeth (Fichte, 1923) versteht den Begriff des Sich-setzens in der Doppeldeutigkeit von Sichverstehen und Sicherschaffen, verfehlt aber dadurch das Phänomen des ursprünglichen Selbstbewußtseins und interpretiert Fichte im Horizont der Schopenhauerschen Problematik einer Urtat. Vgl. 92 ff.

[31]) Vers. I 524. [32]) Ebenda.

nicht ein materielles Bestehen, wie das der leblosen Dinge, sondern es ist ein Bewußtsein." [33]) Hatte schon Kant in seiner Lehre von den Paralogismen der reinen Vernunft der traditionellen metaphysischen Auffassung der Seele als einer Substanz den eigenständigen Seinsbegriff des „ich denke" entgegengehalten, so wird dieser von Fichte ausdrücklich in den Mittelpunkt der Philosophie gerückt. An diesem Begriff des Ich als eines Seins eigener Art hat sich überhaupt das Verständnis des Seins zu orientieren, wie wir noch erläutern werden.

Kann also von einem Sein des Ich nicht gesprochen werden, es sei denn, das Selbstbewußtsein befinde sich im Vollzug, so ist die Frage müßig, was denn das Ich „vor" dem Selbstbewußtsein sei. Sie wird zwar der vorphilosophischen Reflexion nahegelegt, weil doch ein Ich sich seiner selbst bewußt wird, und — nach der naiven Meinung — deshalb erst sein muß, um sich bewußt zu werden. Aber diese Ansicht vergißt, daß vom Sein des Ich nicht an sich die Rede sein kann, sondern nur von dem Blickwinkel des Ich selbst aus, solange wenigstens, als der Philosophierende Mensch bleibt. Im Munde eines Menschen ist die These von einer „Existenz des Ich, als eines unabhängig vom Bewußtsein bestehenden Dinges an sich ... ohne Zweifel der Absurditäten größte" [34]). „Man hört wohl die Frage aufwerfen: *was* war ich wohl, ehe ich zum Selbstbewußtsein kam? Die natürliche Antwort darauf ist: *ich* war gar nicht; denn ich war nicht Ich. Das Ich ist nur insofern, inwiefern es sich seiner bewußt ist." [35]) Der durch die Sache selbst auferlegte *Verzicht darauf, das Ich noch jenseits seiner ursprünglichen Gegebenheit im Selbstbewußtsein aufzusuchen*, ist zugleich ein Ausdruck der denkerischen Bescheidung, die alle Hypothesen und Mythen über Ursprung und Herkunft beiseite läßt und sich mit der Interpretation der Wirklichkeit begnügt. Daß ihr manche mögliche Frage unbeantwortet bleiben muß, ist klar, aber die Antworten, die sie finden kann, werden den Vorzug haben, die Grenze zwischen dem Fragen in den Grund hinein und dem „überfliegenden Räsonnement" innezuhalten und so im Gebiet der ausweisbaren Wahrheit zu bleiben.

Die Einsicht in die Identität von Sein und Selbstbewußtsein im Ich läßt nun auch die eingangs des Paragraphen gegebene Begriffsbestimmung des Selbstbewußtseins deutlicher fassen. Wir kennzeichneten dort das Selbstbewußtsein als in sich zurückkehrende, sehende Tätigkeit. Als neues Moment kommt nun noch hinzu, daß

[33]) SL IV 47. [34]) Vers. I 529. [35]) WL I 97.

diese Tätigkeit sein-schaffend ist. Von daher lassen sich die zentralen Begriffe, mit denen Fichte das Wesen des Selbstbewußtseins zu fassen versucht, verstehen.

Weil das Ich Vollzug ist, aber darin doch sein eigenes Sein wirklich wird, ist es Handlung und zugleich Produkt der Handlung. Fichte drückt diese Doppelheit im Begriff der *„Tathandlung“* aus. „Das Ich setzt sich selbst, und es ist, vermöge dieses bloßen Setzens durch sich selbst; und umgekehrt: Das Ich ist, und es setzt sein Sein, vermöge seines bloßen Seins. — Es ist zugleich das Handelnde, und das Produkt der Handlung; das Tätige, und das, was durch die Tätigkeit hervorgebracht wird; Handlung und Tat sind Eins und ebendasselbe, und daher ist das: Ich bin, Ausdruck einer Tathandlung.“ [36]) Aus dem Zusammenhang der Problematik einer Ontologie des Menschen wird die Bedeutung dieses Grundbegriffs der Philosophie Fichtes klar. Er ist nicht ein Ausdruck für Willkür, Tatsucht oder was immer des Subjekts, sondern ein genuiner ontologischer Terminus für das Wesen des Selbstbewußtseins.

Während der Ausdruck „Tathandlung“ die Wissenschaftslehre in ihrem ersten Wurf (1794/95) — wenn auch nicht ausschließlich — beherrscht, tritt dann, vor allem im Naturrecht (1795), aber auch in den folgenden Schriften, der Begriff der *„Identität“ von Subjekt und Objekt* in den Mittelpunkt. „Die Ichheit besteht in der absoluten Identität des Subjektiven und des Objektiven (absoluter Vereinigung des Seins mit dem Bewußtsein, und des Bewußtseins mit dem Sein). ... Nicht das Subjektive, noch das Objektive, sondern — eine Identität ist das Wesen des Ich.“ [37])

In den Schriften des Jahres 1797 taucht schließlich der Ausdruck *„intellektuelle Anschauung“* auf [38]). Auch er meint das gleiche wie die beiden anderen Formulierungen. Selbstbewußtsein ist eine Art von Anschauung, aber eine solche, in der das Sein des Angeschauten allererst erzeugt wird. Das Charakteristikum des Erzeugens, die Produktivität, wird von Fichte, im Anschluß an Kant, dem Vermögen der Spontaneität, dem Denken, zugeschrieben. Deshalb ist die Anschauung des Selbstbewußtseins „intellektuelle“ Anschauung. Es ist also mit diesem Begriff nicht, wie es Schelling später verstand und wie es Kant, Fichte mißverstehend, aufs schärfste ablehnte, ein besonderes Er-

[36]) WL I 96, vgl. 2. Einl. I 468, NR III 22.

[37]) SL IV 42, vgl. Vers. I 529, NR III 1, SL IV 1.

[38]) 2. Einl. I 463 ff. u. ö.

kenntnisvermögen, also eine eigene Quelle von Erkenntnissen, bezeichnet, sondern lediglich das ursprüngliche Selbstbewußtsein in seinem anschauenden, seinbildenden Wesen gekennzeichnet.

§ 8

Der Widerspruch im Begriff des Ich

Wir haben nunmehr eine Reihe von Bestimmungen über das Ich gewonnen: es ist Selbstbewußtsein, sein Sein ist Bewußtsein, im Vollzug kommt es für sich zum Sein. Wollten wir aber nun fragen, was der Mensch denn eigentlich ist, und wollten wir antworten, er sei Selbstbewußtsein oder intellektuelle Anschauung oder Tathandlung oder Identität, so würde eine solche Antwort, weil sie immer noch formal ist, die Frage keineswegs zur Ruhe bringen können. Solche Begriffsbestimmungen sind zwar unerläßlich, um die gemeinte Sache deutlich vor Augen zu stellen; sie sind aber selbst nur Vorbereitungen dafür, die eigentlichen Fragen durchsichtig stellen zu lassen. Ist der Mensch ein Seiendes in der Welt, umgeben von anderem Seienden und seiend wie dieses, oder ist die Welt nur sein Entwurf und wird sie lediglich in seinem Denken? Ist das Ich unabhängig und frei, oder ist es bedingt von einem Bestimmenden außer ihm? Ist es mit andern wirklich verbunden, oder sind die andern nur ein vorgegaukeltes Traumbild? Auf derlei Fragen will letztlich der Mensch eine Antwort, wenn er nach sich selbst fragt.

Zunächst knüpfen wir an dem Punkte unserer Erörterungen wieder an, an dem wir erstmalig die Frage aufwarfen, was denn ich selbst bin. Wir zeigten dort, daß in einem konkreten Hinblick, der zugleich der Blick unseres täglichen Lebens ist, sich das Ich als seiend unter anderem Seienden, der Schreibmaschine, dem Zimmer, dem Stuhl, entdeckt. Mag sich nun dieser erste Blick in späteren Überlegungen als nur vorläufig herausstellen, so gehört doch auch dies zum Ich, daß es sich faktisch so versteht. Die philosophische Interpretation wird deshalb die Tatsache zu berücksichtigen haben, daß *das Ich* sich selbst als *ein Weltding unter anderen Dingen der Welt* erscheint.

Eine kurze Reflexion macht jedoch diese Selbsterscheinung des Ich fraglich. Ich verhalte mich zu Schreibmaschine, Stuhl und Zimmer doch in anderer Weise, als diese sich zu mir verhalten. Die Schreibmaschine ist für mich da, weil ich sie vor mir sehe, der Stuhl, weil ich auf ihm sitze, das Zimmer, weil ich mich in ihm befinde. Das Seiende wird mir offenbar und erscheint mir als seiend, sofern ich mich in bestimmter Weise zu ihm verhalte, mich auf es ausrichte; die Welt gibt sich mir in meinen Verhaltungen. Wenn ich nun nicht auf die Schreibmaschine blicke, erscheint sie mir auch nicht; wenn ich in anderer Absicht oder aus anderer Perspektive oder in anderer Stimmung auf sie blicke, erscheint sie mir anders. Ihr Erscheinen und ihr Sein für mich sind somit abhängig von mir. Ob die Dinge aber an sich, also unabhängig von meinem Sehen, Berühren, Hören, sind, und so sind, wie sie mir erscheinen, das kann ich eben darum nicht wissen, weil sie mir nur in meinem Sehen, Hören, Berühren überhaupt sich geben und weil ich abgesehen davon überhaupt nichts von ihnen weiß. Was liegt näher als die Vermutung, daß *das Sein dieser Dinge* überhaupt *von mir abhängig* sei, daß ich es bin, der ihnen Sein verleiht.

Mit dieser Vermutung ist allerdings im Zusammenhang unserer Frage noch keine „idealistische" These ausgesprochen. Wir zeigten vielmehr nur — nachdem wir sahen, daß das Ich in einem ersten Hinblick sich als seiend unter anderem Seiendem versteht — in einem weiteren Schritt, daß diese Gewißheit im Dasein des Menschen erschüttert werden kann. Dazu bedarf es natürlich nicht der ausdrücklichen Reflexion, die wir eben anstellten. Die sichere Gewißheit des Seins in der Welt kann in den verschiedensten Situationen und Stimmungen erschüttert werden, und sie wird uns faktisch immer wieder im Verlauf unsers Daseins fraglich. In solchem Hinschwinden der Welt erwächst die bange oder stolze Frage: bin ich denn allein und bin ich alles? Oder bin ich doch nur ein Sandkorn im Ganzen der Schöpfung, ein Seiendes neben unendlich vielen anderen Seienden?

Wenn wir an unsere Analyse des Selbstbewußtseins im vorigen Paragraphen denken, taucht eine ähnliche *Problematik im Ichbegriff* auf. Wir führten aus, daß Fichte ein Sein des Ich vor dem Selbstbewußtsein aufs schärfste ablehnt, daß er also kein Ich anerkennt, das zunächst existierte und dann seiner selbst bewußt würde. Aber kann sich dabei die Frage beruhigen? Das Selbstbewußtsein ist doch nicht auf einmal plötzlich aus dem Nichts da. Woher kommt denn der Anstoß, von dem her es sich vollzieht? Entspringt es ganz aus sich heraus, so daß es sein eigener Grund wäre und nicht weiter nach einem Grunde, sei es Gott oder wer immer, gefragt werden müßte? Ist also das Ich absolut? Aber ist eine solche Behauptung nicht sinnlos? Widerspricht dem nicht das sichere Wissen, daß wir nicht von Ewigkeit her und nicht absolut durch uns selbst sind? Die Erfahrung zeigt doch, daß der Mensch von andern Menschen abstammt, daß er lange Zeit in der Obhut anderer bleiben muß und schließlich sein ganzes Dasein hindurch immer wieder und an vielen Punkten auf seine Abhängigkeit gestoßen wird. So wäre er nicht absolut, sondern endlich?

Es ist offenbar, daß diese Fragen beantwortet werden müssen, wenn man das Ich in seinem Wesen begreifen will. Man muß wissen, ob das Ich alles in allem, oder ein begrenztes Seiendes unter anderem, ob es *absolut oder endlich* ist.

Die ganze *Wissenschaftslehre* befaßt sich mit diesem Problem. Daß sie es allerdings so umfassend stellt und den Knoten nicht, wie es der unkritische Realismus und der dogmatische Idealismus tun, voreilig durchhaut, das zeigt die Besonnenheit, mit der Fichte philosophiert. Er hält sich von den Einseitigkeiten beider Richtungen fern, weil er vor aller These das Phänomen selbst bis in seinen Grund hinein verfolgt. Daß die Wissenschaftslehre solange im Unentschiedensein verharrt, bis die Sache aus sich selbst heraus die Antwort gibt, das macht sie zu dem anstrengenden Buch, das sie ist, das gibt ihr aber zugleich die Fruchtbarkeit für echtes philosophisches Fragen.

Wenn wir den Gang der Wissenschaftslehre weiter verfolgen, so wird die Aufgabe zunächst sein, den Widerspruch im Ichbegriff, den wir eben andeuteten, in aller Schärfe herauszuarbeiten. Sodann werden wir zu interpretieren haben, wie Fichte mit ihm fertig zu werden versucht. Wir werden sehen, wie er sich weder für die eine noch für die andere Seite vorzeitig entscheidet, sondern in immer neuen Bemühungen, die Gegensätze zu vereinigen, versucht, den Menschen als Einheit in der Widersprüchlichkeit zu begreifen, und schließlich das Moment findet, das es zuinnerst ermöglicht, Einheit und Widerstreit als zusammengehörige Doppelbestimmung des Menschseins zu verstehen.

II. Die Absolutheit als Grundvoraussetzung

§ 9

Das Wollen und seine Absolutheit. Der erste Grundsatz der Wissenschaftslehre

Keiner der Schritte unserer Interpretation darf sich von dem Blick auf das Phänomen entfernen, in dessen Auslegung wir das Wesen des Ich zu gewinnen hoffen. Nur ist es in dem Bezirk der Fragestellung, in dem wir uns jetzt befinden, schwierig, das Phänomen als solches vor Augen zu bekommen. Wir wollen das Ich nicht in dem Sinne, in dem es sich je und dann konkret darstellt, sondern in seinem

Grundwesen beobachten. Daher müssen wir uns gleichsam in den Punkt versetzen, in dem wir uns ursprünglich selbst anschauen, und müssen das, was da im Grunde unseres Seins geschieht, ausdrücklich vollziehen. Dann aber erblicken wir ja gerade nicht das Ich selbst, das doch die Einheit von Anschauendem und Angeschautem ist, sondern nur das Angeschaute, das Objekt-Ich. Doch gibt es keine andere Möglichkeit, das Ich in seiner ursprünglichen Tätigkeit zu überraschen, als die, in der der Beobachtende sich selbst beobachtet und dadurch notgedrungen sich selbst von sich selbst im Anschauen trennt. Denn nur „inwiefern ich mich, das Bewußtseiende, von mir, dem Gegenstande dieses Bewußtseins, unterscheide, bin ich mir meiner bewußt“[1]). So kann also das Ich „sich selbst an und für sich ... nicht begreifen“ [2]).

Sofern nun allerdings der Beobachtende *sein* Ich anschaut, ist wiederum er selbst das beobachtete Ich; das Ich wird ja „für sich selbst Objekt“ [3]). Deshalb muß das, was er an ihm entdeckt, eben darum, weil es Bestimmungen seines Ich sind, auch für ihn als Beobachtenden gelten und insofern Bestimmung des ganzen Ich überhaupt sein [4]). *Das Objekt-Ich des Selbstbewußtseins* kann somit *exemplarisches Phänomen der Auslegung* sein; man muß nur festhalten, daß es als bloßes Objekt-Ich nicht in jeder Hinsicht die Wesensmomente des ungeteilten Selbstbewußtseins aufweist. Die Aspekte, die es bietet, geben nur „das Wesen des Ich für das Ich“ [5]) her. Dagegen läßt sich die „Identität des Subjekts und Objekts im Ich ... nur schließen, nicht etwa unmittelbar als Tatsache des wirklichen Bewußtseins nachweisen“ [6]).

Fichte analysiert das Ich als Objekt jeweils in dem ersten Paragraphen seines „Naturrechts“ [7]) und seiner „Sittenlehre“ [8]). In den Erörterungen der Sittenlehre tritt das Entscheidende deutlicher und freier von Nebenabsichten heraus; bei ihnen soll deshalb die Interpretation einsetzen.

Als Aufgabe wird gestellt: „Sich selbst, bloß als sich selbst, d. i. abgesondert von allem, was nicht wir selbst ist, zu denken.“ [9]) In dieser Ursprünglichkeit, behauptet Fichte, verstehe das Ich sich selbst notwendig als wollend. So formuliert er als 1. Grundsatz des ersten Hauptstücks der Sittenlehre: „Ich finde mich selbst, als mich selbst, nur wollend.“ [10])

[1]) SL IV 1; vgl. 2. Einl. I 489. [2]) SL IV 42. [3]) NR III 21 Anm.
[4]) Vgl. NR III 17. [5]) SL IV 28. [6]) SL IV 1. [7]) NR III 17—23.
[8]) SL IV 18—29. [9]) SL IV 18. [10]) Ebenda.

Die *These vom Wollen als dem Grundcharakter des Ich,* allgemein geläufig als Grundkonzeption der „aktivistischen“ Philosophie Fichtes, ist doch so lange nicht verstanden, wie sie nur als These nachgesprochen und nicht in ihrer an dem Phänomen des Ich selbst einsichtig gewordenen Notwendigkeit begriffen wird. Deshalb muß der *Beweis,* den Fichte für sie antritt [11]), dargelegt werden.

Die Voraussetzungen, auf die er sich gründet, sind die bereits bekannten Wesensmerkmale des Ich, daß es nämlich eine Einheit ist, die doch in sich selbst in Anschauendes und Angeschautes der Selbstanschauung getrennt ist und daß das Ich sich selbst als seiend anschaut. Der Beweis selbst beginnt mit einer Analyse des Begriffs des *Objekt-Ich.* Was das Ich erblickt, ist es selbst; das Erblickte muß demnach die Struktur des Ichseins haben. Diese aber ist anschauendes Zurückkehren in sich selbst. Das Objekt-Ich allerdings kann nicht selbst aktuelles Anschauen sein, denn es ist ja lediglich das Angeschaute des ursprünglichen Anschauens; wäre es wiederum ein Denken, so müßten wir weiter zurückfragen nach dem Gedachten dieses Denkens und hätten also noch nicht das Objekt-Ich gefunden. Somit kann das Objekt-Ich nicht die Struktur des Anschauens haben; es bleibt jedoch bestehen, daß es ein Ich und demgemäß Rückkehr zu sich selbst sein muß; allerdings ist es nicht sich anschauendes, sondern angeschautes Zurückkehren in sich selbst. Das Angeschaute nun wird wesensmäßig verstanden als das Entgegentretende, das Seiende. So ist das Objekt-Ich die *seiende Rückkehr zu sich selbst.*

Diese nun interpretiert Fichte weiter als Selbstbestimmung und schließlich als Wollen. So kommt er zu seiner These, das Ich sei Wollen. Das Objekt-Ich ist „ein reelles Handeln auf sich selbst ... ein reelles Selbstbestimmen seiner selbst durch sich selbst“ [12]); „die Äußerung, welche allein ich mir ursprünglich zuschreibe, ist das Wollen“ [13]). Die Aufgabe ist demnach, zu zeigen, inwiefern die seiende Rückkehr zu sich selbst als Selbstbestimmung und diese als Wollen anzusehen sind.

Der Nachweis für die Behauptung, die Selbstbestimmung sei Wollen, läßt sich leicht durch eine *Analyse des Phänomens des Wollens* führen. Fichte allerdings verzichtet darauf. „Dieser Begriff ist keiner Realerklärung fähig, und er bedarf keiner. Jeder muß in sich selbst, durch intellektuelle Anschauung, innewerden, was er bedeute, und er wird es ohne alle Schwierigkeit vermögen.“ [14]) Aber eben das, was

[11]) SL IV 21 f. [12]) SL IV 22. [13]) SL IV 20. [14]) SL IV 19.

in intellektueller Anschauung jedem gewiß ist, bedarf für die philosophische Frage der ausdrücklichen Auslegung.

Wenn ich etwas tun *muß*, so heißt das: ich bin dazu von außen her bestimmt. Wenn ich es dagegen tun *will*, so bin ich nicht von einem Fremden bestimmt, sondern bestimme mich selbst dazu. Ich gebe mir selbst die Richtung, gleichsam den Dreh, auf dieses bestimmte Tun hin, das ich mir vorsetze. Nun hat Fichte, wenn er das Wollen für den Grundcharakter des Ich erklärt, natürlich kein bestimmtes sachhaltiges Wollen vor Augen, vielmehr das, was das Wollen überhaupt als solches kennzeichnet. Wird nun davon abgesehen, daß jeweils dies oder jenes gewollt wird, so bleibt übrig, daß im Wollen der Mensch sich selbst bestimmt. *Das Wollen* wird also mit Recht *als Selbstbestimmung bezeichnet.*

Schwieriger einzusehen ist der Nachweis Fichtes, *daß das Ich sich notwendig und ursprünglich als sich selbst bestimmend erscheinen müsse.* Mag auch der Beweisgang, formal betrachtet, schlüssig sein, so läßt sich doch nicht verhehlen, daß ein so entscheidendes Resultat, das den Grundcharakter des Menschseins zu bestimmen sucht, im Durchgang durch einen sehr schmalen Engpaß gewonnen wird. Der ganze Beweis hängt daran, daß das Ich sich zwar als Handeln auf sich selbst, aber nicht als Denken seiner selbst erscheinen könne. Um den Anschein des Formalismus zu vermeiden, müssen wir deshalb, ehe wir mit Fichte auf dem gewonnenen Boden weiterbauen, das Resultat eigens sichern, und zwar dadurch, daß wir zusehen, ob sich die Grundbestimmung des Ich als Wollen in *direktem phänomenalem Aufweis* gewinnen läßt.

In der Tatsache, daß im Dasein des Menschen faktisch Akte des Wollens vorkommen, zeigt sich, daß die Selbstbestimmung zu den Möglichkeiten des Menschen gehört. Zwar kann eingewendet werden, auch hier sei es nicht der Wollende selbst, der sich bestimme, sondern das Gewollte bestimme ihn. Die Bestimmung jedoch, die vom Gegenstand des Wollens auf dieses ausgeübt wird, betrifft höchstens den Sachgehalt des Wollens. *Daß* der Mensch will, entspringt dagegen seiner eigenen Bestimmung. „Das Wollen, als solches, ist ein Erstes absolut in sich selbst und in nichts außer ihm Gegründetes.“ [15]) So wenigstens erscheint es dem Wollenden. Daß man Reflexionen darüber anstellen kann, ob der Wille „an sich“ nicht doch unfrei ist, wird nicht bezweifelt; hier jedoch — und überhaupt bei der Frage

[15]) SL IV 24.

nach dem Objekt-Ich — handelt es sich ausdrücklich um die Weise, wie dem Menschen sein Sein *erscheint*. Es ist „Faktum des Bewußtseins", daß „das Wollen ... als absolut erscheine" [16]).

Damit ist allerdings nur nachgewiesen, daß Akte der Selbstbestimmung im Dasein des Menschen vorkommen, noch nicht jedoch, daß sich in dieser sein Wesen darstellt. Dies wäre erst einsichtig, wenn aufgewiesen wäre, daß der innerste Grund alles bestimmten Seins des Menschen ein Wollen ist. Tatsächlich läßt sich zeigen, daß *alle Verhaltungen des Menschen letztlich aus einem Wollen entspringen*. Wenn ich einen Handgriff tue, oder wenn ich etwas anschaue, so muß ich mich in das Tun oder das Anschauen verlegen und muß somit meinen Willen dahin lenken. Selbst wenn ich etwas tun muß, ist es doch immer notwendig, mich dazu zu bestimmen, das Gemußte zu tun; sonst bin es nicht ich selbst, der es tut.

Kein einzelnes Wollen ferner steht im Zusammenhang des Daseins des Menschen vereinzelt da. Will ich etwa ein Buch besitzen, so letztlich nicht um des Buches willen, sondern um deswillen, was ich mit dem Buch anfangen will, also um der daraus zu gewinnenden Erkenntnis willen. Aber auch diese will ich nicht ihrer selbst wegen, sondern weil ich durch sie mein Interesse an einer bestimmten Frage befriedigen oder meine Existenzmöglichkeit an einer bestimmten Stelle ausdehnen will. Geht man diesem Verweisungszusammenhang der einzelnen Akte des Wollens nach, so zeigt sich, daß *jedes tiefere Wollen inniger mit dem Menschen verknüpft* ist. Schon wenn ich das Buch will, bin das Objekt meines Wollens eigentlich ich selbst, nämlich als der, der das Buch besitzt. Aber Besitzer des Buches zu sein, ist noch eine verhältnismäßig äußerliche Möglichkeit meines Daseins. Die Erweiterung meiner Erkenntnis als der Grund, weshalb ich das Buch will, gehört wesentlich näher zu mir. Und der Grund des Erkennenwollens, der etwa in der entschlossenen Ausrichtung meines Daseins auf Wissenschaft beruhen kann, ist noch wesentlicher mit mir selbst verknüpft. Wenn ich also in allem Wollen immer mich selbst will und jedes Wollen auf ein tieferes Wollen zurückverweist, dann wurzelt alles einzelne Wollen in einem grundhaften Wollen meiner selbst. „Das höchste Interesse und der Grund alles übrigen Interesses ist das für uns selbst." [17]) Da weiter alle Verhaltungen im Wollen gründen, ist *das Wollen seiner selbst*, wie Fichte behauptet, *das innerste Wesen des Menschen*. „Das Wollen ist der eigentliche

[16]) SL IV 25. [17]) 1. Einl. I 433; vgl. SL IV 143.

wesentliche Charakter der Vernunft ... Das praktische Vermögen ist die innigste Wurzel des Ich.“ [18])

Aus dem Nachweis, daß das Ich sich ursprünglich als Wollen erscheinen muß, gewinnt Fichte die Grundthese seiner Ontologie des Menschen: *das Ich ist absolut* [19]). „Das vernünftige Wesen, als solches betrachtet, ist absolut, selbständig, schlechthin der Grund seiner selbst.“ [20]) „Soll ein Vernunftwesen sich als solches setzen, so muß es sich eine Tätigkeit zuschreiben, deren letzter Grund schlechthin in ihm selbst liege.“ [21]) Dementsprechend formuliert er als *1. Grundsatz der Wissenschaftslehre:* „Das Ich setzt ursprünglich schlechthin sein eigenes Sein.“ [22])

§ 10

Freiheit und Notwendigkeit des Selbstbewußtseins

Was Grund seiner selbst ist, ist frei. Fichte spricht demgemäß dem Ich die *Freiheit als Grundbestimmung* zu und kennzeichnet es als absolut und frei. Ich bin „absolut freitätig, und darin besteht mein Wesen“ [23]). „Das einige rein Wahre ist meine Selbständigkeit.“ [24])

Mit dem Begriff der Freiheit sind wir mitten in der Problematik des Menschseins darin. In unseren bisherigen Ausführungen scheint diese schwierigste Frage einer Ontologie des Menschen bereits gelöst zu sein, nachdem nachgewiesen ist, daß das Ich absolut und also frei ist. Aber wir dürfen die Grenzen unserer bisherigen Aufweise nicht vergessen. Wir sprachen nicht davon, daß das Ich „an sich“ frei sei, sondern daß es sich so erscheine. „Ich bin schlechthin, weil ich bin; und bin schlechthin, was ich bin; beides für das Ich.“ [25])

So verstanden hat es nun den Anschein, als hätten wir noch nichts gewonnen; denn darüber, daß der Mensch sich für frei hält, besteht ja kein Zweifel. Und doch sind wir bereits einen Schritt über diese naive Aussage hinausgegangen. Wir haben ja nicht nachgewiesen,

[18]) NR III 20 f.; vgl. 17.

[19]) Es war durch die Absicht, die unserer obigen Interpretation zugrunde lag, bedingt, daß wir in der Darstellung des § 1 der Sittenlehre die Einschränkung unberücksichtigt ließen, wonach das Ich sich faktisch nur als Tendenz zur Absolutheit, nicht aber als absolut seiend, finden kann (vgl. SL IV 29). Fichte selbst macht darauf aufmerksam, daß jenes Verständnis „unter gewissen noch nicht aufgezeigten Bedingungen“ stehe (SL IV 60). Wir werden unsere Interpretation der Absolutheit im Wollen später entsprechend ergänzen.

[20]) SL IV 50; vgl. 38; 2. Einl. I 462. [21]) NR III 17. [22]) WL I 98.

[23]) SL IV 84; vgl. 138. [24]) SL IV 12; vgl. 1. Einl. I 431; 2. Einl. I 474.

[25]) WL I 98.

daß die Meinung von der Freiheit hie und da vorkommt, sondern *daß der Mensch sich notwendig als frei verstehen muß* und daß dieses Verständnis ihm erwachsen muß, sobald er nach sich selbst in seinem Grunde fragt. Später wird sich zeigen lassen, daß nur so überhaupt sinnvoll nach der Freiheit gefragt werden kann. Freiheit „an sich" ist ein leeres Wort; sie ist immer nur so wirklich, daß sie dem Menschen und damit auch dem Fragenden als sein notwendiges Wesen erscheint.

Philosophie, die sich die Auslegung der Wirklichkeit des Menschen zur Aufgabe gesetzt hat, muß ständig mit den Phänomenen selbst in Beziehung bleiben. Im Phänomen des Wollens nun erscheint der Mensch sich selbst als im Grunde seines Wesens absolut; darüber hinaus läßt sich im Bereich des Phänomenalen kein Hinweis darauf, ob der Mensch „an sich" absolut ist, finden. Ein besonnenes Philosophieren bleibt daher an diesem Punkte stehen und bescheidet sich in den Grenzen, die ihm als einer menschlichen und darum notwendig unvollkommenen Einsicht gesetzt sind.

Doch hat es den Anschein, als geriete Fichte mit der Behauptung der Freiheit des Selbstbewußtseins mit sich selbst in Widerstreit, wenn er an anderer Stelle betont, daß das Geschehen des Selbstbewußtseins „notwendig und ursprünglich" sei [26]); der Philosoph habe „die Vernunft in ihrem ursprünglichen und notwendigen Verfahren ... zu beobachten" [27]). Wir müssen daher untersuchen, ob Fichte tatsächlich diese beiden offenbar widerstreitenden Thesen so stehen läßt, und müssen deshalb sehen, was denn mit Freiheit und Notwendigkeit in diesem Zusammenhang gemeint ist.

Wenn etwas *notwendig* ist, so bedeutet dies zunächst nicht in jedem Falle, daß es durch ein anderes bestimmt ist. Auch eine freie Handlung kann als notwendig bezeichnet werden, so dann, wenn sie notwendige Voraussetzung einer andern Handlung ist. Das Selbstbewußtsein ist notwendig, heißt also nicht: der Mensch muß notwendig existieren — diese These ließe sich durch nichts erweisen —, sondern: das Selbstbewußtsein muß sich notwendig vollziehen, wenn der Mensch sein soll; er muß „jene Tathandlung, als Grundlage alles Bewußtseins, notwendig denken" [28]).

Damit ist auch das Verständnis der *Absolutheit und Freiheit* eindeutiger bestimmt. Der Mensch existiert nicht *vor* seinem Selbstbe-

[26]) 2. Einl. I 461. [27]) NR III 5 f.
[28]) WL I 92; vgl. 97 f.; 2. Einl. I 460; Vers. I 529.

wußtsein, und demgemäß kann er sich auch nicht absolut in sein Sein gebracht haben; Fichte verzichtet darauf, über den Ursprung des Daseins des Menschen unbeweisbare Hypothesen mitzuteilen, und behauptet weder die Notwendigkeit noch die Freiheit des Aktes, in dem der Mensch in sein Dasein gekommen ist. Absolut ist der Mensch vielmehr, weil er das, was er sein kann, aus sich selbst heraus sein kann und — wir werden dies später noch sehen — aus sich selbst heraus zu sein hat.

§ 11

Das absolute Ich

Mit der Absolutheit als Grundbestimmung des Ich sind wir zu dem Punkt gekommen, den Fichte selbst als den entscheidenden in seiner ganzen Philosophie ansieht. „Darin besteht nun das Wesen der kritischen Philosophie, daß *ein absolutes Ich* als schlechthin unbedingt und durch nichts Höheres bestimmbar aufgestellt werde.“ [29])

Nun hat aber der Ausdruck „absolutes Ich“ in der Fichteinterpretation immer wieder zu Mißverständnissen geführt. So versteht etwa *Kroner* [30]) *das absolute Ich als Gott.* Allerdings finden sich bei Fichte Stellen, die eine solche Interpretation nahe zu legen scheinen: „Das absolute Ich ist schlechthin sich selbst gleich: alles in ihm ist Ein- und ebendasselbe Ich, und gehört (wenn es erlaubt ist, sich so uneigentlich auszudrücken) zu Einem und ebendemselben Ich; es ist da nichts zu unterscheiden, kein Mannigfaltiges; das Ich ist Alles, und ist Nichts, weil es für sich nichts ist, kein Setzendes und kein Gesetztes in sich selbst unterscheiden kann.“ [31]) Dies ist auch die Seinsweise Gottes; er ist alles in allem und das Verstehen seiner selbst kann ihm nicht eigentlich beigelegt werden, weil dann in ihm Denkendes und Gedachtes getrennt würden und er nicht mehr die absolute Einheit wäre. Dann aber kann Gott auch nicht eigentlich als Ich bezeichnet werden, weil zur Ichheit Selbstbewußtsein gehört. Gottes Selbstbewußtsein, falls es ein solches gibt, bleibt deshalb „ewig unerklärbar und unbegreiflich“ [32]).

Andererseits kann die angeführte Stelle auch das Ich nicht eigentlich treffen, da zu diesem wesenhaft die Trennung in Anschauendes und

[29]) WL I 119; v. Verf. gesp.

[30]) Von Kant zu Hegel, 1921, I S. 400 f., 431. Vgl. zum sachlichen Gehalt unserer Einwendungen: W u n d t, Fichteforschungen, 1929, S. 47 u. 267 ff.

[31]) WL I 264 f. [32]) WL I 275.

Angeschautes gehört. Dagegen ergibt sich aus ihrem Zusammenhang, daß Fichte hier den Versuch macht, die Absolutheit rein als solche zu konstruieren — wir werden darauf noch zu sprechen kommen — und von der Ichhaftigkeit abzusehen; die Unhaltbarkeit dieses einseitigen Aspektes zwingt ihn jedoch, diese Betrachtungsweise sofort wieder aufzugeben. Kroner übersieht also, daß es sich hier weder um die Darstellung des Seins Gottes, noch um die Behauptung eines absoluten Ich mit selbständigem Sein handelt, sondern um die lediglich an dieser Stelle versuchsweise durchgeführte reine Konstruktion der Absolutheit.

Auch der Begriff des absoluten Ich besagt lediglich, daß die *Absolutheit Grundvoraussetzung des Menschseins* ist. Weil Kroner dies entgeht, wird sein Vorwurf gegen Fichte verständlich, dieser übersehe, „daß auch das absolute Sichsetzen des Ich eine ... dreiheitliche Handlung ist, daß daher das Ich, das sich in der Thesis absolut, d. h. losgelöst vom Dreischlage seines Denkens setzt, sich als ein totes Moment von sich trennt, als caput mortuum der Abstraktion aus sich heraussetzt und so, statt sich als Ich zu behalten, vielmehr ‚entichtʻ " [33]). Fichte versteht aber das absolute Ich grade nicht „losgelöst vom Dreischlage seines Denkens", also vom Selbstbewußtsein. So kann man ihn nur verstehen, wenn man die grundlegenden Anfangsparagraphen der Wissenschaftslehre als abstraktes Spiel mit Begriffen auffaßt. Unsere Darstellung aber versuchte, deutlich zu machen, daß Fichte die Absolutheit immer im Zusammenhang mit dem Boden, auf dem sie allein Wirklichkeit hat, nämlich dem Sein des Menschen, versteht; sie ist gerade „die höchste Tatsache des *empirischen* Bewußtseins" [34]).

Sein grundlegendes Mißverständnis der Wissenschaftslehre führt Kroner ferner dahin, *das absolute Ich als ein Seiendes von der Seinsart der Gegenstände* zu betrachten. So redet er vom absoluten Ich, wie entsprechend vom absoluten Nicht-Ich, als von „Gegenständen", spricht von einer „Verfestigung" in der „Gegenständlichkeit" [35]). Abgesehen davon, daß Fichte, wie wir noch sehen werden, das Sein des Ich so wenig vom Sein der Gegenstände her begreift, daß er vielmehr dieses überhaupt ausschließlich von seiner Beziehung auf das Verhalten des Ich her faßt, wird Kroners Auslegung auch durch Stellen wie die folgende ausdrücklich als Mißdeutung erwiesen: „Die Intelligenz ist ... ein Tun, und absolut nichts weiter; nicht einmal ein Tä-

[33]) a. a. O. S. 438. [34]) WL I 95, v. Verf. gesp. [35]) Kroner a. a. O. S. 424.

tiges soll man sie nennen, weil durch diesen Ausdruck auf etwas Bestehendes gedeutet wird, welchem die Tätigkeit beiwohne." [36])

Von dem verfehlten Grundansatz eines absoluten Gegenstandes „Ich" her kommt es schließlich zu dem von Kroner aufgestellten Problem, wer denn *der Setzende des ursprünglichen Sichsetzens* ist, ob jenes seiende Absolute, oder der konkrete Mensch, oder gar bloß der Philosophierende. „Das absolute Ich setzt sich selbst — aber wer setzt dieses Sichsetzen des Ich? Das endliche Ich? Der Philosoph? Aber kann er das Sichsetzen des absoluten Ich setzen, ohne selber absolutes Ich zu sein? Wenn er die absolute Tathandlung in sich vollzieht, — muß er nicht eben in diesem Vollzuge, in dieser Handlung selbst absolutes Ich sein?" „... deshalb bleibt es unklar, wer den ersten Grundsatz denkt, wer die absolute Tathandlung des Sichsetzens vollzieht, und welche logische Struktur und Dignität diesem Akte zukommt." [37]) Wird der Begriff des Setzens als Bewußtwerden oder als Verstehen gefaßt, so wie ihn Fichte begreift und wie wir ihn oben interpretierten, so besteht keine Schwierigkeit in dem Gedanken, daß ein endlicher Geist den absoluten Vorgang des Sichverstehens begreift und somit das Sichsetzen setzt. Die von Kroner aufgestellte Frage ist ein *Scheinproblem.*

Alle diese Mißdeutungen können nur entstehen, wenn man entgegen den ausdrücklichen Worten Fichtes in der Wissenschaftslehre geheimnisvolle abstrakte Wesenheiten finden will. Von solchen aber redet Fichte gar nicht; er bleibt vielmehr streng mit der Wirklichkeit und dem, was sie als Phänomen hergibt, verbunden; so betont er ausdrücklich, man könne die Absolutheit „nur in sich selbst durch Anschauung finden" [38]). Allerdings beruhigt sich die Wissenschaftslehre nicht in der phänomenalen Wirklichkeit, sondern fragt in ihren Grund hinein, aber so, daß sie die Momente, die sie dort findet, ausdrücklich als *Grundvoraussetzungen des wirklichen Seins* festhält. „Die Wissenschaftslehre unterscheidet sorgfältig absolutes Sein und wirkliches Dasein, und legt das erstere bloß zum Grunde, um das letztere erklären zu können." [39])

Erst im Felde der phänomenalen Ausweisbarkeit kann auch eine fruchtbare *Auseinandersetzung mit Fichte* einsetzen. Erklärungen wie die, daß Fichte eine besonders große Vitalität besaß, oder daß er seinem Wesen nach immer auf ein Handeln drängte, können zwar begreiflich machen, daß es gerade der bestimmte Mensch Johann Gott-

[36]) 1. Einl. I 440. [37]) Kroner a. a. O. I S. 427. [38]) SL IV 58. [39]) WL I 279.

lieb Fichte sein mußte, der des Grundphänomens der Absolutheit ansichtig oder vielmehr wieder ansichtig wurde. Aber weder läßt sich daraus etwas über die philosophische Angemessenheit dieses Ansatzpunktes ausmachen, noch ergibt sich von hier aus ein Zweifel an der „Richtigkeit“ dieses „Standpunktes“. Ist der Fichtesche „Standpunkt“ ein echtes philosophisches Stehen, dann ist er kein Entwurf ins Leere hinein, den einer auf Grund einer besonderen psychischen Anlage unternimmt, sondern wurzelt in der Wirklichkeit und ihrer lebendigen Fragestellung. Unser Versuch, Fichte von da aus zu begreifen, will dazu dienen, den Streit um die Philosophie Fichtes der Bodenlosigkeit der „Rechtfertigungen“ und „Widerlegungen“ zu entreißen und mit Fichte den Kampf um die Sache und das ihr angemessene philosophische Verständnis aufzunehmen.

§ 12

Die Absolutheit als Grundansatzpunkt. Philosophie und Gewissen

Der *Ansatz bei der Absolutheit als innerstem Wesen des Menschen* ist so entscheidend, daß wir ihn nicht eher übernehmen können, als bis wir seine Notwendigkeit und Wahrheit völlig eingesehen haben. In den beiden vorigen Paragraphen haben wir uns gegen mögliche Mißdeutungen gewendet. Nun müssen wir Aufweis und Beweis noch einmal überblicken, um über ihre Stichhaltigkeit entscheiden zu können.

Die Einsicht in die Absolutheit des Ich gewannen wir einmal durch die Interpretation des Beweises, den Fichte aus den Notwendigkeiten der Selbsterscheinung des Ich führt; dieser Beweis aber ruhte auf einer so schmalen und so schwer konkret faßbaren und nachprüfbaren Basis, daß er uns für die Sicherung der These nicht auszureichen schien. Deshalb schlugen wir einen andern Weg ein und fanden in direktem Aufweis das Wollen und die absolute Selbstbestimmung als Grundcharakter des Ich. Damit aber sind wir lediglich zu der Einsicht gelangt, daß der Mensch im Grunde seines Wesens absolut und frei *erscheine*. Nun ist zwar die weitere Frage, ob er „an sich“ frei und absolut ist, müßig, und geht, wie wir zeigten, über die Grenzen eines besonnenen Philosophierens hinaus; aber es liegt im Wesen der Frage nach dem Grunde, daß sie nicht schon durch die Besinnung auf ihre Grenzen, sondern erst da sich beruhigen will, wo ihr durch die Sache selbst Einhalt geboten wird. Gibt es nun etwas, was den schweifenden Geist in seinen Grenzen halten und so den Menschen im Wissen um seine Absolutheit gewiß und sicher machen kann?

Nun läßt sich ein *theoretischer Grund* dafür oder dagegen, daß man bei der These von der Absolutheit des Ich als letzter Grundvoraussetzung stehen bleiben muß, nicht finden. „Daß das Wollen ... als absolut *erscheine,* ist Faktum des Bewußtseins: jeder wird es in sich selbst finden ... Daraus folgt aber nicht, daß diese Erscheinung nicht selbst weiter erklärt und abgeleitet werden müsse, wodurch die erscheinende Absolutheit selbst weiter erklärt würde, und aufhörte, Absolutheit zu sein, und die Erscheinung derselben sich in Schein verwandelte ... Es wird zwar nie jemand eine solche Erklärung des Wollens aus etwas anderem zu geben, noch irgend ein verständliches Wort zu diesem Behufe beizubringen vermögen; wenn er aber behauptet, dasselbe könne dennoch einen uns freilich unbegreiflichen Grund außer uns haben, so hat eine solche Behauptung freilich nicht den geringsten Grund für sich, es ist aber auch kein theoretischer Vernunftgrund dagegen." [40]) Andererseits ist auch das Stehenbleiben bei der Absolutheit als dem Grundwesen des Menschen „keines Beweises fähig" [41]).

Die theoretische Notwendigkeit erschöpft jedoch nicht das ganze Feld der Notwendigkeiten. Zwar tritt dem Versuch, denkend über die Absolutheit als letztes Aussagbares hinauszugehen, im Denken selbst kein Hindernis entgegen. Aber es könnte doch sein, daß dieser Versuch durch eine andere Art von Notwendigkeit vereitelt würde; Fichte stellt demgemäß die These auf, das hinter die Absolutheit zurückdringende Denken werde durch eine *praktische Notwendigkeit* gehemmt. „Die intellektuelle Anschauung ist der einzige feste Standpunkt für alle Philosophie ... Von ihm aus kann ich nicht weiter getrieben werden; meine Philosophie wird hier ganz unabhängig von aller Willkür, und ein Produkt der eisernen Notwendigkeit, ... der praktischen Notwendigkeit." [42]) Wenn diese praktische Notwendigkeit das Stehenbleiben bei der Einsicht in die Absolutheit bewirken und damit die Wahrheit über das Grundwesen des Ich enthüllen soll, dann muß sie den Charakter eines Phänomens haben; denn das willkürliche Entwerfen von Hypothesen wird nur abgeschnitten durch den Blick auf die Phänomene. Da aber der bisher erörterte phänomenale Befund nicht ausreicht, um die Frage nach dem Grunde des Menschseins gültig zu entscheiden, ist eine neue und ursprünglichere

[40]) SL IV 25. [41]) SL IV 50. [42]) 2. Einl. I 467.

Sicht auf das Phänomen des Menschen notwendig. Da ferner die theoretische Notwendigkeit nicht genügt, muß ein praktisches, Gewißheit schaffendes Phänomen gesucht werden. Fichte findet ein solches in der Offenbarung des Sittengesetzes, dem *Gewissen.*

Schon der sprachliche Ausdruck zeigt, daß das Gewissen etwas zu wissen gibt; es vergewissert den Hörenden dessen, was es ihm mitteilt. Jedoch gibt es zunächst nicht einen positiven Sachgehalt zu wissen, sondern ruft dem Menschen in bestimmten Augenblicken, wenn er im Begriff ist, etwas zu tun oder sich dazu zu entschließen, ein Nein entgegen. Die nächste Äußerung des Gewissens, die nicht mit seinem ursprünglichen Wesen verwechselt werden darf, ist also das *Neinsagen.* Seinem formalen Charakter nach entspricht es somit der geforderten, dem Menschen hemmend entgegentretenden, praktischen Notwendigkeit.

Dieses Nein wäre aber richtungslos und blind, trüge das Gewissen nicht in sich selbst ein Ja. Indem es dem Menschen in bestimmten Handlungen zu verstehen gibt, daß sie wider das Gewissen sind, offenbart es zugleich das geforderte Tun. Obzwar also das Nein die nächstbegegnende Erscheinungsweise des Gewissens ist, ist doch seine *innere positive Bestimmtheit* die eigentliche Wurzel auch seines Verbotes.

Als neinsagende Forderung gibt das Gewissen dem Menschen ein Sollen zu wissen. Um die Forderung als eine solche auch nur hören zu können, muß der Mensch Freiheit der Entscheidung — also Freiheit zum Gehorsam oder zum Widerspruch dem Sollen gegenüber — haben, und dies dergestalt, daß er begreift, es komme hier auf ihn, nur auf ihn — schlechterdings auf keinen andern — an, sich zu entscheiden. Indem so das Gewissen *die Freiheit des Menschen aufruft,* ist in ihm „die Anschauung der Selbsttätigkeit und Freiheit begründet“ [43]). Im Gewissen wird dem Menschen „ein absolutes, nur in ihm und schlechthin in nichts anderem begründetes Handeln angemutet, und es sonach als ein absolut Tätiges charakterisiert“ [44]). „Es wird jedem vernünftigen Wesen schlechthin angemutet, sich selbst so zu finden und anzunehmen.“ [45])

[43]) 2. Einl. I 466. — Die Interpretation des Gewissens steht in der einzigen Abzweckung, aus ihm als einem Phänomen des menschlichen Daseins einen Entscheidungsgrund über das Recht des philosophischen Grundansatzes bei der Absolutheit zu gewinnen. Die eigentliche ontologische Interpretation, die Frage nach dem Woher des Gewissens, kann erst in späteren Zusammenhängen dargelegt werden.

[44]) 2. Einl. I 466. [45]) SL IV 50.

Fichte sieht also *die These von der Absolutheit als Grundbestimmung des Menschseins gesichert durch den Spruch des Gewissens.* Er hat damit die phänomenale Basis, die bislang nur das Faktum des Wollens umfaßt hatte, durch die Einführung eines neuen Phänomens erweitert. Allerdings unterscheidet sich das Gewissen in seinem Phänomencharakter von dem Wollen. Während dieses jeden Menschen auszeichnet — man kann es als faktisches Vorkommnis gleichsam mit Händen greifen und niemand wird abstreiten, daß er einen Willen habe —, ist das Gewissen nicht nur in dem, was es ist, sondern sogar in seinem Daß-Sein überhaupt umstritten.

Doch zeigt eine Überlegung über das Phänomen des Menschen, daß das Gewissen durchaus zur phänomenalen Basis einer Ontologie des Menschen mit hinzugehört. Denn der phänomenale Befund besteht nicht nur aus den allgemeinsten, in jedem menschlichen Dasein vorkommenden und von jedem anerkannten Phänomenen. Daß der Mensch denkt, will und handelt, daß er ißt und schläft, sind zwar generelle Merkmale seines Seins, geben aber über das, was er eigentlich ist, keinen entscheidenden Aufschluß. Nicht darin, daß er mit bestimmten Eigenschaften da ist, konstituiert sich das Wesen des Menschen, sondern daß er in jedem Augenblick seines Daseins sich vor Möglichkeiten gestellt sieht, die er verwirklichen oder denen er sich verweigern, die er gestalten oder denen gegenüber er schuldig werden kann.

Versteht man so *das Menschsein* angemessen *als Sein in Möglichkeiten,* dann erhält das Gewissen seine genuine Stelle innerhalb einer Ontologie des Menschen. Denn wenn der Mensch seinem Sein in der Möglichkeit des Erfüllens oder des Verfehlens, also verantwortlich, gegenübersteht, dann gehört auch das, was ihm als letzte Instanz für seine Verantwortlichkeit begegnet, zu seinem Sein hinzu. Daß Fichte *das Gewissen in die Phänomenbasis einer Auslegung des Menschseins mit aufnimmt,* ist also nicht Zeichen einer „Standpunktsphilosophie", sondern gibt der Frage nach dem Menschen die Weite, die ihrem Sachgehalt angemessen ist.

Allerdings begnügt sich Fichte nicht damit, das *Gewissen* als ein Phänomen des menschlichen Daseins neben anderen seiner Auslegung zugrunde zu legen, vielmehr weist er ihm die *entscheidende Rolle* zu; von ihm her bewahrheitet sich, daß dem Menschen die Absolutheit zukommt; denn sein eigentliches Sein, die Wahrheit über seine Existenz, offenbart sich ihm eben im Gewissen. „Das Gewissen irrt nie, und kann nicht irren; denn es ist das unmittelbare Bewußtsein unseres reinen ursprünglichen Ich, über welches kein anderes Bewußtsein hinausgeht; das nach keinem anderen Bewußtsein geprüft und berichtigt werden kann; das selbst Richter aller Überzeugung ist, aber keinen höheren Richter über sich anerkennt. Es entscheidet in der letzten Instanz und ist inappellabel. Über dasselbe hinausgehen wollen, heißt, aus sich selbst herausgehen, sich von sich selbst trennen wollen." [46])

Hier beginnt die Argumentation sich eigentümlich zu verschlingen. Einerseits soll die Absolutheit des Menschen sich durch den Spruch des Gewissens bewahrheiten, das von der Freiheit redet. Andererseits aber soll das Gewissen eben darum letzte Instanz sein, weil es vom ursprünglichen Sein des Menschen spricht. Eines beweist somit das andere, und das heißt, beide bleiben unbewiesen. So wäre also der „Erweis" der Absolutheit des Ich, der darin besteht, daß im Gewissen sich dem Menschen die letzte Wahrheit über seine Existenz offenbare, letztlich eine bloße *Hypothese?*

Dieser Verdacht läßt sich nicht ohne weiteres mit dem Hinweis darauf widerlegen, daß das Gewissen doch in der Selbsterfahrung des Philosophierenden als faktisches Phänomen vorkomme. Zwar ist, was phänomenal ungegründet ist, falsch, aber nicht alles Erscheinende ist in gleichem Maße wahr. So handelt es sich hier nicht darum, daß die eine Behauptung ausweisbar und die andere nicht ausweisbar ist. Die Frage ist vielmehr, ob dem Phänomen des Gewissens eher Wahrheit zukommt als anderen Phänomenen, die der Absolutheit des Ich zu widerstreiten scheinen. Gibt es nun ein *Kriterium,* von dem her sich die Vertrauenswürdigkeit eines solchen Phänomens, wie es das Gewissen ist, bewahrheiten läßt?

Damit sind wir mitten in dem *Problem der Wahrheit einer Ontologie des Menschen.* Wir sagten bereits, daß die Phänomenbasis eines solchen philosophischen Versuches nicht der vorhandene Bestand von Eigenschaften oder Seinsbestimmungen des Menschen sein kann, sondern daß dabei mit berücksichtigt werden muß, daß der Mensch sein Sein als seine Möglichkeit vor sich sieht. Nun ist aber der Umkreis des Seinkönnens jedes einzelnen Menschen verschieden von dem des andern. Überdies hat er in seiner Sphäre von Möglichkeiten je schon gewählt, einige verwirklicht, andere beiseite geschoben und in solchen Entscheidungen sich sein wirkliches Dasein gestaltet. Auch der Philosophierende hat als wirklicher Mensch jeweils schon sein Dasein ge-

[46]) SL IV 173 f.; vgl. 54.

formt. Da das thematische Phänomen der Ontologie des Menschen, die er entwirft, er selbst ist, und da er sich selbst in seinem faktischen Sein zum Ausgangspunkt seiner Auslegung nimmt, dringen in die Phänomenbasis einer solchen Ontologie auch die je schon getroffenen Existenzentscheidungen des Philosophierenden mit ein.

Ist damit die *Subjektivität* in den Entwurf einer Ontologie des Menschen mit hineingenommen? Sie ist es insofern, als der Philosophierende, der selbst ein bestimmtes Subjekt ist, der Ausgangspunkt sein muß; sie ist es aber insofern nicht, als die Subjektivität nicht als Ziel der Auslegung angesehen wird. Die je bestimmte konkrete Existenz wird ja nicht auf ihre Besonderheit hin, sondern auf das hin, was in ihr das Menschsein ausmacht, ausgelegt.

Dabei tritt nun die Subjektivität noch in entscheidenderer Weise in die Problembasis der Ontologie des Menschen ein. Denn der Mensch hat sich, wenn er mit Ernst existiert, auch darüber je schon entschieden, was er als die eigentliche und wesentliche Aufgabe seines Seins ansieht und worin demnach für ihn das Wesen des Menschen besteht. Die Behauptung Fichtes, jeder, der so die Frage nach dem Wesenhaften der Existenz stellt, stoße notwendig auf das Gewissen, läßt sich daher nicht allgemeingültig beweisen; nur der, der selbst sich zum Hören auf die Stimme des Gewissens entschlossen hat, wird zustimmen. Dieser aber wird aus der entscheidenden Erfahrung seines Daseins heraus mit dem ganzen Einsatz seiner Persönlichkeit zustimmen, weil sein ganzes Sein und demnach auch seine ganze Erkenntnis in diesem Punkte ihre Sicherheit haben.

So ist *das Kriterium der Wahrheit des Gewissens* und damit der Entscheidungsgrund über den Grundansatz der Philosophie Fichtes *die in der Existenz getroffene Entscheidung für die Verantwortlichkeit vor dem Gewissen.* Die Ontologie des Menschen ruht letztlich nicht in logischen Schlüssen oder begrifflichen Aufweisen, sondern in einem „festen Entschluß“ [47]) der gewissenhaften Existenz. Die Kraft der Überzeugung kommt einem philosophischen Entwurf ja nicht lediglich aus seinen Beweisen und Ableitungen, sondern vorzüglich daraus, wie sehr er die Wahrheit, die im Herzen jedes Hörenden eingeprägt ist, auszusprechen vermag. Wenn man sich dafür entscheidet, das Gewissen und die darin sich ankündigende Freiheit „nicht weiter zu erklären, und sie für absolut unerklärbar, d. i. für Wahrheit, und für unsere einige Wahrheit zu halten, nach der alle andere Wahrheit be-

[47]) SL IV 54.

urteilt und gerichtet werden müsse — wie denn eben auf diese Entschließung unsere ganze Philosophie aufgebaut ist —, so geschieht dies nicht zufolge einer theoretischen Einsicht, sondern zufolge eines praktischen Interesse: ich will selbständig sein, darum halte ich mich dafür. Ein solches Fürwahrhalten aber ist ein *Glaube*. Sonach geht unsere Philosophie aus von einem Glauben, und weiß es“ [48]).

Die Notwendigkeit des Gewissens und der Freiheit als Phänomene im Grundansatz einer Ontologie des Menschen läßt sich allerdings noch einen Schritt weiter begründen. Philosophieren ist ja selbst ein Akt der Freiheit und entspringt einem Entschluß; das träge Dahinleben wird sich nicht von selbst zum Nachdenken über sich selbst aufraffen. Wenn also der Philosophierende sich an den Phänomenen seines eigenen Daseins über das Wesen des Menschen klar werden will, so muß er notwendig auf einen Entschluß und damit auf die Freiheit stoßen. So beruht die Ontologie des Menschen, die sich auf Freiheit und Gewissen gründet, zwar in einer Hypothese, aber diese ist *die echte und eigentliche philosophische Voraussetzung*. Daß der Philosoph das „ursprünglich handelnde Ich ... in seinen Anfangspunkt“ stellt, ist nichts anderes als „der freie Entschluß philosophieren zu wollen“ [49]). Freiheit als philosophischer Ansatzpunkt wurzelt in der Freiheit der Existenz. „Man macht in unserem Systeme sich selbst zum Boden seiner Philosophie, daher kommt sie demjenigen als bodenlos vor, der dies nicht vermag.“ [50])

Nur in diesem Zusammenhang kann der viel zitierte Satz Fichtes verstanden werden: „Was für eine Philosophie man wähle, hängt sonach davon ab, was man für ein Mensch ist.“ [51]) Damit wird nicht eine beliebige Relativität der philosophischen „Standpunkte“ legitimiert, vielmehr wird darin ausgedrückt, daß das Ergebnis der philosophischen Frage von einer Grundentscheidung des Philosophierenden abhängt. Zugleich aber darf dieser Satz nicht so mißverstanden werden, als rede er einer Unzahl grundsätzlich gleichwertiger Philosophien das Wort. Einmal bezieht er sich in dem Zusammenhang, in dem er steht, nur auf die beiden Grundhaltungen des Idealismus und des dogmatischen Realismus; zum andern wird dabei der Dogmatismus verworfen, weil seine philosophische Leugnung der Freiheit mit der Tatsache in Widerstreit steht, daß auch der „Dogmatist“, wenn er überhaupt philosophiert, immer schon aus Freiheit zu philosophieren

[48]) SL IV 25 f.; vgl. 2. Einl. I 467. [49]) NR III 6; vgl. WL I 176.
[50]) SL IV 26. [51]) 1. Einl. I 434.

sich entschlossen haben muß. Echte Philosophie wird aber nur dann getrieben, wenn der Philosoph „bei derselben vollkommen Eins ist mit sich selbst, wenn sein freies Urteil im Philosophieren, und das ihm aufgedrungne im Leben vollkommen übereinstimmen“ [52]); „denn ein philosophisches System ist nicht ein toter Hausrat, den man ablegen oder annehmen könnte, wie es uns beliebte, sondern es ist beseelt durch die Seele des Menschen, der es hat. Ein von Natur schlaffer oder durch Geistesknechtschaft, gelehrten Luxus und Eitelkeit erschlaffter und gekrümmter Charakter wird sich nie zum Idealismus erheben“ [53]).

Absolutheit und Freiheit also bilden mit Recht den *Einsatzpunkt einer Philosophie*, die sich über sich selbst im klaren ist. Aber die Gewißheit dieser Grundbestimmungen der menschlichen Existenz, die sich im Gewissen offenbart, bleibt, eben weil so zu philosophieren einem Entschluß entspringt, der Fraglichkeit überantwortet, die das ganze menschliche Leben durchherrscht, daß es nämlich, seines Weges ungewiß, nur im *Entschluß und Wagnis* werden kann, was zu sein von ihm gefordert ist. So wird die philosophische Wahrheit nicht gefunden, sondern errungen. „Wozu ist denn nun der spekulative Gesichtspunkt und mit ihm die ganze Philosophie, wenn sie nicht fürs Leben ist? ... der erste, der eine Frage über das Dasein Gottes erhob, durchbrach die Grenzen, erschütterte die Menschheit in ihren tiefsten Grundpfeilern und versetzte sie in einen Streit mit sich selbst, der noch nicht beigelegt ist und der nur durch kühnes Vorschreiten bis zum höchsten Punkte ... beigelegt werden kann. Wir fingen an zu philosophieren aus Übermut und brachten uns dadurch um unsere Unschuld; wir erblickten unsere Nacktheit und philosophieren seitdem aus Not für unsere Erlösung.“ [54])

III. Die Endlichkeit als Grundvoraussetzung

§ 13

Das Faktum der Abhängigkeit und das Sein des Nicht-Ich

Noch ist der Zweifel gegen die These von der Absolutheit des Ich nicht ganz behoben. Mag auch die Freiheit als Grundvoraussetzung des Menschseins gedacht werden müssen, so erhebt sich doch

[52]) 2. Einl. I 512. [53]) 1. Einl. I 434.

[54]) Fichte an Jacobi, 30. Aug. 1795. Nach J. H. Fichte, J. G. Fichtes Leben und literar. Briefwechsel, Bd. II, 1862, S. 167.

dagegen die Einsicht in die Beschränktheit unseres Daseins, die dem Wissen um unsere tatsächliche Wirklichkeit erwächst.

Schon der flüchtigste Blick zeigt, daß der Mensch in seinem Sein ringsum gehemmt ist; in jedem *Vorstellen,* sei es Empfinden, Anschauen oder Denken, empfinde ich etwas, schaue ich etwas an, denke ich etwas; dieses Etwas ist jeweils ein Seiendes außer mir. Mich selbst weiß ich in meinem Anschauen abhängig davon. Zwar bin ich im bloßen Anschauenwollen frei; ich kann hinsehen oder den Blick abwenden. Schaue ich aber einmal an, dann bin ich durch den Gegenstand bestimmt; wenn ich ein Buch sehe, so kann ich es nicht als Baum anschauen. Derselbe Sachverhalt zeigt sich sogar im *Wollen,* von dessen Analyse aus wir doch die Einsicht in die Absolutheit gewannen. Zwar sahen wir früher, daß letztlich ich selbst das Gewollte bin. Aber in jedem konkreten Wollen will ich immer zugleich ein Etwas außer mir. Entschließe ich mich etwa dazu, Wissenschaft zu treiben, so bin das Gewollte meines Entschlusses allerdings in letzter Linie ich selbst, der Wissenschafttreibende. Aber um der Wissenschaft dienen zu können, muß mein Wille sich auf Dinge, seien es Bücher, Schreibmaschinen, Institute oder was immer, richten. So bin ich mir auch „im Wollen nicht wahrnehmbar, wie ich an und für mich bin, sondern nur, wie ich in einer gewissen Beziehung mit außer mir befindlichen Dingen werden kann“ [1]). Was so für Wollen und Vorstellen gilt, das gilt vom faktischen Ich überhaupt. Es zeigt sich an „dem im wirklichen Bewußtsein gegebenen Ich“, daß es „nie schlechthin“ ist, sondern daß „sein Zustand ... immer ... durch etwas außer dem Ich begründet“ ist [2]). *Das faktische Ich* ist also *nicht absolut, sondern abhängig.*

Mit der These von der Abhängigkeit des Ich kommt in die Auslegung des Seins des Menschen der *Widerspruch*; denn Absolutheit und Abhängigkeit widerstreiten einander schlechthin. Obgleich wir für die Abhängigkeit keinen ausführlichen Beweis antraten, wie wir ihn für die Absolutheit gaben, kann sie doch dieser nicht geopfert werden; der phänomenale Befund liegt zu offen zutage, als daß es noch eines Erweises bedürfte. Andererseits aber zwingen die Ausführungen über Gewissen und Philosophie und die Sicherung, die der Ansatz bei der Absolutheit dort erhielt, dazu, nicht voreilig unter dem Eindruck der alltäglichen Erfahrung das Gewonnene aufzugeben. Der Widerspruch muß zunächst einmal als solcher ausgehalten werden. So gibt

[1]) SL IV 24; vgl. 23, 27, 81. [2]) WL I 277.

auch Fichte nicht die eine Seite um der andern willen auf, sondern hält den in seinen beiden gegensätzlichen Polen in verschiedener Weise phänomenal gegründeten Widerspruch fest; in der immer wiederholten Anstrengung, ihn zu vereinigen, enthüllt sich ihm dann tiefer das Wesen des Ich.

Eine in die Tiefe reichende Vereinigung wird sich nur gewinnen lassen, wenn man die Glieder des Gegensatzes in ihrem gegensätzlichen Sinne deutlich herausarbeitet. Nun zeigt sich sofort ein wesentlicher Unterschied. Die Absolutheit besagt, daß das Ich schlechthin durch sich selbst und durch nichts Fremdes sei; in der These von der Abhängigkeit dagegen liegt, daß das Ich von einem ihm Fremden bestimmt sei. Dieses Fremde nun muß ich darum, weil ich von ihm bestimmt bin, verstehen als nicht durch mich und somit als von ihm selbst her bestimmt. Das Buch, das vor mir auf dem Tische liegt, ist, wie ich es verstehe, nicht durch meinen Willen dieses Buch, sondern war es schon vor meiner Begegnung mit ihm und ist es auch ohne mein Anschauen. Das Etwas außer mir ist demnach „nicht Ich, und dennoch auch nicht Nichts, sondern Etwas ...; dieses heißt mit anderen Worten: es ist *Nicht-Ich*, es ist etwas außer mir ohne mein Zutun Vorhandenes“ [3]). Dies ist denn auch das alltägliche Verständnis des Menschen von seiner Umwelt, daß ihm in ihr Seiendes begegne, das von sich selbst her und darum an sich sei.

Aber dieses Verständnis des Alltags ist nicht so selbstverständlich und unbestreitbar, wie es beim ersten Hinblick erscheint; vielmehr gründet es in einer bestimmten und unbewiesenen Voraussetzung. Der phänomenale Sachverhalt ist lediglich der, daß das Seiende, so oft ich es erblicke, mir als dasselbe erscheint und insofern mich zwingt, es als solches und nicht als etwas anderes zu begreifen. Wenn nun aber weiter von dieser Selbigkeit der Erscheinung aus geschlossen wird, die Gegenstände seien an sich und hätten Existenz auch unabhängig von meinem Anschauen, so ist darin nicht mehr der bloße phänomenale Sachverhalt, sondern eine vom Betrachter hinzugefügte Erklärung ausgesprochen. Eine gegründete Aussage ist möglich nur darüber, daß das Seiende mir im wiederholten Anblick als selbig erscheine, also über eine Bestimmtheit des Erscheinens, nicht aber über ein *Sein an sich*. Die scheinbar natürliche Ansicht der Dinge enthüllt sich somit einer eindringenderen Überlegung *als Schluß* [4]).

[3]) SL IV 82, v. Verf. gesp.

[4]) Vgl. 2. Einl. I 483.

Diese Einsicht ist von bedeutender Tragweite für den Seinsbegriff Fichtes. Die scheinbar selbstverständliche Aussage, daß es eine Welt von an sich seienden Gegenständen gebe, unter denen auch der Mensch vorkomme, läßt sich nicht bewahrheiten. Von Sein kann vielmehr nur gesprochen werden im Sinne des Erscheinens; ich nenne etwas seiend, weil es mir als etwas erscheint, was von sich selbst her ist. So besteht ja auch, wie wir sahen, das Sein des Ich lediglich darin, daß dieses sich selbst als seiend begreift. Sein „ist" also nur so, daß der Mensch etwas als seiend versteht; es ist Sein für ein Bewußtsein. „Von einem Sein, als Sein an sich, ist gar nicht die Rede, und kann nie die Rede sein; denn die Vernunft kann nicht aus ihr selbst herausgehen." [5]) Die „Existenz eines Dings läßt sich nicht denken, ohne eine Intelligenz dazu zu denken, die von dieser Existenz wisse" [6]). *„Es gibt kein Sein, außer vermittelst des Bewußtseins."* [7])

Mit diesem von Kant begonnenen Zurückgehen auf den phänomenalen Seinsbegriff greift Fichte in die philosophische Diskussion seiner Zeit ein, wie sie sich im Anschluß an den *Begriff des Dinges an sich* entwickelt hatte. Er wirft Reinhold, Maimon und Jacobi vor, daß sie Kant falsch verstanden haben, wenn sie behaupten, dieser lasse die Erfahrung hinsichtlich des in ihr gegebenen Mannigfaltigen in einem unabhängig vom Bewußtsein seienden „Ding an sich" gründen und schleppe so noch Reste der alten Metaphysik mit sich. Fichte bekämpft diese These, die er als Dogmatismus bezeichnet, nicht derart, daß er ihr eine andere Theorie gegenüberstellte, sondern so, daß er sie als phänomenal unbegründet und unbegründbar aufweist. Auch der Dogmatismus, soll er gegründet sein, muß sich an den Phänomenen ausweisen; er „darf ..., was das unmittelbare Bewußtsein" über die Vorstellung „aussagt, nicht ableugnen" [8]). Legt der Dogmatist ein „Ding an sich" als letztes und alleiniges Prinzip zugrunde, dann muß es ihm möglich sein, alles, somit auch das Bewußtsein, von daher zu verstehen [9]). Wie aber ein Ding Ursache nicht eines andern Dings, sondern der Rückwendung zu sich selbst, wie sie im Bewußtsein geschieht, sein könne, ist nicht zu begreifen; im Prinzip der Dogmatisten „liegt lediglich der Grund eines Seins, nicht aber des dem Sein ganz entgegengesetzten Vorstellens" [10]). Der „Übergang vom Sein zum Vorstellen" [11]) muß also für den Dogmatisten, wenn er konsequent ist und nicht eine weitere Voraussetzung einführt, un-

[5]) SL IV 17; vgl. 37; NR III 40; 2. Einl. I 456. [6]) SL IV 30.
[7]) SL IV 5, v. Verf. gesp.; vgl. 29 f.; NR III 2. [8]) 1. Einl. I 435.
[9]) Vgl. 1. Einl. I 435 ff. [10]) 1. Einl. I 437. [11]) Ebenda.

begreiflich bleiben. „Intelligenz und Ding ... liegen in zwei Welten, zwischen denen es keine Brücke gibt.“ [12]) Die Vertreter des Dogmatismus können die „ungeheure Lücke“ [13]) nicht überbrücken, sondern sie überspringen sie durch „einen ungeheuren Sprung in eine ihrem Prinzip ganz fremde Welt“ [14]). „Der Dogmatismus ist sonach ... nur eine ohnmächtige Behauptung und Versicherung.“ [15]) Der Begriff des „Dinges an sich“ ist „die völligste Verdrehung der Vernunft, ... *ein rein unvernünftiger Begriff*“ [16]).

§ 14

Das ursprüngliche Entgegensetzen. Der zweite Grundsatz der Wissenschaftslehre

Mit der Herausarbeitung des Fichteschen Seinsbegriffs scheint der Widerspruch, auf den wir zu Anfang des vorigen Paragraphen stießen, gelöst zu sein. Das Nicht-Ich ist nichts Selbständiges, kein An-sich, sondern das Vorgestellte meines Vorstellens, das Gewollte meines Wollens. „Alles Sein ... ist eine bestimmte Modifikation des Bewußtseins.“ [17]) Dann aber bin ich in Wahrheit nicht von einem Fremden, sondern nur von mir selbst abhängig und bin somit absolut.

Und doch zeigt sich sofort, daß die Aufhebung des Nicht-Ich in die Absolutheit den phänomenalen Sachverhalt verfehlt. Mag das Ich auch nicht von einem an sich Seienden abhängen, so bleibt doch das Faktum, daß es sich als abhängig *versteht*. Im Wollen weiß der Mensch immer zugleich von einem ihm fremden Gewollten, im Vorstellen schaut er Objekte an, die nicht er selbst sind; beide, Wollen und Vorstellen, richten sich in gewisser Weise nach ihren Objekten aus. Die Problematik steht also noch eben da, wo sie zu Anfang des vorigen Paragraphen aufbrach, nur daß jetzt deutlich ist, daß es sich nicht um den Widerstreit eines absoluten Ich mit einem an sich seienden Nicht-Ich, auch nicht um den Widerspruch zweier Seinscharaktere des Menschen, der Absolutheit und der Abhängigkeit von einem tatsächlich bestehenden, dem Ich Fremden, sondern um den Gegensatz zweier Arten sich zu verstehen handelt; es treten auseinander das Wissen des Menschen um seine Absolutheit und die Einsicht in seine Abhängigkeit. Der Widerstreit ist somit durch die Auslegung des Nicht-Ich als Modifikation des Bewußtseins nicht aufgehoben, aber

[12]) 1. Einl. I 436. [13]) Ebenda. [14]) 1. Einl. I 437.
[15]) 1. Einl. I 438. [16]) 2. Einl. I 472, v. Verf. gesp. [17]) NR III 2.

er ist an der Stelle offenbar geworden, wo er ursprünglich beheimatet ist: im *zwiespältigen Wissen des Menschen von sich selbst.*

Fichte drückt diesen Widerstreit terminologisch in dem Gegensatzpaar „Sich-setzen“ und *„Sich-entgegensetzen“* aus. Wir legten früher dar, daß der Ausdruck „Setzen“ im Sinne von „Verstehen“ begriffen werden muß. Sich-setzen — wobei der Ton auf „sich“ liegt und gemeint ist: *nur sich* setzen — bedeutet also in dieser Antithese: sich als absolut verstehen; sich ein Nicht-Ich entgegensetzen meint: etwas verstehen als dem Ich entgegenstehend oder als seinen Gegenstand. Im Rahmen des Systems spricht sich dies darin aus, daß dem 1. Grundsatz, der die Absolutheit ausspricht, *„der zweite Grundsatz* alles menschlichen Wissens“ [18]) folgt, der von der Abhängigkeit handelt: „dem Ich wird entgegengesetzt ein Nicht-Ich“ [19]).

Auch der 2. Grundsatz handelt nicht, wie ihn *Kroner* mißdeutet, von einem absoluten Gegenstand „Nicht-Ich [20]). Fichte betont ausdrücklich, daß dieser Satz ein Phänomen des Bewußtseins meint und selbst phänomenal im Dasein des Menschen ausweisbar ist; „daß es ein solches Setzen gebe, läßt sich durch nichts dartun, als durch ein Faktum des Bewußtseins, und jeder muß es sich selbst durch dieses Faktum dartun“ [21]). Auch hier gilt, daß die „Wissenschaftslehre, als transzendentale Wissenschaft, ... nicht über das Ich hinausgehen kann“ [22]).

Sinn und Notwendigkeit des 2. Grundsatzes bestehen darin, daß er die *Möglichkeit* gründet, *daß dem Menschen Welt begegnen kann.* Denn dazu ist notwendig, daß der Mensch die Fähigkeit des Gegenstandverstehens hat, und darum muß ihn die ursprüngliche Handlung des Entgegensetzens auszeichnen, die in der Bildung des Begriffs des Entgegen gleichsam den Horizont für alle Begegnung des einzelnen Seienden schafft. Weil diese Handlung die Bedingung alles Weltentdeckens ist, darum ist sie ihrerseits nicht mehr durch dieses bedingt, also nicht von einem Nicht-Ich abhängig. Fichte spricht deshalb von einem *„ursprünglichen Entgegensetzen“* [23]). Andererseits aber kann diese Handlung auch nicht vom Ich in seinem absoluten Sich-setzen abhängen, denn es ist nicht einsichtig, wie der sich auf sich selbst richtende Mensch durch diese selbe Grundhandlung das Entgegenstehende schaffen soll. Deshalb ist „Entgegensetzen ... eine

[18]) WL I 104, v. Verf. gesp. [19]) WL I 252.
[20]) Von Kant zu Hegel, I 424 f.
[21]) WL I 252 f. [22]) WL I 247. [23]) WL I 104.

*

schlechthin mögliche, unter gar keiner Bedingung stehende, und durch keinen höhern Grund begründete Handlung“ [24]), eine „absolute Handlung“ [25]). „Das Ich sowohl, als das Nicht-Ich sind beides Produkte ursprünglicher Handlungen des Ich“ [26]).

In anderer Weise allerdings ist das Entgegensetzen zugleich ein Sich-setzen. Denn der Mensch setzt ja das Nicht-Ich *sich* entgegen und versteht darum zugleich mit dem Gegenstehenden das Ich, dem das Nicht-Ich entgegensteht. Dies aber ist nicht das sich als absolut verstehende Ich des 1. Grundsatzes, sondern das durch das Entgegenstehende eingeschränkte und daher abhängige Ich. Die Welt als Gegenstand erfährt der Mensch nur so, daß er zugleich damit sich selbst als in der Welt seiend zu wissen bekommt. Entgegensetzen ist daher nur möglich in Verbindung mit einem Sich-setzen. „Erst durch Beziehung auf ein Setzen wird es ein Gegensetzen.“ [27]) *Sich-entgegensetzen und Sich-verstehen als abhängig* sind „Eins und ebendasselbe, und werden nur in der Reflexion unterschieden“ [28]).

Muß aber dem in so entgegengesetzten Grundhandlungen sich verstehenden Menschen sein Sein nicht in zwei disparate und um ihres Widerspruches willen nicht mehr als Wesensmomente des einen und selbigen Menschen begreifliche Seinsweisen zerfallen? Scheitert so seine Frage nach sich selbst nicht bereits im ersten Anlauf? Und doch soll er letztlich nicht Widerspruch, sondern Einheit sein, denn beidemale soll das Ich das Subjekt dieses Sich-verstehens sein; auch „das Entgegengesetztsein überhaupt ist schlechthin durch das Ich gesetzt“ [29]). „Das Entgegensetzen ist nur möglich unter Bedingung der Einheit des Bewußtseins des Setzenden, und des Entgegensetzenden.“ [30]) Es geht also — dies ist das Ergebnis unserer von zwei Punkten her einsetzenden Untersuchung des Wesens des Menschen — durch das Ich ein Riß, der es doch nicht bis in seinen tiefsten Grund auseinandertrennt. In zwei sich ausschließend entgegengesetzten Grundhandlungen versteht es sich selbst in widersprüchlicher Weise; und doch ruht es, sich entzweiend, letztlich in seiner Einheit.

Doch stehen wir erst am Anfang der Einsicht in diesen Sachverhalt. Formal ist weiter zu fragen, wie die Einheit sich in die Widersprüchlichkeit entfalten könne. Aber auch diese Frage ist keine „abstrakte“, sondern ist die weiter ausgelegte konkrete Frage des Menschen nach sich selbst; das Problem ist, ob der Mensch, wenn er sich

[24]) WL I 202. [25]) WL I 203. [26]) WL I 107. [27]) WL I 103.
[28]) WL I 109. [29]) WL I 103. [30]) Ebenda.

auf sich selbst besinnt, dabei enden muß, sich in den *Widerspruch* zerrissen zu finden, oder ob er doch im letzten Grund auf seine *Einheit* stoßen kann. So schwingt in der Kühle der Deduktionen Fichtes die Sorge um das Scheitern der philosophischen Frage mit, und die Angst wird spürbar, daß der Mensch letztlich das Rätsel bliebe, das sich vor der andringenden Frage im Nebel der Unlösbarkeit verbirgt.

IV. Die Synthesis als Aufgabe

§ 15

Unendlichkeit und Endlichkeit. Der dritte Grundsatz der Wissenschaftslehre

Zwei sich schlechthin widersprechende Sätze, wie es die beiden ersten Grundsätze der Wissenschaftslehre sind, können nicht beide zugleich wahr sein; auch die Philosophie im Schema der Dialektik, wie jede mit der Wirklichkeit in Zusammenhang bleibende Philosophie, leugnet den Satz der Identität nicht.

Aber nicht nur diese immanente philosophische Überlegung ist es, die Fichte so leidenschaftlich nach der Einheit fragen läßt, sondern sein Blick auf die Wirklichkeit, in der der Mensch, dieses zutiefst widersprüchliche Wesen, doch tatsächlich existiert; er könnte aber nicht existieren, wenn er unheilbar in die Gegensätze zerrissen wäre. Was aus der Tatsache, daß die Grundhandlungen beide dem Ich entspringen, was ferner aus der Gültigkeit des Satzes der Identität hervorgeht, das fordert somit auch das Faktum der Existenz des Menschen: daß die Widersprüchlichkeit — wir wissen noch nicht wo und wie — in einer Einheit befaßt sei.

Mit der *Frage nach dem Geeintsein der Gegensätzlichkeit* stoßen wir zum Kernpunkt der philosophischen Bemühungen Fichtes vor. Zugleich damit sehen wir ihn mitten in der Diskussion um das Problem der Einheit im Widerspruch, die in *Philosophie und Dichtung der Zeit* geführt wird. Hölderlins Wort etwa gibt davon Zeugnis: „Wie der Zwist der Liebenden sind die Dissonanzen der Welt. Versöhnung ist mitten im Streit und alles Getrennte findet sich wieder.“[1]) Im philosophischen Lager ist es gerade Fichte, dem der eigentliche Vorstoß gelingt. Zwar ist dieser nicht denkbar ohne Kants Analysen der synthetischen Funktionen, aber Fichte wirft die Frage nach der

[1]) Hyperion; Ges. Werke, hrsg. von Böhm, III S. 211.

Synthesis grundsätzlicher auf, als es Kant noch vermochte, indem er in ihr die einheitliche Bedingung der Möglichkeit des Menschseins überhaupt sucht. Die Späteren wiederum, Schelling und Hegel, bauen auf den Ergebnissen des Fichteschen Forschens auf; die Ausgestaltung des Systems unter dem Gesichtspunkt der Dialektik, wie sie Hegel vornimmt, wäre nicht möglich, hätte nicht Fichte analytisch die Einigung des Widerspruches zurückverfolgt bis in den letzten Grund alles menschlichen Seins. So bedeutet die *Wissenschaftslehre,* und zwar gerade ihr erster Entwurf von 1794/95, den eigentlichen Wendepunkt in der philosophischen Diskussion der Zeit. Schwierig, wie alle Vorstöße in ein noch unerforschtes Gebiet, trägt sie doch den Lohn der Mühe in sich, weil sie den Fragenden in eine sonst kaum erreichte Tiefe geleitet.

Über den Charakter der gesuchten Einigung der Widersprüchlichkeit ist zunächst soviel deutlich, daß sie eine Weise des Sich-verstehens sein muß. Der Mensch muß sich als absolut und als abhängig und ferner als beides zugleich begreifen. Das Moment, an dem sich Gegensätzlichkeit und Einheitlichkeit offenbaren müssen, ist sonach *das im Sich-verstehen verstandene Ich.* Die Möglichkeit der Einheit muß deshalb heraustreten, wenn es uns gelingt, in dem „sich" im Sich-verstehen als absolut und in dem „sich" im Sich-verstehen als abhängig den Punkt zu entdecken, an dem beide aufeinander hinweisen.

Wenn der Mensch sich als abhängig von einem Nicht-Ich weiß, so steckt darin ein doppelter Sachverhalt. Einmal erblickt er ein ihm entgegengesetztes Nicht-Ich, zum andern versteht er sich selbst als durch dieses Nicht-Ich eingeschränkt oder als endlich. „Insofern das Ich sich ein Nicht-Ich entgegensetzt, setzt es notwendig Schranken ... und sich selbst in diese Schranken ... und setzt demnach insofern sich notwendig als endlich." [2]) Das verstandene „sich" im Sich-verstehen als abhängig ist somit *das endliche Ich;* „das Ich setzt schlechthin sich als endlich und beschränkt" [3]).

Anders ist es, wenn das Ich sich als absolut versteht; Absolutheit als Wesensmoment des Ich bedeutet ja nicht nur, daß dieses von sich selbst her ist, sondern auch, daß es nichts gibt, von dem es abhängig wäre. Da aber jedes Nicht-Ich das absolute Ich einschränken und insofern in Abhängigkeit versetzen müßte, kann es außerhalb des absoluten Ich kein Nicht-Ich geben. Einem absolut verstandenen Ich

[2]) WL I 255. [3]) Ebenda; vgl. 144.

muß alle Wirklichkeit zugesprochen werden. „Das Ich setzt schlechthin, ohne irgendeinen Grund, absolute Totalität der Realität ...; und dieses absolute Maximum der Realität setzt es in sich selbst." [4])

Wieder meldet sich hier der Einwand, daß damit dem Ich die Seinsweise Gottes zugesprochen werde. Fichte gebraucht jedoch den Ausdruck „Realität" in einem Sinne, der die spezifisch menschliche Weise des Allesseins wahrt. Die These von der Absolutheit des Ich bedeutet nicht, daß dieses realiter alles in allem wäre — für eine solche „reale" Betrachtung gibt es in einer Philosophie keinen Raum, die jedes Ansichsein verwirft —; vielmehr meint sie, daß alles Sein, das der Mensch jemals verstehen kann, wesensmäßig immer in der anschauenden Tätigkeit des Ich entspringt und deshalb eine Modifikation seines Bewußtseins ist. „Die Realitäten des Ich sind seine Handlungsweisen." [5])

Weil unter dem Aspekt der Absolutheit alles Seiende auf das Ich zurückgeführt wird, versteht dieses sich als *unendlich*. „Insofern das Ich absolut ist, ist es unendlich und unbeschränkt. Alles, was ist, setzt es; und was es nicht setzt, ist nicht (für dasselbe; und außer demselben ist nichts). Alles aber, was es setzt, setzt es als Ich; und das Ich setzt es, als alles, was es setzt. Mithin faßt in dieser Rücksicht das Ich in sich alle, d. i. eine unendliche, unbeschränkte Realität ... das Ich setzt schlechthin sich als unendlich und unbeschränkt." [6])

Die Begriffe Unendlichkeit und Endlichkeit werden von Fichte nicht immer in der abgegrenzten Bedeutung gebraucht, in der wir sie hier darstellten. Zwar versteht er zumeist unter Unendlichkeit den Seinscharakter des Ich, wie er erscheint, wenn es sich als absolut begreift, also eine Bestimmung des „sich" im Sich-verstehen als absolut, und unter Endlichkeit entsprechend das „sich" im Sich-verstehen als abhängig. Aber weil der Begriff der Abhängigkeit kein genuiner Gegenbegriff gegen die Absolutheit sein kann — denn er setzt ja etwas voraus, von dem das Ich abhängig ist, und bleibt damit nicht innerhalb der Charakteristik des Ich aus ihm selbst heraus —, wird der Begriff der Endlichkeit auch als Gegenbegriff gegen die Absolutheit

[4]) WL I 137; vgl. 129, 134.

[5]) WL I 142; vgl. 134, 138. Als Inbegriff aller möglichen Realitäten („Arten zu sein") ist das Ich *Substanz* (WL I 142 f.; vgl. 145, 191 ff., 204). Auf diesen Begriff und seine eigentümliche Problematik kann hier nicht eingegangen werden; wichtig ist aber, festzuhalten, daß der Substanzbegriff lediglich das Ich als Objekt des Sichverstehens kennzeichnet, während der innerste Begriff des Ich die Subjektivität ist.

[6]) WL I 255; vgl. 144.

verwendet. Dementsprechend tritt auch der Begriff der Unendlichkeit gelegentlich für den Begriff der Absolutheit ein. Wir werden in unserer Darstellung allerdings nur den Begriff der Endlichkeit in diesem erweiterten Sinne verwenden, dagegen den der Unendlichkeit für die Kennzeichnung des verstandenen Ich im Sich-verstehen als absolut vorbehalten.

Mit der Herausarbeitung der *Endlichkeit und* der *Unendlichkeit* als der Seinscharaktere des im Sich-verstehen verstandenen Ich in den beiden entgegengesetzten Hinsichten ist die Ebene gewonnen, auf der die Frage nach der *Möglichkeit ihrer Einigung* deutlich gestellt werden kann. „Insofern das Ich durch das Nicht-Ich eingeschränkt wird, ist es endlich; an sich aber, so wie es durch seine eigne absolute Tätigkeit gesetzt wird, ist es unendlich. Dieses beide in ihm, die Unendlichkeit, und die Endlichkeit sollen vereinigt werden.“ [7]) Eine solche Vereinigung kann jedoch nicht bedeuten, daß die beiden widersprüchlichen Seinsbestimmungen in gleicher Weise von dem Ich ausgesagt würden; denn wäre dieses „in einem und ebendemselben Sinne als unendlich und als endlich gesetzt, so wäre der Widerspruch unauflösbar, das Ich wäre nicht Eins, sondern Zwei“ [8]). Weil so die beiden gegensätzlichen Bestimmungen nicht von sich selbst her eins sind, kann die Einigung nur durch ein neues Moment ermöglicht werden, und dieses muß, um zwei Weisen des Sich-verstehens zu verbinden, selbst eine Verstehensweise oder, anders ausgedrückt, eine *Grundhandlung des Ich* sein.

Der Charakter dieser einigenden Grundhandlung läßt sich aufgrund der gegebenen Darlegungen vorzeichnen. Unendlichkeit und Endlichkeit stehen beide in Beziehung zur Realität, aber je in verschiedener Weise. Das Ich, verstanden als unendlich, enthält in sich alle Realität; dasselbe Ich, verstanden als endlich, enthält nur einen Teil der Realität; den Rest der Realität enthält das Nicht-Ich. Das vereinigende Verstehen müßte also zunächst ebenfalls realitätverstehend sein. Es müßte ferner, eben als vereinigendes, die Totalität der Realität im Hinblick auf ihr Zerfallen in Ich und Nicht-Ich und die gespaltene Realität im Hinblick auf ihr Begriffensein in der Totalität verstehen. Es müßte also begreifen, daß das Ich — ebenso wie, worauf wir jetzt nicht eingehen können, das Nicht-Ich — zwar Totalität ist, daß es aber als solche sich selbst zur Nicht-Totalität einschränken kann. Der Begriff, der das einheitliche Verstehen ermöglichte, wäre

[7]) WL I 144. [8]) WL I 255.

der der Einschränkbarkeit oder, wie Fichte es ausdrückt, der Teilbarkeit. Die gesuchte Grundhandlung ist somit „eine *Synthesis . . . vermittelst der gesetzten Teilbarkeit*“ [9]). „Das Ich ist gesetzt zuvörderst als absolute, und dann als einschränkbare . . . Realität, und zwar als einschränkbar durch das Nicht-Ich.“ [10]) Fichte gebraucht dabei den Begriff der Teilbarkeit im Sinne von „Quantitätsfähigkeit überhaupt“ [11]); er versteht darunter also nicht zunächst, wie es unserm heutigen Sprachgebrauch entspricht, die Fähigkeit des Ganzen, geteilt zu werden, sondern die Bestimmung des Ich, der gemäß es in ausweitbare oder einengbare Grenzen dem Nicht-Ich gegenüber eingeschlossen sein kann.

Die vereinigende Grundhandlung des Sich-verstehens als teilbar ist nicht aus den ersten beiden Grundsätzen abzuleiten; denn diese gehen, obgleich jeder auf den andern verweist, nicht von sich aus ineinander über. Der Begriff der Teilbarkeit liegt nicht ohne weiteres im Begriff der Unendlichkeit, und der Begriff des Eingeschränktseins innerhalb der Unendlichkeit geht nicht aus dem bloßen Begriff der Endlichkeit hervor. So muß das einigende Sich-verstehen eigenen Ursprungs sein und selbst den Charakter eines Grundsatzes haben. Fichte formuliert dementsprechend als *dritten Grundsatz der Wissenschaftslehre:* „Ich sowohl als Nicht-Ich wird teilbar gesetzt.“ [12]) Weil dieser Grundsatz nicht auf die beiden andern Grundsätze zurückzuführen ist, entsteht er selbst „schlechthin durch einen Machtspruch der Vernunft“ [13]) und ist selbst „ein absoluter Akt des Ich“ [14]). Aber er ist doch nicht von der gleichen Ursprünglichkeit wie die ersten beiden Grundsätze, weil diese in ihrer Widersprüchlichkeit vor ihrer Einigung gegeben sein müssen. Der 3. Grundsatz ist daher „dem Gehalte nach unbedingt“, aber als „Aufgabe . . . bestimmt“ [15]).

In den drei Grundsätzen, die das Sich-verstehen als unendlich, als endlich und als im Begriff der Teilbarkeit geeinigte Widersprüchlichkeit dieser beiden Verstehensweisen umschreiben, sind nun *die Grundvoraussetzungen des Menschseins vollständig aufgewiesen;* der unausweichlich aus dem Wesen des Menschen aufsteigende Widerstreit hat seine denkerische Vereinigung gefunden. Fichte umschreibt demnach das dreifach gegliederte Grundsatzgefüge der Wissenschaftslehre: „Ich setze im Ich dem teilbaren Ich ein teilbares Nicht-Ich entgegen.“ [16])

[9]) WL I 114, v. Verf. gesp. Vgl. 119. [10]) WL I 126.
[11]) WL I 108. [12]) WL I 109. [13]) WL I 106.
[14]) WL I 129. [15]) WL I 105. [16]) WL I 110.

Wenn man aber rückblickend fragt, was denn damit erreicht ist, ja noch mehr, was denn überhaupt mit der aufgezeigten Synthesis gemeint sein kann, so ist kein Zweifel, daß man sich darunter zunächst schlechterdings nichts Konkretes vorstellen kann. Zwar haben wir in der Auslegung konkreter Phänomene des menschlichen Daseins die Glieder des Gegensatzes als deren Grundvoraussetzungen gefunden, die Synthesis aber entstand durch abstrakte Vereinigung der Widersprüchlichkeit. Dadurch droht nun unsere These, daß der Entwurf der *Wissenschaftslehre* in den konkreten Gegebenheiten des Menschseins seinen Ausgangspunkt nehme, ins Wanken zu geraten.

Und doch wäre eine solche Argumentation ein Trugschluß. Zwar ist die Abstraktheit der Synthesis des 3. Grundsatzes, wie sie im § 3 der Wissenschaftslehre dargestellt wird, und des Weges, auf dem Fichte sie gewinnt, nicht zu bestreiten; aber das besagt nicht, daß die Synthesis selbst nicht *konkret ausweisbar* wäre. Nur bedarf es dazu weiterer Untersuchungen. Fichte ist nicht der Meinung, mit der Aufstellung des 3. Grundsatzes das, was über das Geschehen der Synthesis im Dasein des Menschen zu sagen ist, bereits erschöpft zu haben, und dies so wenig, daß er den Sinn der gesamten weiteren Wissenschaftslehre in nichts anderem als in einer Auslegung und konkreteren Darstellung dieser grundlegenden Einigung sieht. „Aus jener Grundsynthesis muß alles sich entwickeln lassen, was in das Gebiet der Wissenschaftslehre gehören soll.“ [17]) Mit dem 3. Grundsatz nimmt er gleichsam alles vorweg, was in der Wissenschaftslehre weiterhin an Einigungen, die im Dasein des Menschen geschehen, gefunden wird, kann es dabei jedoch nicht verhindern, daß dieser ineinsfassende Griff notwendig nur die formalste und in all den verschiedenen Einigungen gleichermaßen vorkommende Struktur erfaßt und alle konkreten Gestalten der Einheit beiseiteläßt. Aber diese Vorwegnahme besagt nicht, daß Fichte die Einsicht in den Sachgehalt des 3. Grundsatzes nur in abstrakter Deduktion und nicht in der Auslegung der in den späteren Paragraphen der Wissenschaftslehre dargestellten Phänomene der konkreten Einigung gewonnen habe.

Jedenfalls zeigte schon unsere konkrete Analyse der Widersprüchlichkeit und der Aufweis der in dieser liegenden Notwendigkeit der Vereinigung, daß die Wissenschaftslehre sich nicht aus Vorliebe für eine ausgeklügelte Methode im dialektischen Schema der Synthesis von Antithesen bewegt, sondern daß dieser Dreischritt des Denkens aus

[17]) WL I 123.

den Notwendigkeiten der Sache selbst erwächst. Jede philosophische Interpretation des Seins des Menschen wird unausweichlich zu einer bestimmten Art von *„Dialektik"* gedrängt, und zwar deshalb, weil das Dasein des Menschen selbst in sich widersprüchlich und doch mit sich selbst eins ist.

Unsere Aufgabe wird nun sein, uns den konkreten sachlichen Gehalt der im 3. Grundsatz ausgesprochenen Synthesis zu erarbeiten; erst damit wird das Wesen des Menschen deutlich heraustreten. Gelingt es uns, die gestellte Aufgabe zu lösen, dann wird zugleich deutlich, daß *die Wissenschaftslehre* in ihrer Problematik durchaus *einheitlichen Charakter* trägt. Mit der Herausarbeitung der Grundvoraussetzungen und dem Entwurf einer Synthesis ist das Problem einer Ontologie des Menschen, als die die Wissenschaftslehre verstanden werden muß, nur zu einem Teile gelöst. Nicht lediglich Grundvoraussetzungen des Menschseins aufzustellen, sondern diese grundlegenden Wesensbestimmungen in ihrer Voraussetzungshaftigkeit aufzuhellen, ist die eigentlich zentrale Aufgabe einer Lehre vom Sein des Menschen. Die Wissenschaftslehre betritt somit in den auf ihren 3. Paragraphen folgenden Deduktionen nicht, wie es *Lask* in seiner rein logischen Fragestellung mißversteht, ein völlig neues Gebiet [18]), sondern wendet sich damit der entscheidenden Frage einer Ontologie des Menschen, der nach der Einheitlichkeit des menschlichen Ich, zu.

[18]) Die grundsätzliche Verschiebung der Fichteschen Fragestellung durch *Lask* (Fichtes Idealismus und die Geschichte, 1922) tritt in Ausführungen wie der folgenden deutlich heraus (S. 84 f.): „Es unterliegt ... keinem Zweifel, daß am Anfang der Hauptschrift von 1794 das von allen fremden Bestandteilen gereinigte, von allem Inhalt entblößte ‚Sich-Setzen' des Ich als abstrakter transcendentaler Allgemeinbegriff gedacht und als letztes und darum inhaltlosestes, allen ‚zugrunde liegendes', in allem ‚enthaltenes' Ich-, Bewußtseins- oder Vernunftsmoment richtig gekennzeichnet wird. Wäre Fichte dieser Fassung des transcendentalen Abstraktionsbegriffs treu geblieben, dann hätte er allerdings seine Schrift nicht über § 3 fortsetzen können. Denn zugleich mit den Ausführungen des ‚dritten Grundsatzes' beginnt eine mit dem Vorangegangenen sachlich nicht verbundene, ganz neue Gedankenschicht. Hier ereignet sich nämlich jenes für den ausschließlich kritisch geschulten Leser höchst überraschende, dem Kenner der emanatistischen Logik jedoch als deren echtes Kennzeichen wohlbekannte Phänomen: die Umsetzung höchster Begriffe, letzter Erkenntniswerte in inhaltsvollste Gebilde, in realste Potenzen, die Umdeutung des Abstrakt-Formalen in ein Konkret-Materiales. Insbesondere wird die Hypostasierung des Allgemeinbegriffs ‚Ich' zur Totalität der Vernunft die Grundlage einer emanatistischen Dialektik."

V. Die Synthesis im Gebiet des Theoretischen

§ 16

Das Problem der Vorstellung

Die Phänomene, in deren Analyse wir Absolutheit und Endlichkeit als Grundvoraussetzungen im Sein des Menschen fanden, waren das Wollen und das Vorstellen. *Ich* will und *ich* denke — darin bin ich absolut; ich will *etwas* und stelle *etwas* vor — darin bin ich abhängig und endlich. Im Wollen und Vorstellen selbst also verbinden sich die Gegensätze, die das Sein des Menschen konstituieren; in ihrer Auslegung muß sich deshalb die gesuchte Einheit der Widersprüchlichkeit finden lassen.

Nun ist — was wir später aus seinen Gründen nachweisen werden — das Wollen tiefer im Wesen des Menschen verankert als das Vorstellen. Trotzdem werden wir dieses nicht übergehen, um auch die im Felde des Theoretischen geschehende Einigung sichtbar zu machen; doch kann aus diesem Grunde die Darstellung des zweiten Teiles der Wissenschaftslehre, der den Titel trägt: „Grundlage des theoretischen Wissens" [1]) und des „Grundrisses des Eigentümlichen der Wissenschaftslehre in Rücksicht auf das theoretische Vermögen" [2]), sich auf die wesentlichsten Gesichtspunkte beschränken.

Unter *Vorstellen* versteht Fichte das theoretische Verhalten in seinem ganzen Umfang, also Empfindung, Anschauung, Denken, Urteilen usw. Das erste Moment im Strukturgefüge des Vorstellens ist, daß das Subjekt des Vorstellens immer das Ich ist. Indem ich vorstelle, verlege ich mich in diese bestimmte Seinsmöglichkeit, und zwar aus mir selbst heraus und durch mich selbst; ich kann das Buch anschauen oder den Baum, oder auch überhaupt nicht anschauen. Das Ich des Vorstellens ist somit das sich selbst Bestimmende, das absolute Ich. Als zweites Moment gehört zu jedem Vorstellen ein Vorgestelltes, das als mich beschränkend und begrenzend verstanden wird. Wenn ich das Buch anschaue, so muß ich es als Buch und kann es nicht als Baum anschauen; im Blick auf das Vorgestellte verstehe ich mich somit als endlich. Das dritte Strukturelement ist der Vollzug des Vorstellens. In ihm geschieht eine Verbindung zwischen mir als dem absoluten und mir als dem endlichen Ich; ich begebe mich selbst

[1]) WL I 123—246. [2]) Grdr. I 329—411.

— absolut — aus der Fülle meiner Seinsmöglichkeiten, d. h. aus meiner Unendlichkeit, in ein durch einen Gegenstand bestimmtes und damit endliches Vorstellen. So ist im Vorstellen die Widersprüchlichkeit zwischen meiner Absolutheit und meiner Beschränktheit enthalten; zugleich aber, eben im Vollzug des Vorstellens, sind die Gegensätze geeinigt.

Das Problem in der Vorstellung ist demnach, wie es möglich ist, daß *das Ich in einer und derselben einheitlichen Handlung absolut, nur sich selbst bestimmend, und doch durch ein Nicht-Ich bestimmt* sei. Der Widerspruch muß aufgelöst werden, der in den beiden gegensätzlichen Elementen im Vorstellen liegt: „Das Nicht-Ich bestimmt (tätig) das Ich (welches insofern leidend ist) ... Das Ich bestimmt sich selbst (durch absolute Tätigkeit)." [3]) Wir suchen demgemäß diejenige Grundhandlung im Felde des Theoretischen, die das einigende Band der Widersprüchlichkeit bildet und damit die Vorstellung ermöglicht.

Der Widerspruch, den die Vorstellung enthält, begründet „den *theoretischen Teil der Wissenschaftslehre*" [4]). Damit ist der Zusammenhang deutlich, in dem dieser Teil mit der gesamten Konzeption der Wissenschaftslehre steht. Er fußt auf der im ersten Teil aufgedeckten Widersprüchlichkeit und enthüllt die innere Möglichkeit dessen, daß der Mensch auf ihrem Grunde doch — wie es im Vorstellen faktisch geschieht — als einheitliches Wesen existieren kann. Will man die alleinige Bedeutung des zweiten Teils in der Aufklärung der theoretischen Funktionen des Menschen sehen, ihn also lediglich als „Erkenntnistheorie" verstehen, so verkennt man seinen innersten Sinn und seine Leistung, die er nur dann enthüllt, wenn man ihn als *Glied im Gesamtentwurf einer Ontologie des Menschen* versteht.

§ 17

Die Synthesis im Sich-verstehen

Wir sehen zunächst davon ab, daß im Vorstellen ein Nicht-Ich vorgestellt wird, und betrachten den aufgezeigten Widerspruch lediglich in der Hinsicht, daß in ihm der Mensch sich als absolut und als endlich versteht; das Nicht-Ich wird uns auf dem Wege unserer Frage von selbst wieder begegnen. Wenn die Synthesis eben darin liegen muß, daß das Ich sich zugleich als das Widerstreitende versteht, und

[3]) WL I 127 f.; vgl. 125 f. [4]) WL I 126, v. Verf. gesp.; vgl. 219.

wenn so das Sich-verstehen das einigende Band ist, dann ist nun zu fragen, wie denn das Sich-verstehen Absolutheit und Endlichkeit verbinden kann.

Die *Absolutheit* wird von Fichte als schlechthiniges Sich-selbstsetzen bestimmt, also als reines Sich-verstehen, in dem das Ich nur sich selbst und nichts anderes anschaut und sich selbst als alles begreift. Nun gehört auch dieses reine Sich-verstehen nur so zum Menschen, daß er sich darin versteht. Der Mensch ist ja, wie wir früher sahen, alles, was er ist, nur in der Weise, daß er sich darin versteht; sein Sein besteht im Bewußtsein seiner selbst. Damit sind wir auf ein doppeltes Sich-verstehen gestoßen; das reine Sich-verstehen selbst wird wiederum vom Menschen als sein Wesen konstituierend verstanden; der Mensch versteht sich so, daß er im Grunde absolutes Sich-verstehen ist. „Das Ich setzt sich selbst schlechthin ... Aber es muß auch, wenn es ein Ich sein soll, sich setzen, als durch sich selbst gesetzt." [5]) Die These Fichtes ist nun, „durch dieses neue, auf ein ursprüngliches Setzen sich beziehende Setzen" [6]) werde es möglich, daß sich die Absolutheit mit der Endlichkeit verbinde; in der bloßen Tatsache, daß die Absolutheit vom Menschen als sein Wesen verstanden werden müsse, liege schon die *Verweisung auf die Endlichkeit.* So wäre dieses zweite Sich-verstehen die Brücke zwischen Absolutheit und Endlichkeit.

Ich verstehe mich als absolut, heißt soviel wie: ich schreibe mir die Absolutheit zu. Ich sage damit: dies, was ich ihm zuschreibe, und nichts anderes ist das Ich. Damit aber gebe ich dem Ich eine Bestimmung, grenze es ab gegen mögliches anderes — es soll ja eben dieses und nicht anderes sein — und verendliche es darin; denn alles Bestimmte, in Grenzen Eingeschlossene ist endlich. Weil der Mensch also die Absolutheit nicht anders haben kann als so, daß er sich in ihr versteht, bestimmt und verendlicht sie das Ich gerade darin, daß sie als sein Wesenscharakter verstanden wird. „Das Ich ist nur das, als was es sich setzt. Es ist unendlich, heißt, es setzt sich unendlich: es bestimmt sich durch das Prädikat der Unendlichkeit: also es begrenzt sich selbst (das Ich), als Substrat der Unendlichkeit; es unterscheidet sich selbst von seiner unendlichen Tätigkeit (welches beides an sich eins und ebendasselbe ist)." [7]) „Wenn das Ich sich nicht begrenzte, so wäre es nicht unendlich." [8])

Entsprechend muß nun aufgezeigt werden, daß auch die *End-*

[5]) WL I 276. [6]) Ebenda. [7]) WL I 214 f. [8]) WL I 214.

lichkeit, wenn der Mensch sich in ihr versteht, auf die Absolutheit verweist. Nun versteht er sich als endlich so, daß er sich als durch einen Gegenstand begrenzt begreift. Dieser Gegenstand ist aber Gegenstand für das Ich nur dann, wenn dieses tätig ist. Denn er wird als solcher gerade darin erfahren, daß er gegen eine Tätigkeit steht, die von sich aus gegen ihn angehen muß. „Das Wort Gegenstand bezeichnet vortrefflich, was es bezeichnen soll. Jeder Gegenstand einer Tätigkeit, insofern er das ist, ist notwendig etwas der Tätigkeit Entgegengesetztes, ihr Wider- oder Gegenstehendes." [9]) „Der Gegenstand wird bloß gesetzt, insofern einer Tätigkeit des Ich widerstanden wird." [10]) „Es muß mithin, insofern ein Gegenstand gesetzt werden soll, und als Bedingung der Möglichkeit eines solchen Setzens, noch eine von der Tätigkeit des Setzens verschiedene Tätigkeit ... im Ich vorkommen." [11]) Die „Beschränkung setzt ... notwendig einen Trieb voraus, weiter hinaus zu gehen" [12]).

Diese Tätigkeit muß, damit das Ich sie als durch den Widerstand gehemmt wissen kann, an sich über die Stelle des Widerstandes hinaus dringen. Der Gegenstand kann ja nur dann als widerstehend erfahren werden, wenn die Tätigkeit, der er begegnet, würde ihr nicht widerstanden, über den Ort des Widerstandes hinausginge. Weil aber diese Tätigkeit überhaupt alles Gegenstandbegegnen ermöglicht, kann sie nicht ihrerseits auf einen bestimmten Gegenstand gehen, sondern muß letztlich ins Unendliche hinausdrängen. Sie muß „in das Unbegrenzte, Unbestimmte und Unbestimmbare" [13]), also „in die Unendlichkeit, über alles mögliche Objekt hinausgehen, und selbst unendlich sein" [14]). Sie hat kein Nicht-Ich, sondern lediglich das Ich zum Gegenstand und entspringt — wie wir später sehen werden — der Absolutheit des Ich; „sie ist ... gesetzt durch die absolute Handlung des Ich, durch welche es sich selbst setzt"[15]). Konkret ausgedrückt: alles Anschauen ist nur möglich, wenn das Ich anschauen *will*; jedes einzelne Wollen aber wurzelt letztlich, wie wir früher darlegten, in einem Wollen meiner selbst, in dem ich mich auf nichts als mich selbst richte und deshalb absolut mich selbst will.

Wir werden auf die allem Sich-wissen als endlich zugrundeliegende absolute Tätigkeit noch ausführlich zu sprechen kommen. Hier dient ihre Kennzeichnung lediglich dazu, zu zeigen, daß *auch*

[9]) WL I 256. [10]) WL I 259. [11]) Ebenda.
[12]) WL I 289; vgl. Grdr. I 373.
[13]) WL I 213. [14]) WL I 259; vgl. 217, 227. [15]) WL I 259

das Sich-verstehen als endlich auf ein Sich-verstehen als absolut verweist. Beide Weisen sich zu verstehen fordern sich somit gegenseitig. Wenn ich mich als absolut verstehe, muß ich zugleich mich als begrenzt und endlich begreifen; als endlich aber kann ich mich nicht anders verstehen als so, daß ich mich zugleich als absolut begreife. *Das Sich-verstehen* ist somit in der Tat *der Punkt, an dem die beiden gegensätzlichen Grundverstehensweisen auf ihr mögliches Zusammen hinweisen.*

Aber das Sich-verstehen ist noch nicht wirklich als das einigende Band einsichtig geworden. Denn wenn ich versuche, mich im Verständnis meiner selbst als absolut festzusetzen, so werde ich daraus heraus und auf meine Endlichkeit getrieben; richtet sich dagegen der Blick auf die Endlichkeit, so werde ich wieder zurückverwiesen auf meine Absolutheit. Das Verstehen seiner selbst ist also kein ruhiges Verweilen in einem sicheren Wissen, sondern schleudert den Verstehenden zwischen den Widersprüchen hin und her. Aber ist es dann noch Verstehen? Ist es nicht nur der hilflose Versuch, sich je in einem der Gegensätze zu halten, ohne doch wirklichen Halt zu finden, also die allem Begreifen widerstreitende Unruhe? Ist nicht der Mensch nun doch wieder, ohnmächtig, sich über sich selbst zu verständigen, der bleibenden Widersprüchlichkeit überantwortet?

§ 18

Die produktive Einbildungskraft und der Ursprung des Nicht-Ich

Das Bild des haltlosen Hin- und Hergeworfenseins kann nicht das letzte sein, was über die Einigung der Widersprüchlichkeit im Felde des Theoretischen ausgesagt werden kann. Sonst wären Vorstellen und Wissen nicht möglich, die doch faktisch zum Dasein des Menschen gehören. Deshalb muß das Ich in den beiden sich widersprechenden Anblicken, die es bietet, ineins geschaut werden.

Zunächst ist es wichtig, einzusehen, daß das, was im Sich-verstehen als absolut und im Sich-verstehen als endlich verstanden wird, nichts Verschiedenes, sondern ebendasselbe ist. Dies gilt nicht nur in dem formalen Sinne, daß das Verstehen sich beidemale auf das Ich richtet. Darüber hinaus hat sich der Charakter des angeschauten Ich weiter verdeutlicht: es ist die ins Unendliche hinausgehende Tätigkeit; dies trifft mit dem Ergebnis unserer früheren Erörterungen zusammen, in denen wir das Wesen des angeschauten Ich als Wollen kennzeichneten. Verstehe ich mich als absolut, so richte ich den Blick darauf, daß die Tätigkeit absolut aus mir selbst heraus entspringt und letztlich zu mir selbst drängt. Verstehe ich mich dagegen als endlich, so entdecke ich, daß die Tätigkeit faktisch nicht absolut ist, sondern Widerstand erfährt und gehemmt wird. Doch bleibt es beidemale dieselbe Tätigkeit, auf die sich das Sich-verstehen richtet.

Aufgabe der gesuchten einigenden Verstehensweise müßte es also sein, *die Tätigkeit des Ich in ihrer doppelten Bestimmtheit einheitlich zu begreifen.* Nun vollzieht sich jedes konkrete Verstehen so, daß es das Verschiedene in die Einheit faßt, und dies kann es, indem es sich ein Bild von dem macht, was es anschaut. Wenn ich etwa ein Haus anschaue, so erfasse ich im Bilde des Hauses die Einheit der Teilmomente, die das Haus ausmachen. Die gesuchte einigende Verstehensweise müßte deshalb den Charakter des Bildentwerfens haben. Im Hinblicken auf das entworfene Bild müßte das Hin- und Hergeworfenwerden zur Ruhe kommen, nun aber nicht so, daß es sich in dem einen oder andern der Pole festsetzte, sondern indem es sich gleichsam in der Schwebe zwischen beiden hielte und so beide umfassen könnte. Dieses schwebende Ineinsschauen, das Grund der Möglichkeit des Vorstellens sein kann, kennzeichnet Fichte als *produktive Einbildungskraft.* „Dieser Wechsel des Ich in und mit sich selbst, da es sich endlich und unendlich zugleich setzt — ein Wechsel, der gleichsam in einem Widerstreite mit sich selbst besteht, und dadurch sich selbst reproduziert, indem das Ich Unvereinbares vereinigen will, jetzt das Unendliche in die Form des Endlichen aufzunehmen versucht, jetzt, zurückgetrieben, es wieder außer derselben setzt, und in dem nämlichen Momente abermals es in die Form der Endlichkeit aufzunehmen versucht — ist das Vermögen der Einbildungskraft." [16])

Wir versuchen, uns den gemeinten Sachverhalt an einem *Beispiel* klar zu machen, das als bloßes Beispiel ihn allerdings nicht ganz treffen kann. Nehmen wir an, ich schaute zum Fenster hinaus auf einen Baum. Nun wende ich mich zur Seite und sehe das Haus, das daneben steht. In dem Augenblick, in dem ich das Haus sehe, sehe ich den Baum nicht mehr; als ich den Baum sah, erblickte ich das Haus noch nicht; der eine Hinblick verdrängt den andern. Und doch sind der Baum, wenn ich das Haus ansehe, und das Haus, wenn ich wiederum auf den Baum zurückblicke, für mich nicht nichts geworden. Im Anblick des Hauses weiß ich noch um den Baum, im Rückblick auf den

[16]) WL I 215.

Baum um das Haus. Dies ist möglich, weil ich mich nicht auf den einen Anblick zum Nachteil des andern versteife, sondern, beide wissend, mich gleichsam in der Schwebe zwischen beiden halte. Ein solches schwebendes Festhalten zweier auseinander liegender Gegenstände wird dadurch möglich, daß ich ein Bild oder gleichsam einen Horizont bilde, in dem sie beide vereinigt sein können; in unserem Beispiel ist dies das Bild des Nebeneinander. In ihm werden sowohl der Baum wie das Haus anschaubar, ohne daß sie einander verdrängen; nur sofern ich „Nebeneinander" verstehe, gibt es für mich das Zumal der beiden sich Verdrängenden. Ihre Einigung geschieht also in einem im Schweben entworfenen Bilde, und die Kraft, die hier wirksam ist, wird mit Recht als produktive Einbildungskraft, d. h. als ein schaffendes Vermögen des Bildentwerfens und Hineinbeziehens in das Bild, bezeichnet.

In unserem Beispiel hat es sich um das Einigen zweier Gegenstände gehandelt. Die Frage, die uns jetzt beschäftigt, ist jedoch grundsätzlicher: nicht die Möglichkeit des Begegnens einzelner Gegenstände, sondern die Möglichkeit des Verstehens von Gegenständlichkeit überhaupt, also des Vorstellens im weitesten Sinne, steht in Frage. Auch hier muß sich das Einigen im Entwerfen eines Bildes vollziehen; denn wie es im Beispiel sich um die Vereinigung der unverbunden nebeneinander liegenden Gegenstände handelte, so hier um die Synthesis der widersprüchlichen Seinsweisen des Menschen, des Hinausdrängens ins Unendliche und des Zurückgebogenseins. Das Bild muß ferner eben an dem Punkte gebildet werden, wo die Gegensätze zusammenstoßen, und dies ist die Stelle, an der die ins Unendliche gehende Tätigkeit zurückgeworfen wird. Soll das Ich begreifen, daß sein Drängen ins Unendliche gehemmt ist, so kann es dies nur so, daß es sich ein Hemmendes vorstellt, das aber nicht aus dem Ich selbst entspringt, weil dieses ja von sich aus ins Unendliche ginge; das Hemmende muß somit von außen her anstoßen. *Das Bild, das die Gegensätzlichkeit in der Tätigkeit des Ich vereinigen kann,* stellt darum *ein anstoßendes Nicht-Ich* dar.

Das Bild des Nicht-Ich kann dergestalt Einheit sein, weil es in sich selbst die doppelte widersprüchliche Bestimmung enthält, die auch die Tätigkeit, in deren Anschauung und zu deren Bewältigung es gebildet wird, aufweist. So sahen wir bereits früher, daß das Seiende tatsächlich doppelt verstanden wird, nämlich einmal als das von außen her meinem Anschauen Entgegentretende und von mir als an sich seiend Ausgelegte und zum andern als das Produkt meiner anschauenden Tätigkeit, in der allein Seiendes erscheinen kann. Der Grund hierfür ist nun deutlich; das Nicht-Ich muß doppeldeutig sein, weil es im Anschauen der doppelten Bestimmung der ursprünglichen Tätigkeit gebildet wird. „Das Ich kann sich nicht anders setzen, als, daß es durch das Nicht-Ich bestimmt sei ... Insofern setzt es sich als bestimmt. Zugleich setzt es sich auch als bestimmend, weil das Begrenzende im Nicht-Ich sein eignes Produkt ist.“ [17])

In dem Bereich der ontologischen Fragestellung kann es sich nun nicht darum handeln, zu erklären, wie einzelne Bilder des Nicht-Ich zustande kommen; es geht vielmehr um das Bilden von Nicht-Ichheit, von Gegenständlichkeit überhaupt. Daß der Mensch jeweils den konkreten Anstoß an sein Wollen sich durch ein Nicht-Ich auslegt, wird dadurch möglich, daß es zu seinem Wesen gehört, sich die Widersprüchlichkeit in seiner Tätigkeit durch ein Nicht-Ich zu erklären und darin den Horizont der Gegenständlichkeit zu bilden. Dieses Bilden ist somit ein notwendiges Grundgeschehen im Dasein des Menschen, wenn anders diesem die Seinsmöglichkeit des Vorstellens eignet. Die Fähigkeit des Bildens von Nicht-Ich, die *produktive Einbildungskraft*, ist der *Grundbegriff der theoretischen Wissenschaftslehre*. Aus ihr entspringen darum alle einzelnen theoretischen Verhaltungen [18]). In „dem wunderbaren Vermögen der produktiven Einbildungskraft ..., ohne welches gar nichts im menschlichen Geiste sich erklären läßt“, gründet „der ganze Mechanismus des menschlichen Geistes“ [19]).

Von ihr selbst, dieser „ursprünglich notwendigen Reflexion“ [20]), ist deutlich, daß sie eben darum zum Sein des Menschen gehören muß, weil dieses in sich selbst widersprüchlich ist; denn sie ist das Vermögen, das „Widersprechendes vereinigt“ [21]); „auf Veranlassung eines bis jetzt noch völlig unerklärbaren und unbegreiflichen Anstoßes auf die ursprüngliche Tätigkeit des Ich produziert die zwischen der ursprünglichen Richtung dieser Tätigkeit, und der durch die Reflexion entstandenen — schwebende Einbildungskraft etwas aus beiden Richtungen Zusammengesetztes“ [22]). Sie kann das Bild des Nicht-Ich bilden, denn sie ist „ein Vermögen, das zwischen ... Endlichem und Unendlichem in der Mitte schwebt“ [23]). Sie ist darum der eigentliche Ursprung des Welthabens. „Es wird demnach hier gelehrt, daß alle Realität — es versteht sich für uns ... — bloß durch die Einbildungs-

[17]) WL I 218. [18]) Vgl. WL I 221 u. Grdr. I 321 ff.
[19]) WL I 208; vgl. 227, 284. [20]) WL I 222; vgl. Grdr. I 332.
[21]) WL I 218. [22]) Grdr. I 331. [23]) WL I 216.

kraft hervorgebracht werde.“ [24]) „Die Einbildungskraft produziert Realität.“ [25]) Und ebenso schafft dieses „Schweben der Einbildungskraft zwischen Unvereinbaren, dieser Widerstreit derselben mit sich selbst“, die Zeit; „nur für die Einbildungskraft gibt es eine Zeit“ [26]).

Weil den Menschen die Einbildungskraft auszeichnet, darum kann er sich in der Widersprüchlichkeit seines Seins halten. Die Frage nach der Einheit in der Widersprüchlichkeit findet zur Antwort, „daß auf jene Handlung der Einbildungskraft die Möglichkeit unseres Bewußtseins, unsers Lebens, unsers Seins für uns, d. h. unsers Seins als Ich, sich gründet“[27]). *Weltbilden* ist so nicht ein zufäliges und gleichgültiges Geschehen im Dasein des Menschen, das zu ihm gehörte, wie irgendwelche anderen Eigenschaften ihn konstituieren, sondern es ist *der aus der Not der Zwiespältigkeit geborene und darum notwendige Versuch, seiner selbst Herr zu werden.*

VI. Die praktische Synthesis

§ 19

Die Widersprüchlichkeit und die praktische Wissenschaftslehre

Mit der Aufdeckung der produktiven Einbildungskraft ist Fichte dem Geheimnis des Ich einen Schritt näher gekommen. Und doch verschleiert es sich sofort wieder, wenn wir darauf achten, was denn eigentlich mit den bisherigen Bemühungen um die Enthüllung der Einheit im Sein des Menschen erreicht ist. Die produktive Einbildungskraft konnte Absolutheit und Endlichkeit letztlich nur einigen vermöge eines rätselhaften Vorganges, der sich im Grunde des Menschseins abspielen soll, eines Anstoßes auf die ins Unendliche drängende absolute Tätigkeit des Ich. „Wir konnten nämlich die Vorstellung überhaupt auf keine Art möglich denken, als durch die Voraussetzung, daß auf die ins Unbestimmte und Unendliche hinausgehende Tätigkeit des Ich ein Anstoß geschehe. Demnach ist das Ich, als Intelligenz überhaupt, abhängig von einem unbestimmten und bis jetzt völlig unbestimmbaren Nicht-Ich; und nur durch und vermittelst eines solchen Nicht-Ich ist es Intelligenz.“ [1])

Damit bricht aber die *Widersprüchlichkeit auf einer tieferen Stufe* wieder auf. Es stehen sich nicht mehr Absolutheit und Endlich-

[24]) WL I 227. [25]) WL I 427; vgl. 225 f. [26]) WL I 217. [27]) WL I 227.
[1]) WL I 248.

keit als in der produktiven Einbildungskraft geeinte Seinsbestimmungen gegenüber, sondern die einigende Einbildungskraft als ganze und mit ihr das gesamte theoretische Vermögen des Menschen rücken unter den Gesichtspunkt der Endlichkeit; wenn immer der Mensch erkennt oder vorstellt, ist er im Grunde abhängig vom Nicht-Ich und daher endlich. Demgegenüber bleibt jedoch die Forderung der Absolutheit des Ich bestehen. Dieses versteht sich so, daß alles Nicht-Ich, weil es ja nur durch das Handeln des Ich dessen Gegenstand werden kann, sein Sein nur hat durch das Ich; es weiß sich darin als unabhängig und als alles in allem, und dieser Blickpunkt bestätigt und bewahrheitet sich ihm im Gewissen. „Das Ich ... soll allen seinen Bestimmungen nach schlechthin durch sich selbst gesetzt, und demnach völlig unabhängig von irgendeinem möglichen Nicht-Ich sein." [2])

So entsteht hier ein „Widerstreit zwischen dem Ich, als Intelligenz, und insofern beschränktem, und zwischen ebendemselben, als schlechthin gesetztem, mithin unbeschränktem Wesen" [3]). Im Grunde des in der theoretischen Sphäre geschehenden Einigens bleibt also der Widerspruch, und die theoretische Synthesis selbst ist nur möglich durch ihn und aus ihm heraus. „Eben aus dem absoluten Entgegengesetztsein erfolgt der ganze Mechanismus des menschlichen Geistes; und dieser ganze Mechanismus läßt sich nicht anders erklären, als durch ein absolutes Entgegengesetztsein", „da dasjenige Vermögen, auf welchem alle jene Begebenheiten beruhen, die produktive Einbildungskraft, gar nicht möglich sein würde, wenn nicht absolut Entgegengesetzte, nicht zu Vereinigende, dem Auffassungsvermögen des Ich völlig Unangemessene vorkämen" [4]).

Doch auch dieser Widerstreit drängt aus dem einheitlichen Wesen des Ich heraus zur *Einigung;* denn im ungeeinten Widerspruch kann der Mensch nicht existieren, weil dies „der absoluten Identität des Ich widerspricht" [5]). Nun kann sich aber die Vereinigung nicht mehr im Bereich des Theoretischen vollziehen, weil die Widersprüchlichkeit ja diesem überhaupt zugrunde liegt. Doch gibt uns der Punkt, an dem der tiefere Widerstreit entstand, einen Hinweis auf den Bereich, in dem seine Lösung gesucht werden muß. Er entsprang aus dem Gehemmtsein der unendlichen Tätigkeit des Menschen; im Gebiet der Tätigkeit, also im praktischen Gebiet, muß somit auch die Synthesis liegen, falls es eine solche im Dasein des Menschen gibt. Die Wissenschaftslehre wird so im eigensten Zuge ihrer Problematik dazu ge-

[2]) WL I 249. [3]) WL I 247. [4]) WL I 226. [5]) WL I 249.

trieben, aus dem theoretischen Felde in das des praktischen Verhaltens überzugehen; sie wird notwendig *praktische Wissenschaftslehre.* Damit ist deutlich, daß auch dieser Teil der Wissenschaftslehre im Zusammenhang mit der zentralen Frage nach dem Menschen steht. Es handelt sich nun darum, auf einer tieferen Stufe, als es in dem theoretischen Teile gelang, das Geeintsein des Widerspruchs aufzuweisen und inniger noch als bisher in die Verborgenheit des menschlichen Wesens hinabzuhorchen.

§ 20

Das unendliche Streben als praktische Grundsynthesis

Soll der Widerstreit zwischen dem Ich als absolutem und dem Ich als Intelligenz aufgelöst werden und kann das Vorstellen selbst nicht aufgegeben werden, weil es faktisch zum Sein des Menschen gehört, so muß wenigstens die Abhängigkeit des Ich aufgehoben werden, so „daß das Ich jenes bis jetzt unbekannte Nicht-Ich, dem der Anstoß beigemessen ist, durch welchen das Ich zur Intelligenz wird, durch sich selbst bestimme“ [6]). Es müßte also im Ich selbst, gerade wenn es als absolutes Ich verstanden wird, die Notwendigkeit liegen, daß es das Nicht-Ich ursächlich bestimmt, und zwar nicht nur das Was-sein des Nicht-Ich — dies ist ja in seinem Ursprung aus der produktiven Einbildungskraft bereits aufgewiesen —, sondern das Daß-sein, die Realität des Nicht-Ich als des Anstoßenden. „Das absolute Ich soll demnach sein Ursache des Nicht-Ich an und für sich, d. i. nur desjenigen im Nicht-Ich, was übrig bleibt, wenn man von allen erweisbaren Formen der Vorstellung abstrahiert; desjenigen, welchem der Anstoß auf die ins Unendliche hinausgehende Tätigkeit des Ich zugeschrieben wird.“ [7])

Nun kann das Ich, in seiner Absolutheit verstanden, nicht unmittelbar Ursache eines Nicht-Ich sein; damit würde ja gerade seine Absolutheit, d. h. sein Bezogensein auf sich selbst, aufgehoben. Es muß vielmehr eine eigene *Grundhandlung des Ich* geben, *vermöge deren es das Nicht-Ich bestimmen kann,* und diese Grundhandlung muß synthetischen Charakter tragen; sie muß absolut sein, weil die Absolutheit das Bestimmende sein soll, und sie muß doch zugleich endlich sein, weil sie ein Nicht-Ich verursachen soll.

Um die Problematik von vornherein durchsichtig zu machen, stellen wir die These Fichtes an den Anfang, die gesuchte synthetische

[6]) Ebenda. [7]) WL I 251.

Handlung ist *das unendliche Streben,* das nichts anderes als das von uns bereits früher gekennzeichnete Wollen ist. Es entspringt aus der Absolutheit und geht auf die Absolutheit zu; im Blick auf dieses sein Ziel hat es alles begegnende Seiende je schon überholt und in sich einbezogen; weil es auf seine Absolutheit zugeht, macht es alles Nicht-Ich zu seinem Mittel und bestimmt es so nach sich selbst. Die Art der Verursachung des Nicht-Ich durch das Ich im Modus des unendlichen Strebens ist also kein faktisches Schaffen, sondern der Drang, alles Nicht-Ich in das Sein des Ich einzubeziehen. Andererseits schafft das Ich eben dadurch, daß es unendliches Streben zur Absolutheit und nicht faktische Absolutheit ist, dem Nicht-Ich Raum und macht es so möglich, daß das Ich sich im Vorstellen als abhängig vom Nicht-Ich versteht; dergestalt absolut und endlich zugleich ist das unendliche Streben die gesuchte einigende Grundhandlung.

Für den Nachvollzug des Aufweises Fichtes sind wir bereits durch frühere Überlegungen vorbereitet. Wir zeigten, daß allem Vorstellen von Seiendem eine Tätigkeit, das Wollen, zugrunde liegen müsse. Ich muß ja, um etwa den Baum draußen anzuschauen, mich zum Anschauen bestimmen. In dieser Tätigkeit bin ich primär nicht auf das Angeschaute, sondern auf den Zweck gerichtet. Im Beispiel: ich schaue den Baum an, um festzustellen, ob es schon Frühling wird. Zunächst also bin ich an dem Kommen des Frühlings interessiert und nur darum geschieht es überhaupt, daß mir der Baum begegnet: denn er wird mir Mittel, um meinen Zweck zu erreichen. Das Seiende tritt also dem Menschen in seinem zweckgerichteten Wollen entgegen, und in diesem ist er immer schon über das je begegnende Seiende hinaus.

Dies braucht natürlich nicht in der ausdrücklichen Weise in Erscheinung zu treten wie in dem gewählten Beispiel. Die Begegnung des Baumes kann auch etwa im Grenzfall aus dem Interesse heraus stattfinden, ziellos in die Gegend zu schauen. Aber auch dann gilt das oben Gesagte. Es kann im äußersten Fall sein, daß sein Anblick mich gerade in einer Überlegung stört, daß sein Gegenstehen also nur darin besteht, daß er mir „in die Quere kommt“, und daß ich ihn dann dergestalt mir zum Mittel mache, daß ich über ihn hinwegsehe. Auch hier stand er meinem Ziel, nämlich dem Fertigwerden mit meiner Überlegung, entgegen und wurde von mir — als überwundener — in dieses Wollen einbezogen.

Die ursprüngliche Begegnung der Welt ist demnach kein neutrales Anschauen, sondern ein Entwerfen der Weltdinge als Mittel für die Zwecke des Menschen. Nun will der Mensch im Zweck immer sich selbst; wir zeigten früher, daß das letztlich Gewollte in allem Wollen das Ich ist. Der Mensch will also im Grunde nur sich selbst und nicht das Nicht-Ich; im Wollen seines äußersten Zweckes ist er über alles mögliche Seiende hinaus immer schon bei sich selbst. So zeigt sich der paradoxe Sachverhalt, *daß das Ich gerade darin, daß es nur sich selbst und kein Nicht-Ich will, das Begegnen von Nicht-Ich ermöglicht.*

Diese doppelte Funktion macht *das unendliche Streben* fähig, *Vereinigung von Absolutheit und Endlichkeit* zu sein und den Widerstreit zwischen der Absolutheit des Ich und seinem Sein als abhängiger Intelligenz aufzulösen. Denn nach der einen Seite hin entspringt das unendliche Streben aus der Absolutheit. Im Wollen ist ja das Ich in seiner Absolutheit wirksam, und das, worauf das Wollen letztlich sich richtet, ist wiederum es selbst, so daß also Ausgangspunkt und Zielpunkt des unendlichen Strebens das Ich ist; es „ist demnach gesetzt durch die absolute Handlung des Ich, durch welche es sich selbst setzt“ [8]). Nach der andern Seite hin steht das unendliche Streben mit der Intelligenz in ihrer Abhängigkeit und damit der Endlichkeit des Menschen in Beziehung. Es schafft ja die Möglichkeit einer Begegnung von Nicht-Ich. „Dieses unendliche Streben ist ins Unendliche hinaus die Bedingung der Möglichkeit alles Objekts; kein Streben, kein Objekt.“ [9])

Aber das unendliche Streben verknüpft nicht nur so Absolutheit und Endlichkeit, daß es aus der einen entspringt und die andere ermöglicht, sondern in ihm verschmelzen die beiden gegensätzlichen Seinsweisen des Menschen noch inniger. Gerade *in seiner Absolutheit ist das unendliche Streben Möglichkeit der Endlichkeit, und in seiner Endlichkeit ist es die existierende Absolutheit.*

Daß es Begegnung von Objekten und damit Endlichkeit ermöglicht, geschieht ja gerade dadurch, daß es im Bilden des Zweckes bereits über die Gegenstände hinaus bei sich in seiner Absolutheit ist. Das Seiende und der Mensch stehen sich nicht so gegenüber, daß hier ein fester Bereich von Seiendem und dort ein erkennendes Wesen wäre, und daß zwischen beiden der Prozeß des Erkennens sich vollzöge; vielmehr gibt es keine feste Grenze zwischen Ich und Nicht-Ich. „Der Grenzpunkt liegt, wohin in die Unendlichkeit ihn das Ich setzt“ [10]); „wir finden uns als ursprünglich begrenzt nicht dadurch, daß unsere Begrenztheit sich einengte . . ., sondern dadurch, daß wir

[8]) WL I 259. [9]) WL I 261 f.; vgl. 263 f. [10]) WL I 258.

unsere Grenzen erweitern, und indem wir sie erweitern"; das Nicht-Ich „greift nicht uns an, sondern wir greifen es an" [11]). So ist es gerade das Streben nach sich selbst in seiner Absolutheit, das die Begegnung des Seienden möglich macht. Das Ich will die Dinge in sich selbst verwandeln — sich zum Mittel machen —, und eben darum können sie ihm Gegenstände sein. Nicht nur entsteht das Wie der begegnenden Welt aus dem Ich in seiner produktiven Einbildungskraft, sondern auch das Daß der Weltbegegnung erwächst aus dem Ich in seinem unendlichen Streben. Dies ist denn auch die gesuchte Verursachung des Nicht-Ich durch das Ich. Sie findet, wie es im Denken Fichtes nicht anders sein kann, nicht in dem massiven Sinne statt, daß ein Ich seiende Dinge schüfe; vielmehr wird das Ich so Ursache des Nicht-Ich, daß ohne sein unendliches Streben keine *Dinge* für den Menschen wären, und daß es sie nur gibt als solche, die *je schon dazu bestimmt* sind, *in die Absolutheit aufgehoben zu werden.*

Dies ist nur so möglich, daß auf der anderen Seite das unendliche Streben nicht die reine Absolutheit selbst ist; denn von dieser her ist nicht einsichtig, wie und warum sie überhaupt auf ein Objekt sich beziehen soll. Vielmehr ist *das unendliche Streben die Absolutheit, wie sie sich darstellt, wenn das Ich eine Welt haben soll.* Die „reine in sich selbst zurückgehende Tätigkeit des Ich ist in Beziehung auf ein mögliches Objekt ein Streben; und zwar ... ein unendliches Streben" [12]). Gäbe es kein Hemmendes, so wäre das Ich absolut in sich selbst und brauchte nicht allererst zu sich selbst zu streben. „Im Begriffe des Strebens selbst ... liegt schon die Endlichkeit, denn dasjenige, dem nicht widerstrebt wird, ist kein Streben." [13])

Damit zeigt sich, daß die Synthesis der Widersprüchlichkeit im Dasein des Menschen durch die Aufdeckung des unendlichen Strebens noch nicht vollständig geschlossen ist. Zwar überwindet das unendliche Streben auch das Daß des Nicht-Ich und ist insofern eine tiefere Synthesis als die produktive Einbildungskraft; aber daß die Absolutheit zum Streben wird, geschieht nicht aus ihr selbst heraus, sondern durch ein Fremdes, einen *Anstoß.* „Daß überhaupt die reine Tätigkeit in Beziehung auf ein Objekt gesetzt wird, davon liegt der Grund nicht in der reinen Tätigkeit an sich; daß aber, wenn sie so gesetzt wird, sie als ein Streben gesetzt wird, davon liegt in ihr der Grund." [14]) Damit treten wiederum auf einer tieferen Stufe Absolut-

[11]) SL IV 93. [12]) WL I 261; vgl. 263 Anm. 271.
[13]) WL I 270. [14]) WL I 263.

heit und Endlichkeit widersprüchlich einander gegenüber. Die Ungelöstheit dieser Frage ist es, die unsere Untersuchung später vor das Problem einer ontologischen Synthesis stellen wird.

Mit dem unendlichen Streben wird nicht die absolute Einheit des Widerstreites, sondern eine Weise, wie *der Mensch* in der Widersprüchlichkeit existiert, gekennzeichnet; er ist *ein Wesen des Unterwegs*. Die Absolutheit ist das Woher, aus dem die Bewegung des menschlichen Daseins sich löst, und das Wohin, auf das sie zusteuert; das Sein des Menschen selbst aber ist nicht die faktische Absolutheit, sondern das Sich-ausstrecken zwischen der Absolutheit als Herkunft und der Absolutheit als Ziel. Dies macht es, daß der Mensch in seinem Grunde „absolute Tendenz zum Absoluten" ist [15]). „Der wesentliche Charakter des Ich, wodurch es sich von allem, was außer ihm ist, unterscheidet, besteht in einer Tendenz zur Selbsttätigkeit um der Selbsttätigkeit willen; und diese Tendenz ist es, was gedacht wird, wenn das Ich an und für sich ohne alle Beziehung auf etwas außer ihm gedacht wird." [16]) So *einigt das unendliche Streben in Wahrheit Absolutheit und Endlichkeit, indem es sie in der Existenz des Menschen miteinander verschmilzt.* „Das Ich ist endlich, weil es begrenzt sein soll; aber es ist in dieser Endlichkeit unendlich, weil die Grenze ins Unendliche immer weiter hinaus gesetzt werden kann. Es ist seiner Endlichkeit nach unendlich, und seiner Unendlichkeit nach endlich." [17])

§ 21

Das unendliche Streben als verstandenes

„Und so ist denn nunmehr das Wesen des Ich bestimmt, insoweit es bestimmt werden kann, und die Widersprüche in demselben gelöst, insoweit sie gelöst werden können. Das Ich ist unendlich, aber bloß seinem Streben nach; es strebt unendlich zu sein. Im Begriffe des Strebens selbst aber liegt schon die Endlichkeit, denn dasjenige, dem nicht widerstrebt wird, ist kein Streben." [18]) Und doch sind wir noch nicht am Ende des Weges; denn der Begriff vom Ich, den wir gewonnen haben, ist noch unvollständig. Zwar ist festgestellt, was das Ich ist, aber noch nicht, in welcher Weise es dieses sein Sein ist. Bereits zu Anfang unserer Überlegungen ergab sich, daß nichts zum Wesen des Ich gehören kann, es sei denn, dieses verstünde sich darin; „das Ich ist etwas nur insofern, inwiefern es sich selbst als dasselbe setzt

[15]) SL IV 28. [16]) SL IV 29. [17]) WL I 258. [18]) WL I 270.

(anschaut und denkt), und es ist nichts, als was es sich nicht setzt“ [19]). So kann es auch unendliches Streben nur in der Weise sein, daß es sich darin versteht. Die Bestimmungen, die sich aus diesem Seinscharakter des Ich ergeben, müssen nunmehr in den Begriff des Menschen aufgenommen werden.

Nun hat das unendliche Streben eine dreifache Struktur; daraus entspringen *drei Weisen, sich als unendliches Streben zu verstehen.* Es entspringt aus der Absolutheit — darin begreift es sich als Freiheit. Es ist im Unterwegs gehemmt und deshalb lediglich Streben — dies versteht es als Anstoß im Gefühl. Es geht auf seine Absolutheit zu — darin versteht es sich als ausgerichtet auf das Ideal und das Ich als Idee und letztlich als gewissenhafte Existenz. Doch ist in keiner der drei Verstehensweisen nur das in ihr vorherrschende Moment berücksichtigt, vielmehr begreift jede das ganze Phänomen des unendlichen Strebens, nur eben in der ihr eigenen Weise.

§ 22
Die Freiheit

Das Ich soll sich als unendliches Streben ursprünglich verstehen; „so gewiß“ die Tendenz zur Absolutheit „Wesen des Ich ist, muß dasselbe davon wissen“ [20]). Gesucht wird also „ein Bewußtsein der ... absoluten Tendenz“ [21]). Nun ist hier das Anschauende selbst das unendliche Streben und dieses selbst das Anschauende; demnach ist gefragt, wie das unendliche Streben sich darstellt, wenn es sich selbst verstehendes unendliches Streben ist, und welchen Charakter das Sichverstehen aufweist, wenn es unendliches Streben versteht.

Zunächst: es begreift sich als *wissendes Streben und tätiges Wissen.* „Das Anschauende (Intelligente), welches eben durch den postulierten Akt zum Intelligenten wird, setzt die ... Tendenz zur absoluten Tätigkeit ... als — sich selbst; verstehe, als identisch mit sich, dem Intelligenten. Jene Absolutheit des reellen Handelns wird sonach hierdurch Wesen einer Intelligenz.“ [22]) Fichte drückt dies später anschaulich so aus: „Kraft, der ein Auge eingesetzt ist, ist der eigentliche Charakter des Ich, der Freiheit, der Geistigkeit ... Die Sehe begleitet die Kraft.“ [23]) Damit macht das Ich die absolute Tendenz sich zueigen, bringt sie gleichsam in seine Gewalt und wird da-

[19]) SL IV 29. [20]) SL IV 30. [21]) Ebenda. [22]) SL IV 32.
[23]) SL 1812, XI 17.

durch „Absolutheit der Absolutheit, absolutes Vermögen, sich selbst absolut zu machen" [24]).

Stellen wir uns zur Verdeutlichung ein bloßes Streben vor, das wirksam wird, ohne daß der Strebende sich dessen bewußt wird — übrigens eine bloße Konstruktion, da es faktisch kein Streben ohne ein irgendwie geartetes Bewußtsein davon gibt —. Ich habe etwa Hunger, kann ihn aber im Augenblick nicht befriedigen, weil nichts Eßbares da ist. Betrachtet man das Streben rein als solches, so wird es sich erfüllen, wenn das Hindernis beseitigt sein wird; ich werde dann gleichsam automatisch meinen Hunger stillen. Nun soll der Mensch sich in seinem Streben verstehen, es als *sein* Streben, als das von ihm ausgehende Streben, begreifen. Er weiß dann: weil das Streben aus ihm selbst entspringt, kann seine Erfüllung letztlich nicht von der zufälligen Anwesenheit von Speise, also von einem Fremden, abhängen, sondern von ihm selbst. Er kann sich auch dann noch, wenn alle äußeren Hemmnisse beseitigt sind, diesem seinem Streben zuwider bestimmen. So eignet sich der Mensch erst im Sich-verstehen sein Streben als seines zu und erhebt sich über dessen bloße Automatik. „Die Intelligenz ... als Intelligenz, wird — für sich ... absolute reelle Kraft des Begriffs. Das Ich, als absolute Kraft mit Bewußtsein, reißt sich los — vom Ich, als gegebenem Absoluten, ohne Kraft und Bewußtsein." [25]) „Durch das Bewußtsein seiner Absolutheit reißt das Ich sich selbst — von sich selbst — los, und stellt sich hin als Selbständiges." [26])

Dieses sich-wissende Streben faßt Fichte als die *„eigentliche Freiheit"* [27]). „Indem ... das Ich jene Tendenz zur absoluten Tätigkeit als sich selbst anschaut, setzt es sich als frei." [28]) Die Freiheit ist somit eine Weise des Menschen, absolut zu sein, und zwar die, in der er sich weiß als absolut aus sich heraus strebend. Das bloße unendliche Streben, obgleich aus der Absolutheit des Ich herausstrebend, ist nicht Freiheit. Zu ihr gehört vielmehr wesentlich, daß der Freie sich gleichsam in der Hand hat, über sich verfügen kann; dies aber kann er nur, wenn er sich in seiner Gewalt über sich selbst versteht. Ist nun das unendliche Streben die ursprünglichste Erscheinungsweise des Objekt-Ich, so ist die sich-wissende Freiheit die ursprünglichste Weise des Wissens des Menschen von sich selbst und ist somit selbst das ursprüngliche Selbstbewußtsein; „so ist das Denken der

[24]) SL IV 32. [25]) SL IV 32 f. [26]) SL IV 32.
[27]) Ebenda, v. Verf. gesp. [28]) SL IV 37.

Freiheit ein unmittelbares Denken zufolge einer intellektuellen Anschauung“ [29]). „Wir schreiben uns, so gewiß wir uns unserer selbst bewußt werden, ein absolutes Vermögen der Freiheit zu.“ [30])

Wie das Selbstbewußtsein in sich die *Doppelheit des Sich-wissens als endlich und als absolut* enthält, so auch die sich-wissende Freiheit. Dies muß so sein, da ihr Gewußtes, das unendliche Streben, selbst absolut und endlich zugleich ist. Einerseits gestaltet sich der Mensch in der Freiheit sein Dasein und gründet so absolut in sich selbst; was das Ich „je werden soll, dazu muß es sich selbst durch den Begriff machen, und was es je sein wird, dazu wird es sich durch ihn gemacht haben. Es ist in jeder Rücksicht sein eigner Grund, und setzt, auch in praktischer Bedeutung sich selbst schlechthin“ [31]). „Das Intelligente, ... als solches, ... ist (wie jeder in der Anschauung seiner selbst als Intelligenz finden muß, und keinem erwiesen werden kann) absolut sich selbst bestimmend.“ [32]) Andererseits ist die Freiheit eine Weise, sich zu verstehen; alles Verstehen aber verendlicht seinem Wesen gemäß, indem es das Verstandene umgreift und ihm damit Grenzen setzt. „Es kann ... zufolge der Reflexionsgesetze auf nichts reflektiert werden, ohne daß dasselbe, sei es auch bloß und lediglich durch die Reflexion, begrenzt werde.“ [33])

Dieser Doppelcharakter der Freiheit stellt sich konkret im Entwerfen von Zwecken dar. „Das freie Wesen setzt sich selbst mit absoluter Freiheit Zwecke. Es will, weil es will, und das Wollen eines Objekts ist selbst der letzte Grund dieses Willens.“ [34]) Andererseits aber verendlicht sich die Freiheit im Bilden des Zweckes; sie versteht sich darin als ein bestimmtes, auf ein umgrenztes Ziel zugehendes Wollen; wir leiten „die Bestimmtheit ... unseres Wollens von einem frei entworfenen Zweckbegriffe“ ab [35]). Das Streben wird demnach endlich, inwiefern „es überhaupt auf ein Objekt geht, und diesem Objekte, so gewiß es ein solches sein soll, Grenzen setzen muß“ [36]). Denn „das Objekt ... fällt ... nicht weg, außer in einer vollendeten Unendlichkeit“ [37]).

Wäre die Freiheit ein bloßes ruhendes Vermögen, so könnte sie reine Absolutheit sein; sie wäre aber dann nicht wirklich. Wird sie dies, so muß sie Zwecke entwerfen und sich darin verendlichen. *In seiner wirklichen Existenz kann* also *der Mensch absolut sein nur in*

[29]) SL IV 78. [30]) SL IV 76; vgl. 138. [31]) SL IV 38; vgl. 50.
[32]) SL IV 38. [33]) Grdr. I 369. [34]) NR III 140.
[35]) SL IV 89; vgl. 85. [36]) WL I 269. [37]) WL I 269 f.

der Weise der verendlichenden Freiheit. So ist die Freiheit zwar das, was den Menschen vor andern Geschöpfen auszeichnet, aber sie ist als Synthesis von Absolutheit und Endlichkeit zugleich Ausdruck der Not der Zwiespältigkeit, in die er geworfen ist.

§ 23
Das Gefühl

Auch das Moment im unendlichen Streben, daß es im Unterwegs angestoßen ist, muß vom Ich verstanden werden. Nun ist das Streben kein theoretisches, sondern ein praktisches Verhalten, ein Handeln. Sein Angestoßensein wird darum primär nicht erkannt, sondern praktisch erfahren, d. h. gefühlt. Das „Streben, die Unendlichkeit auszufüllen" wird „gehemmt und abgebrochen" und es „tritt ... mit der Begrenzung zugleich die Reflexion des Ich auf sich selbst ein; es kehrt in sich zurück, es findet sich selbst, es fühlt sich" [38]). So ist also das *Gefühl* die Weise, in der das Ich die faktische Endlichkeit seines ins Unendliche drängenden Strebens versteht. „Gefühl ist immer der Ausdruck unserer *Begrenztheit*" [39]). Konkret äußert es sich als das Wissen des Menschen um seine jeweilige Bestimmtheit, also um die Tatsache, daß er so und nicht anders ist, so und nicht anders handeln kann. „Es ist ohne Zweifel unmittelbares Faktum des Bewußtseins: ich fühle mich so und so bestimmt." [40]) Das Gefühl offenbart „eine ursprüngliche Beschränktheit" [41]).

Doch läßt sich die Begrenztheit nur so fühlen, daß zugleich das Hinausdrängen des unendlichen Strebens über den Punkt des Anstoßes verstanden wird. Deshalb findet Fichte neben dem Gefühl der Begrenztheit noch das *Gefühl des Sehnens* im Ich. „Das Sehnen ist ... die ursprüngliche ... Äußerung des im Ich liegenden Strebens." [42]) Sein Gefühltes ist „eine Tätigkeit, die gar kein Objekt hat, aber dennoch unwiderstehlich getrieben auf eins ausgeht, und die bloß gefühlt wird. Eine solche Bestimmung im Ich aber nennt man ein Sehnen; einen Trieb nach etwas völlig Unbekanntem, das sich bloß durch ein Bedürfnis, durch ein Mißbehagen, durch eine Leere, die Ausfüllung sucht, und nicht andeutet, woher? — offenbart" [43]).

Vermöge seiner doppelten Bestimmtheit versteht somit das Gefühl das ursprüngliche Streben in seinem synthetischen Charakter. Im

[38]) Grdr. I 359. [39]) SL IV 71, v. Verf. gesp. [40]) 2. Einl. I 491.
[41]) 2. Einl. I 489. [42]) WL I 304. [43]) WL I 302 f.; vgl. SL IV 106.

„Gefühl ... ist innig vereint Tätigkeit — ich fühle, bin das Fühlende, und diese Tätigkeit ist die der Reflexion — Beschränkung — ich fühle, bin leidend, und nicht tätig; es ist ein Zwang vorhanden" [44]). Zugleich damit ist es *der Ort der ursprünglichsten Begegnung des widersprüchlichen Seienden.* Wie im unendlichen Streben das Moment des Hinausgehens aus sich selbst das primäre ist, so ist auch das Sehnen die Art des Gefühls, die ursprünglich das Wissen von Welt ermöglicht. Im Sehnen wird das Ich „in sich selbst — außer sich getrieben, lediglich durch dasselbe offenbart sich in ihm selbst eine Außenwelt" [45]). Aber wiederum ist die faktische Weltbegegnung nicht möglich ohne das Gefühl der Begrenztheit; dieses wird vom Ich als Begrenztsein durch ein Nicht-Ich gedeutet. „Daher scheint die Realität des Dinges gefühlt zu werden, da doch nur das Ich gefühlt wird." [46])

In der Doppelheit des Gefühls des Sehnens und der Begrenztheit liegt somit der Ursprung des Wissens von der Realität der Welt; von hier aus entfaltet dann die produktive Einbildungskraft die Bestimmungen der Welt in ihrem Wassein [47]). „Alles Setzen" geht „demnach aus vom Setzen eines bloß subjektiven Zustandes; alle Synthesis von einer in sich selbst notwendigen Synthesis eines Entgegengesetzten im bloßen Subjekte", dem „Gefühl" [48]), das „die ursprünglichste Wechselwirkung des Ich mit sich selbst, ehe noch ein Nicht-Ich — es versteht sich im Ich und für das Ich — vorkommt" [49]).

In diesem Ansatz beim Gefühl, als der ursprünglichsten Begegnisart der Endlichkeit und der eigentlichen Genesis der Wirklichkeit, besteht die Weiterbildung im Problem der Phänomenalität, die Fichte über Kant hinaus vorgenommen hat. Das Mannigfaltige der Empfindung, wie es Kant als Letztes jenseits des wissenden Subjekts bestehen ließ, wird von Fichte darüber hinaus von einer Bestimmtheit des absolut-endlichen Ich her interpretiert. Nicht ein vorliegendes Mannigfaltiges, sondern die gefühlte Gehemmtheit des sich hinaussehnenden Ich ist die ursprüngliche Realität. Die Welt ist so bis in ihren Grund hinein nicht ein Ansichseiendes, sondern der Entwurf, den sich das als absolut und endlich zugleich sich verstehende Ich als Gegenwurf gegen die Endlichkeit seines Seins macht. *Kants kopernikanische Wendung* ist damit *radikal durchgeführt*, „so daß in allem Ernste, und nicht bloß so-

44) WL I 289; vgl. Grdr. I 369. 45) WL I 303; vgl. 296.
46) WL I 301. 47) Vgl. 2. Einl. I 490 f. u. Grdr. I 339.
48) WL I 266. 49) Grdr. I 369.

zusagen, das Objekt durch das Erkenntnisvermögen, und nicht das Erkenntnisvermögen durch das Objekt gesetzt und bestimmt werde“ [50]). Doch bleibt auch hier, wie im unendlichen Streben, im Grunde ein Fremdes, der Anstoß, bestehen.

§ 24

Das Ideal und das Ich als Idee

Neben dem Ursprung aus der Absolutheit und der faktischen Gehemmtheit muß auch das dritte Strukturmoment des unendlichen Strebens in das Sich-verstehen aufgenommen werden, die Ausrichtung auf die Absolutheit. Das Woraufzu eines Strebens, das Erstrebte, ist der *Zweck*; er ist eine Art Bild, aber er gibt sich nicht, wie das Produkt der Einbildungskraft, als Abbild eines Seienden, sondern als „Vorbild einer Existenz“ [51]). Darin drückt sich aus, daß er einmal über das begegnende Seiende schon hinaus ist und zum andern dieses als Mittel in seinen Dienst genommen hat.

Beide Momente müssen auch in dem Zweck wiederkehren, der das Endziel des unendlichen Strebens ist. Er ist einmal — wir sahen dies bereits früher — die Seinsmöglichkeit des Ich, in der es nur sich selbst will und daher absolut ist; in dieser Hinsicht nennt ihn Fichte das „Ich als Idee“. Zum andern hat er alles Seiende als mögliches Mittel in sich aufgenommen; von daher bezeichnet ihn Fichte als das „Ideal“.

Mit dem Begriff des *Ich als Idee* charakterisiert somit Fichte die Absolutheit, wenn sie vom Ich als das äußerste Woraufzu seines unendlichen Strebens verstanden wird. „Das Ich fordert, daß es alle Realität in sich fasse, und die Unendlichkeit erfülle. Dieser Forderung liegt notwendig zum Grunde die Idee des schlechthin gesetzten, unendlichen Ich“ [52]), die „Idee eines Ich, dessen Bewußtsein durch gar nichts außer ihm bestimmt würde, sondern vielmehr selbst alles außer ihm durch sein bloßes Bewußtsein bestimmte“. Sie ist „uns zum höchsten praktischen Ziele aufgestellt“ [53]). „Das Ich, als Idee, ist das Vernunftwesen, inwiefern es ... wirklich durchaus vernünftig und nichts, als vernünftig ist“ [54]).

Der Begriff des „*Ideals*“ bezeichnet das Moment im Ich als Idee, daß in die Absolutheit alles mögliche begegnende Seiende je schon

[50]) 1. Einl. I 421; vgl. 457, 477; WL I 218; SL IV 68. [51]) SL IV 86.
[52]) WL I 277. [53]) WL I 117; vgl. 260 f., 263 f. [54]) 2. Einl. I 515.

einbezogen ist und faktisch einbezogen werden soll. Er stellt deshalb dar „eine Welt, wie sie sein würde, wenn durch das Ich schlechthin alle Realität gesetzt wäre; mithin eine ideale, bloß durch das Ich, und schlechthin durch kein Nicht-Ich gesetzte Welt“ [55]).

Sofern aber das Ideal die Absolutheit im Hinblick auf die mögliche Begegnung der Welt ausdrückt, steckt in ihm der Bezug auf die Endlichkeit. Das Ideal ist „seiner Form nach (insofern es überhaupt etwas außer dem Ich) ... Nicht-Ich“ [56]). Doch ist es *der äußerste Horizont der Weltbegegnung* und nicht die konkrete und bestimmte jeweilige Umwelt des Menschen. Freilich bringt es die Begrenztheit des Erkenntnisvermögens mit sich, daß das Ich die in die Absolutheit einbezogene ideale Welt sich jeweils nur als bestimmte entwerfen kann; aber darin zeigt sich nur, daß der Versuch, das Ideal konkret zu entwerfen, scheitern muß. Die entworfene ideale Welt ist als bestimmte gerade nicht das Ideal selbst; dieses tritt jenseits des Entwurfes neu als Forderung hervor. Das Ideal kann darum nie konkret werden; wirklich wird nur das ständige Idealbilden. „Das Ideal ist absolutes Produkt des Ich; es läßt sich ins Unendliche hinaus erhöhen; aber es hat in jedem bestimmten Momente seine Grenze, die in dem nächsten bestimmten Momente gar nicht die gleiche sein muß. Das unbestimmte Streben überhaupt ... ist unendlich; aber als solches kommt es nicht zum Bewußtsein, noch kann es dazu kommen, weil Bewußtsein nur durch Reflexion, und Reflexion nur durch Bestimmung möglich ist. Sobald aber über dasselbe reflektiert wird, wird es notwendig endlich. So wie der Geist inne wird, daß es endlich sei, dehnt er es wieder aus; sobald er sich aber die Frage aufwirft: ist es nun unendlich? wird es gerade durch diese Frage endlich; und so fort ins Unendliche.“ [57])

Dies gründet darin, daß die Absolutheit wesenhaft nie faktische Wirklichkeit des Menschen werden kann; *das Ich als Idee* schwebt lediglich als letztes Ziel vor, ist jedoch *kein jemals verwirklichbarer Zustand des Ich.* „Mein Ziel liegt in der Unendlichkeit, weil meine Abhängigkeit eine unendliche ist“ [58]); „die absolute Einheit“ könnte „nur durch eine geendete Annäherung zum Unendlichen hervorgebracht werden ... welche an sich unmöglich ist“ [59]). Die Absolutheit ist „höchstes Ziel des Strebens der Vernunft ... wir sollen dieser Idee uns ... ins Unendliche annähern“ [60]). Es „schwebt die Idee einer

[55]) WL I 269. [56]) WL I 261. [57]) WL I 269.
[58]) SL IV 150. [59]) WL I 115. [60]) 2. Einl. I 516.

solchen zu vollendenden Unendlichkeit uns vor, und ist im Innersten unseres Wesens enthalten" [61]).

Hatte bereits die Auslegung des unendlichen Strebens gezeigt, daß der Mensch kein ein für allemal bestimmtes, in seinem Umfang festliegendes Seiendes ist, sondern ein Wesen des Unterwegs, so hat sich dieser Seinscharakter jetzt weiter aufgehellt. Der Mensch hält die sein Sein konstituierende Widersprüchlichkeit von Endlichkeit und Absolutheit dergestalt zusammen, daß er als freies Wesen in die Notwendigkeit der ständigen Verendlichung geworfen ist und aus ihr heraus zu seiner Absolutheit strebt, die sich ihm als Ich als Idee und als dem Ideal gemäßes Sein in der Welt darstellt.

Damit läßt sich die viel erörterte Frage nach dem *Verhältnis des absoluten Ich zum Ich als Idee* beantworten. Es deutet nicht, wie Kroner es darstellt [62]), auf einen doppelten Ausgangspunkt in der Philosophie Fichtes. In beiden Begriffen ist vielmehr dasselbe ausgedrückt, nämlich die Absolutheit als Seinscharakter des Menschen; „die Idee des schlechthin gesetzten, unendlichen Ich ... ist das absolute Ich, von welchem wir geredet haben" [63]). Der Unterschied liegt lediglich in dem Gesichtspunkt, unter dem die Absolutheit betrachtet wird. Als absolutes Ich wird sie bezeichnet, wenn sie in philosophischer Absicht als Grundvoraussetzung des Menschseins ausgelegt wird; Ich als Idee ist sie vom Gesichtswinkel des Ich selbst aus, das sich in der Ausrichtung auf seine Absolutheit weiß. Absolutes Ich und Ich als Idee kennzeichnen die doppelte Tatsache, daß die Absolutheit für den Menschen Ursprung und letztes Woraufzu ist [64]).

§ 25

Das Gewissen und das ursprüngliche Ich

Daß er frei ist, weiß der Mensch immer schon in seinem Dasein; mag er es theoretisch leugnen, so existiert er doch faktisch im Entwerfen von Zwecken frei und verwirklicht darin seine Unabhängigkeit. Wie das Wollen und die angestrebte Erweiterung der Einflußsphäre oder des Wissens, so ist auch das Idealbilden und die Ausrichtung auf das Ich als Idee ein tatsächliches, in jedem menschlichen Dasein sich vollziehendes Geschehen. Daher ist die Absoluheit die „Idee des natürlichen, jedoch vollkommen ausgebildeten Men-

[61]) WL I 270.
[62]) Von Kant zu Hegel, 1921, I passim.
[63]) WL I 277.
[64]) Vgl. 2. Einl. I 516.

schen" [65]). Aber damit ist nicht gegeben, daß der Mensch sich über dieses sein Sein vollkommen klar ist und demgemäß die Freiheit als sein Wesen ergreift und sich zum Vorsatz macht. Fichte stellt deshalb die Frage, „auf welche Weise das Ich seiner Tendenz zur absoluten Selbsttätigkeit, als einer solchen, sich bewußt werde" [66]).

Ein solches Bewußtwerden ist etwa die philosophische Reflexion, wie Fichte sie anstellt und wie wir sie, von ihm geleitet, vollzogen haben. Sie bliebe aber abstrakt, gäbe es nicht im Dasein des Menschen selbst ein tatsächliches Sich-melden der Freiheit. Soll der Mensch in seiner faktischen Existenz auf sich selbst in seinem eigentlichen Wesen aufmerksam werden, und zwar derart, daß er immer wieder aus seiner Verfestigung in der Endlichkeit herausgerissen wird, so muß sich ihm sein eigentliches Sein je und dann vor Augen stellen, vorzüglich dann, wenn er in Gefahr steht, in der Knechtschaft des Seienden befangen zu bleiben. Fichte findet ein solches konkretes Sich-melden des eigentlichen Wesens im *Gewissen.*

Wir haben dieses Phänomen bereits früher besprochen und fanden in ihm die Ankündigung der Absolutheit im Dasein des Menschen; indem es ihm sagt, dies oder jenes solle er nicht tun oder nicht sein, offenbart es ihm die Freiheit als sein eigentliches Sein und fordert ihn auf, sich aus der Gebundenheit durch Dinge oder Menschen herauszureißen. Als Kundgabe der Freiheit ist das Gewissen *„das unmittelbare Bewußtsein unseres reinen ursprünglichen Ich"* [67]), in dem „das Ich sich selbst denkt, und zwar nach seinem Grundwesen" [68]); von ihm her enthüllt sich „die Selbständigkeit, ... als Wesen der Vernunft" [69]).

Weil das Gewissen im faktischen Dasein des Menschen ursprünglich das eigentliche Seinkönnen offenbart, ist es „ein erstes, *unmittelbares Denken*" [70]). „Es ist ... der unmittelbare Begriff der reinen Intelligenz von sich selbst, als solcher, ... der erste und absolute Gedanke, ... da er der Begriff des Denkenden selbst ist." [71]) „Die Benennung Gewissen ist trefflich gewählt; gleichsam das unmittelbare Bewußtsein dessen, ohne welches überhaupt kein Bewußtsein ist, das Bewußtsein unserer höheren Natur und absoluten Freiheit." [72])

Damit kommt das Gewissen in die Nähe des ursprünglichen Selbstbewußtseins, in dem ja der Mensch sich ebenfalls seiner Ab-

[65]) 2. Einl. I 515. [66]) SL IV 39. [67]) SL IV 174, v. Verf. gesp.
[68]) SL IV 46. [69]) SL IV 51; vgl. 65.
[70]) SL IV 46, v. Verf. gesp.; vgl. 47. [71]) SL IV 59. [72]) SL IV 147.

solutheit und Freiheit bewußt wird; das Wissen um die Absolutheit, das sich im Gewissen darstellt, ist somit eine faktisch vorkommende *intellektuelle Anschauung*. „Sie ist aber auch die einzige in ihrer Art, welche ursprünglich und wirklich, ohne Freiheit der philosophischen Abstraktion, in jedem Menschen vorkommt. Die intellektuelle Anschauung, welche der Transzendental-Philosoph jedem anmutet, der ihn verstehen soll, ist die bloße Form jener wirklichen intellektuellen Anschauung." [73]) Es ist eine der bedeutsamsten philosophischen Leistungen Fichtes, den Zusammenhang zwischen dem Wissen von sich, das alles konkrete Bewußtsein begleitet, also dem ursprünglichen Selbstbewußtsein, und dem Wissen von sich, wie es im Gewissen sich offenbart, aufgewiesen zu haben. Zwar vollzieht sich das ursprüngliche Selbstbewußtsein notwendig und immer, sofern der Mensch überhaupt existiert, während das Gewissen ein ausdrückliches Wissen seiner selbst ist und sich nur in besonderen Situationen meldet. Aber beidemale ist es dasselbe ursprüngliche und freie Ich, dessen sich der Mensch bewußt wird. *Theoretische und praktische Philosophie*, die bei Kant noch auseinanderklaffen, sind so bei Fichte *im Grundbegriff des Ich wahrhaft geeinigt*.

Wenn aber das Gewissen das ursprüngliche Wissen der Absolutheit ist, steht es dann nicht außer allem Bezug zur Endlichkeit und rein der Seite der Absolutheit zugeneigt? Und wäre dann nicht im Gehorsam gegen das Gewissen der Mensch faktisch absolut und nicht mehr der Widerstreit von Absolutheit und Endlichkeit?

Hier wird nun der phänomenale Sachverhalt bedeutsam, daß das Gewissen primär nicht Ja, sondern Nein sagt, daß also das „böse" Gewissen ursprünglicher ist als das „gute". Das Gewissen wird nur laut, wenn der Mensch sich in seiner Endlichkeit zu verfestigen droht und seinem ursprünglichen Sein untreu wird, es spricht also gerade im *Blick auf die Endlichkeit* und offenbart darin die faktische Abhängigkeit des Menschen. Seine Forderung ist Forderung nur „als Gegenteil des wirklich Geschehenden" [74]); es will, daß „das empirische Zeitwesen ein genauer Abdruck des ursprünglichen Ich" werde [75]). Darum auch ist der Spruch des Gewissens ein *Gesetz* und darum offenbart es die Forderung des Sittengesetzes. Es ist deshalb „ein notwendiges Denken ... der Selbständigkeit, als Norm" [76]).

Dieses „Gesetz der Selbständigkeit" [77]) besagt jedoch nicht, daß

[73]) SL IV 47. [74]) WL I 274. [75]) SL IV 178. [76]) SL IV 52.
[77]) Ebenda.

die Freiheit gebeugt werde. Denn seine Gesetzlichkeit ist kein mechanischer Zwang, sondern eine Bestimmung durch einen Gedanken [78]); ein solcher aber bestimmt den Menschen nur so, daß er ihn auffordert, das Gedachte — und notwendig zu Denkende — von sich aus zu realisieren. Das Sittengesetz ist für die Intelligenz eine „Norm, wonach sich selbst frei zu bestimmen sie sich anmutete“ [79]). Der Gehorsam gegen das Gewissen ist eine Sache der Freiheit; „der ganze Begriff unserer notwendigen Unterwerfung unter ein Gesetz entsteht lediglich durch absolut freie Reflexion des Ich auf sich selbst in seinem wahren Wesen, d. h. in seiner Selbständigkeit. Der abgeleitete Gedanke dringt sich ... nicht etwa unbedingt auf, welches völlig unbegreiflich wäre, und den Begriff einer Intelligenz aufhöbe, noch vermittelst eines Gefühls oder des etwas, sondern er ist die Bedingung, die notwendige Weise eines freien Denkens. Sonach ist es das Ich selbst, das sich in dieses ganze Verhältnis einer Gesetzmäßigkeit bringt, und die Vernunft ist sonach in jeder Rücksicht ihr eignes Gesetz“ [80]).

Die *Freiheit* erscheint hier *in doppelter Gestalt.* „Der sittliche Trieb fordert Freiheit — um der Freiheit willen. Wer sieht nicht, daß das Wort Freiheit in diesem Satze in zwei verschiedenen Bedeutungen vorkomme? In der letzteren Stelle ist die Rede von einem objektiven Zustande, der hervorgebracht werden soll; dem letzten absoluten Endzwecke, der völligen Unabhängigkeit von allem außer uns; in der ersteren von einem Handeln, als solchem, und keinem eigentlichen Sein, von einem rein subjektiven. Ich soll frei handeln, damit ich frei werde.“ [81]) Die Wahlfreiheit ist ein bloßes Möglichsein und keine Wirklichkeit; erst in der tatsächlichen Entscheidung wird sie wirklich; in ihr aber bindet sie sich. Sie kann sich dabei entweder an ein Fremdes hingeben; der Mensch verfällt dann der Knechtschaft der Welt. Oder sie bindet sich an das eigentliche Ich; dann gibt der Mensch die bloße Freiheit der Wahl auf, um die wesenhafte Unabhängigkeit zu gewinnen. Die Wahlfreiheit ist immer nur Durchgangspunkt für Unfreiheit oder echte Freiheit; diese besteht in dem sich bindenden Entschluß des Menschen zur Existenz aus sich selbst heraus. „Wenn du dich frei denkst, bist du genötigt, deine Freiheit unter ein Gesetz zu denken; und wenn du dieses Gesetz denkst, bist du genötigt, dich frei zu denken; denn es wird in ihm deine Freiheit vorausgesetzt, und dasselbe kündigt sich an, als ein Gesetz für die Freiheit.“ [82])

[78]) Vgl. SL IV 45. [79]) SL IV 52. [80]) SL IV 56 f. [81]) SL IV 153.
[82]) SL IV 53; vgl. 49, 52.

In der Tatsache, daß das Gewissen das eigentliche Seinkönnen als Gesetz für die Freiheit ankündigt, zeigt sich, daß auch in ihm nicht die reine *Absolutheit,* sondern diese *in ihrer Verknüpfung mit der Endlichkeit* sich darstellt. „Das Sittengesetz, auf den empirischen Menschen bezogen, hat einen bestimmten Anfangspunkt seines Gebiets: die bestimmte Beschränkung, in welcher das Individuum sich findet, indem es zuerst sich selbst findet; es hat ein bestimmtes, wiewohl nie zu erreichendes Ziel: absolute Befreiung von aller Beschränkung“ [83]); „also liegt der Endzweck des Vernunftwesens notwendig in der Unendlichkeit, und ist ein zwar nicht zu erreichender, aber ein solcher, dem es sich zufolge seiner geistigen Natur unaufhörlich annähern soll“ [84]).

Damit ist nun auch deutlicher einsehbar, warum das Gewissen inappellable Instanz ist; es ist dies, weil es für den Menschen über die ihm als letztes Ziel vorgestellte Absolutheit hinaus kein stärker Verpflichtendes gibt. Das Gewissen ist „der erste und absolute Gedanke; denn da er der Begriff des Denkenden selbst ist, so gründet er sich auf keinen anderen Gedanken, ... und ist durch keinen anderen bedingt“ [85]). Von dieser letzten Wahrheit her kann sich überhaupt nur die Wahrheit als solche ausweisen. Das im Gewissen sprechende reine Ich „ist unser einziges wahres Sein und alles mögliche Sein und alle mögliche Wahrheit. Nur inwiefern ich ein moralisches Wesen bin, ist Gewißheit für mich möglich“ [86]).

So ist das Gewissen die unbedingte Ankündigung der Absolutheit im zwiespältigen Sein des Menschen. „Über dasselbe hinausgehen wollen, heißt, aus sich selbst herausgehen, sich von sich selbst trennen wollen.“ [87]) *Gehorsam vor dem Gewissen, Verantwortlichkeit vor sich selbst,* bleibt so *das letzte Wort der praktischen Philosophie Fichtes.*

VII. Die ontologische Synthesis

§ 26

Das Problem einer ontologischen Synthesis

Überblicken wir nunmehr das ganze Gebiet des praktischen Verhaltens, wie es in seinen Grundstrukturen aufgewiesen wurde, so zeigt sich, daß in ihm eine einheitliche Grundsynthesis wirksam ist: die

[83]) SL IV 166. [84]) SL IV 149. [85]) SL IV 59; vgl. 47, 53.
[86]) SL IV 169 f. [87]) SL IV 174.

Weise des Sich-verstehens, in der der Mensch begreift, daß er frei über alle als Anstoß gefühlte Hemmung hinaus ins Unendliche zu sich selbst, d. i. zu seinem Ich, das sich als Ideal und Ich als Idee und letztlich im Gewissen offenbart, strebt. Vermöge dieser Synthesis kann er in einer tieferen Schicht, als sie die produktive Einbildungskraft erreichte, in der grundhaften Widersprüchlichkeit von Absolutheit und Endlichkeit als das eine und einheitliche Ich, das er ist, existieren.

Nun mußten wir jedoch in unserer Besprechung der praktischen Synthesis zwei grundlegende *Fragen* offen lassen. Einmal konnten wir nicht beantworten, woher denn der Anstoß kommt, den das Ich im Gefühl spürt und der seine Absolutheit zum bloßen Streben macht. Wir hatten lediglich gezeigt, daß von einem seienden Nicht-Ich nicht die Rede sein kann, sondern nur von einem Angestoßensein des Ich in seinem Streben, also von einer Seinsbestimmung des Ich selbst, und daß deshalb das Verständnis des Nicht-Ich lediglich aus der Interpretation des Ich, die es sich selbst von der doppelten Bestimmtheit seines Gefühls gibt, hervorgeht. Dabei ist jedoch vorausgesetzt, daß das unendliche Streben des Ich faktisch gehemmt wird; zu erörtern ist also noch *das Woher dieser Hemmung.*

Zu beantworten war weiter, wie es denn möglich ist, daß der Mensch, wenn er sich als absolut begreift, sich doch nicht als absolutes Sein bei sich selbst, sondern nur als unendliches Streben zu sich selbst versteht, wie also, anders ausgedrückt, in den geschlossenen Kreis des Zurückkehrens zu sich selbst die Endlichkeit und das Nicht einbrechen können. Bisher konnten wir nur zeigen, daß der Mensch, um erkennendes und wollendes Wesen zu sein, notwendig unendliches Streben sein muß; wir konnten aber noch nicht aufweisen, *warum letztlich das Ich in seiner Absolutheit unendliches Streben werden muß* und wie es dies werden kann.

Erst wenn diese beiden Fragen beantwortet sind, werden wir das Wesen des Menschen in letzter Tiefe durchschauen können. Es wird sich zeigen, daß beide Fragen ihre Lösung in der Tatsache finden, daß der Mensch *Selbstbewußtsein* ist. Denn dieses ist das Band, das das Anstoßende auf der einen Seite und die reine Absolutheit auf der anderen Seite im Sein des Menschen miteinander verknüpft. So zeigte sich auch bisher schon in allen Weisen des Vereinigens, daß es immer das Sich-verstehen ist, das die Einigung ermöglicht und trägt. So wird sich das Selbstbewußtsein erweisen als die Synthesis, die alle Synthesen, in welcher Sphäre des Menschseins auch immer sie sich vollziehen mögen, einheitlich in sich befaßt; in seinem widersprüchlich-einheitlichen Wesen ist es die umfassende und gründende Seinsmöglichkeit, in der der Mensch, widersprüchlich, wie er ist, doch in der Einheit existieren kann.

Diese Synthesis im reinen Selbstbewußtsein, die nicht mehr vom theoretischen oder praktischen Sein des Menschen, sondern von seinem Sein als Ich handelt, nennen wir die *ontologische Synthesis.* Mit ihr befinden wir uns gegenüber den beiden Bereichen von synthetischen Handlungen, die wir bisher besprachen, auf einer neuen Stufe der Problematik. Daran darf auch nicht irre machen, daß Fichte sie innerhalb des III. Teiles seiner Wissenschaftslehre, also innerhalb der praktischen Wissenschaftslehre, bespricht. Er hält das in der Anlehnung an Kant gewonnene Schema der äußeren Systematik auch da noch fest, wo die Sache es bereits zu sprengen beginnt; später hat er es dann selbst aufgegeben.

§ 27

Die Unüberholbarkeit des Anstoßes und die Verendlichung im Zirkel des Verstehens

Der produktiven Einbildungskraft wie der praktischen Synthesis liegt ein Anstoß und dessen Widerstreit mit der Absolutheit zugrunde; denn dieser erst macht die zwiespältige Wirklichkeit des Menschen möglich. Es „ist das Prinzip des Lebens und Bewußtseins, der Grund seiner Möglichkeit, — allerdings im Ich enthalten, aber dadurch entsteht noch kein wirkliches Leben, kein empirisches Leben in der Zeit ... Soll ein solches wirkliches Leben möglich sein, so bedarf es dazu noch eines besonderen Anstoßes auf das Ich durch ein Nicht-Ich“ [1]). Der Mensch versucht zwar, den Anstoß, wo immer er seiner gewahr wird, in den Entwurf seines Freiseinkönnens hineinzunehmen und so seiner mächtig zu werden, kommt aber letztlich nie völlig über ihn hinaus. *Der Anstoß ist in keiner Seinsmöglichkeit des Menschen jemals überholbar.*

Dieses Faktum stellt sich konkret dar als die Tatsache, daß der Mensch immer bestimmt ist, und zwar nicht durch sein eigenes Zutun, daß er also von Geburt an ein einzelner Mensch mit seiner *individuellen Besonderheit* ist, auf deren Grund er zwar sich selbst gestalten, über die er jedoch zeitlebens nicht hinauskommen kann. Diese Be-

[1]) WL I 279.

sonderheit „ist es z. B., durch die ich unter den möglichen Vernunftwesen ein Mensch bin, durch die ich unter den Menschen diese bestimmte Person bin usw." [2]). „Dieses bestimmte Vernunftwesen ist nun einmal so eingerichtet, daß es sich gerade so beschränken muß, und diese Einrichtung läßt sich darum, weil sie unsere ursprüngliche Begrenzung ausmachen soll, über die wir durch unser Handeln nicht, mithin auch durch unser Erkennen nicht hinausgehen können, nicht weiter erklären." [3]) Sie „erscheint als das absolut Zufällige" [4]), als „ursprüngliche Beschränktheit" [5]).

Damit hat sich die Dunkelheit, die bislang über dem rätselhaften *Begriff des Anstoßes* lag, gelichtet. Mit ihm kennzeichnet Fichte das Grundfaktum der Abhängigkeit und Eingeengtheit, das es bewirkt, daß der Mensch nie faktisch absolut sein kann. Der Anstoß stellt sich als die in jedem Augenblick des Daseins spürbare konkrete Bestimmtheit dar, die nie überholbar ist, weil sie nicht völlig der Freiheit unterworfen ist. „Das Ich ist demnach abhängig seinem Dasein nach" [6]), es hat sich in die Wirklichkeit seiner Existenz nicht durch seine freie Tat gebracht, sondern ist darein versetzt.

An diesem Punkte, wo das Wissen des Menschen um seine Bestimmtheit wurzelt, entspringt auch letztlich die Erfahrung von der Wirklichkeit der Welt. Weil der Mensch sich als begrenzt weiß und weil er doch in sich die Idee der Absolutheit trägt, weil er sich ursprünglich im Gefühl der Begrenztheit und zugleich im Gefühl des Sehnens versteht, darum ergänzt er sein begrenztes Sein durch die Annahme eines Nicht-Ich zur Totalität und versteht das Anstoßende und Begrenzende als das eigenständige Seiende. So erwächst, worauf wir bereits zu sprechen kamen, die *Weltbildung aus der Subjektivität in ihrem doppelten Sich-verstehen.* Damit ist völlig einsichtig, daß Fichte nicht die These von einem absoluten Produzieren des Nicht-Ich aus dem Ich aufstellt. Im Entwurf der Welt ist das Ich ja nicht frei und willkürlich, sondern gebunden in seiner Begrenztheit. Die Weltbildung ist zwar die Tat des Ich, aber sein notwendiges und durch seine Abhängigkeit verursachtes, vor allem ausdrücklichen Bewußtsein sich vollziehendes Handeln.

„Der letzte Grund aller Wirklichkeit für das Ich ist demnach ... eine ursprüngliche Wechselwirkung zwischen dem Ich und irgendeinem Etwas außer demselben, von welchem sich weiter nichts

[2]) 2. Einl. I 489. [3]) SL IV 101. [4]) 2. Einl. I 489.
[5]) Ebenda. [6]) WL I 279.

sagen läßt, als daß es dem Ich völlig entgegengesetzt sein muß . . .; das Ich wird durch jenes Entgegengesetzte . . . in Bewegung gesetzt, um zu handeln, und ohne ein solches erstes Bewegendes außer ihm würde es nie gehandelt, und, da seine Existenz bloß im Handeln besteht, auch nicht existiert haben.“ [7]) *Fichtes Idealismus* ist also so wenig eine überfliegende Theorie des schrankenlosen Ich — so hat man sein Ausgehen vom absoluten Ich mißverstanden —, daß er vielmehr das wirkliche Ich aus der ihm von außen her gesetzten Endlichkeit interpretiert. Fichte entwirft nicht phantastisch ein Ich ohne Endlichkeit, sondern bleibt in den Grenzen dessen, was das Phänomen aussagt. So ist sein Idealismus *zugleich Realismus.* „Die Wissenschaftslehre ist demnach realistisch. Sie zeigt, daß das Bewußtsein endlicher Naturen sich schlechterdings nicht erklären lasse, wenn man nicht eine unabhängig von denselben vorhandne, ihnen völlig entgegengesetzte Kraft annimmt, von der dieselben ihrem empirischen Dasein nach selbst abhängig sind.“[8])

Dieser Bescheidung bei dem, was die Phänomene aussagen, ist es auch zuzuschreiben, daß die Wissenschaftslehre nicht in müßiger Spekulation hinter die jeweilige Besonderheit zurückfragt und erforschen will, was denn deren Bestimmendes sein könnte. Darüber ließe sich mit Sinn nur sprechen, wenn der Grund der Endlichkeit des Menschen sich irgendwie phänomenal zeigte. Er gibt sich jedoch keinem wirklichen Anblick; Gott der Schöpfer kann nicht Gegenstand einer Philosophie sein, die innerhalb der Grenzen des phänomenal Ausweisbaren zu bleiben entschlossen ist. Fichtes *„Atheismus“* — wenn man denn von einem solchen sprechen will — besteht nicht darin, daß die Hybris des Ich verkündet würde, sondern in dem Verzicht auf Aussagen über die Grenze der Phänomene hinaus. „Das Ich ist beschränkt; von dieser Voraussetzung gehen wir aus. — Hat diese Beschränkung an sich, d. i. ohne Beziehung auf eine mögliche Intelligenz, einen Grund? wie ist dieser Grund beschaffen? Wie könnte ich doch dies wissen? wie kann ich mit Vernunft antworten, wenn mir aufgelegt wird, von aller Vernunft zu abstrahieren?“ [9])

Die Bemühungen um die Auslegung des Anstoßes enden also damit, daß er als *letzte Gegebenheit* bestehen bleibt. „Die Bestimmtheit . . . kann nicht abgeleitet werden, denn sie selbst ist ja . . . das Bedingende aller Ichheit. Hier sonach hat alle Deduktion ein

[7]) WL I 279. [8]) WL I 279 f. [9]) Grdr. I 360.

Ende.“ [10]) „Bei dem unmittelbaren Gefühle hat alle transzendentale Erklärung ein Ende.“ [11])

Und doch ist der Mensch nicht unabdingbar seiner Abhängigkeit ausgeliefert. In der Besprechung der praktischen Synthesis sahen wir ja, daß er vor die Aufgabe gestellt ist, den Anstoß dergestalt zu überwinden, daß er ihn in sein freies Streben einbezieht. Er ist aus dem Grunde seines Wesens heraus aufgerufen, *die nicht aus der Freiheit entsprungene Besonderheit frei zu übernehmen* und in ihren unaufhebbaren Grenzen sein Absolutseinkönnen zu verwirklichen.

Darüber hinaus hängt die Abhängigkeit des Ich in noch ursprünglicherer Weise selbst wieder von diesem ab. Der Anstoß wird Anstoß für den Menschen nur darin, daß dieser sich als angestoßen versteht; die Besonderheit gibt es für den Menschen nur, wenn er sie als solche weiß. „Die entgegengesetzte Kraft ... ist für das Ich nur, inwiefern sie durch dasselbe gesetzt wird, und außerdem ist sie nicht für das Ich.“ [12]) Alles Verstehen aber ist Tun des Ich, und entspringt aus seiner Spontaneität. Deshalb gibt es *die Abhängigkeit* für den Menschen letztlich *nur durch seine Freiheit* und darum „wird jenes Unabhängige ... etwas vom Ich Abhängiges, insofern es für das Ich (im Begriff davon) da sein soll“ [13]).

Damit bricht die Widersprüchlichkeit in letzter Tiefe auf. Im Grunde seines Daseins ist der Mensch abhängig; und doch kann er wesensmäßig nicht anders abhängig sein als so, daß er sich aus seiner Freiheit heraus die Abhängigkeit zueigen macht. Er muß sich notwendig als endlich begreifen; aber um sich so verstehen zu können, muß er absolut sein. Aber absolut *sein,* d. h. wirklich so existieren, kann er wiederum nur als endlicher. So bleibt *das Verhältnis von Absolutheit und Endlichkeit im Zwiespalt;* jede Erklärung fordert ihr Gegenteil heraus. „Aber für die Möglichkeit dieser neuen Erklärung jener ersten Erklärung wird ja abermals schon das wirkliche Bewußtsein, und für dessen Möglichkeit abermals jenes Etwas, von welchem das Ich abhängt, vorausgesetzt ... Alles ist seiner Idealität nach abhängig vom Ich, in Ansehung der Realität aber ist das Ich selbst abhängig.“ [14])

Alle Bemühungen des Menschen, sich in seinem widersprüchlichen Wesen zu begreifen, und damit auch der philosophische Versuch, den Fichte unternimmt, enden im *Zirkel.* Der Mensch ist, was er ist, durch

[10]) 2. Einl. I 489 [11]) 2. Einl. I 490. [12]) WL I 281.
[13]) WL I 280. [14]) Ebenda.

sich selbst, und er ist, was er ist, durch ein Fremdes; beide Sätze sind gleich wahr. „Dies, daß der endliche Geist notwendig etwas Absolutes außer sich setzen muß (ein Ding an sich) und dennoch von der andern Seite anerkennen muß, daß dasselbe nur für ihn da sei (ein notwendiges Noumen sei), ist derjenige Zirkel, den er in das Unendliche erweitern, aus welchem er aber nie herausgehen kann." [15]) „Auf dieses Verhältnis des Dinges an sich zum Ich gründet sich der ganze Mechanismus des menschlichen und aller endlichen Geister." [16])

Die ursprünglichste Gegebenheit der Endlichkeit für den Menschen ist somit nicht der ruhige Besitz einer Gewißheit, sondern *der Zirkel;* „denn eigentlich ist es nur der angezeigte Zirkel, der uns begrenzt und zu endlichen Wesen macht" [17]). Die Endlichkeit enthüllt sich grundsätzlich nur dem widerspruchsvollen Verstehen. Indem sie sich offenbart, verbirgt sie sich, und im Hinweis auf sich selbst deutet sie von sich weg.

Wenn aber das eigentliche Wesen des Menschen das Selbstbewußtsein ist, und wenn dieses notwendig im Zirkel bleibt, ist dann nicht das Menschsein dem Widerspruch heillos ausgeliefert? So wäre Zerrissenheit die letzte Antwort auf die Frage nach sich selbst? Kann der Mensch etwa nur dadurch existieren, daß er es versteht, sich aus der Einsicht in seine Zerrissenheit wegzuschleichen? Oder findet sich in diesem Sein im Widerspruch doch schließlich *die Wahrheit über den Menschen?*

§ 28

Die Absolutheit und der Einbruch der Endlichkeit im Sich-verstehen

Der Zirkel, in dem unsere Analyse des Menschseins endet, scheint die Möglichkeit zu verstellen, daß der Mensch sich begreife. Doch auch das zirkelhafte Verstehen ist ein Verstehen. So enthält das scheinbar negative Ergebnis doch eine positive Bestimmung: seiner Endlichkeit wird der Mensch im Selbstbewußtsein inne, sofern dieses in sich selbst uneins und zirkelhaft ist. Wie ein solches Verstehen noch sinnvoll sein kann, müssen wir später sehen. Zunächst ist die zweite der in der Auslegung der Problematik einer ontologischen Synthesis aufgeworfenen Fragen, das *Problem, wie die Absolutheit von sich aus sich mit der Endlichkeit einigen kann,* zu beantworten.

Die Fragestellung muß jetzt eine Stufe tiefer einsetzen als im vorigen Paragraphen, wo wir von der faktischen Endlichkeit aus-

[15]) WL I 281. [16]) WL I 283. [17]) WL I 281.

gingen. Denn die Endlichkeit ist der Absolutheit gegenüber, obgleich beide Grundvoraussetzungen des Menschseins sind, doch weniger ursprünglich. Sie wird als Hemmung des unendlichen Strebens gefühlt und ist darin auf dieses bezogen; Ursprung und eigentlicher Impetus des unendlichen Strebens ist aber die Absolutheit. Nun ist das unendliche Streben Synthesis von Absolutheit und Endlichkeit. Soll es ursprünglich rein aus der Absolutheit hervorgehen, so muß in dieser selbst die Wurzel für die Möglichkeit, endlich zu werden, liegen. Wenn ferner die Endlichkeit als Begrenztheit durch ein Nicht-Ich verstanden wird, dann muß die Absolutheit selbst die Möglichkeit enthalten, daß das Ich durch ein Fremdes bestimmt sei. Es muß also „die Bedingung der Möglichkeit eines solchen fremden Einflusses im Ich selbst, im absoluten Ich, vor aller wirklichen fremden Einwirkung vorher gegründet sein; das Ich muß ursprünglich und schlechthin in sich die Möglichkeit setzen, daß etwas auf dasselbe einwirke; es muß sich, unbeschadet seines absoluten Setzens durch sich selbst, für ein anderes Setzen gleichsam offen erhalten“ [18]).

Der innere Widerspruch in dieser Betrachtung des Ich in seiner Absolutheit ist deutlich. Es wird gefordert, daß „die bloße Handlung seines Setzens ... der Grund seiner Unendlichkeit sowohl, als seiner Endlichkeit“ sei [19]), daß also die Möglichkeit der Endlichkeit ursprünglich und absolut aus dem Ich hervorgehe. Dann aber müßte das Ich „sich selbst schlechthin und ohne allen Grund einschränken, zum Teil nicht setzen. Es müßte demnach den Grund, sich nicht zu setzen, in sich selbst haben; es müßte in ihm sein das Prinzip sich zu setzen, und das Prinzip sich auch nicht zu setzen“ [20]). „Demnach müßte schon ursprünglich im Ich selbst eine Verschiedenheit sein, wenn jemals eine darein kommen sollte; und zwar müßte diese Verschiedenheit im absoluten Ich, als solchem, gegründet sein.“ [21]) Damit wird *die Widersprüchlichkeit in die Absolutheit selbst verlegt.* „Es tut“ im absoluten Ich „sich eine Ungleichheit, und darum etwas Fremdartiges hervor“ [22]). „Mithin wäre das Ich in seinem Wesen sich selbst entgegengesetzt und widerstreitend; es wäre in ihm ein zwiefaches entgegengesetztes Prinzip.“ [23]) Aber dann zerstörte das Ich doch sich selbst, wenn anders sein Wesen — in seiner Absolutheit — darin besteht, schlechthin nur es selbst zu sein. Ist es denn nicht „völlig klar, daß das Ich, inwiefern es sich selbst schlechthin setzt,

[18]) WL I 271 f. [19]) WL I 255. [20]) WL I 252.
[21]) WL I 272. [22]) WL I 265. [23]) WL I 252.

inwiefern es ist, wie es sich setzt, und sich setzt, wie es ist, schlechterdings sich selbst gleich sein müsse"? [24]) Wie können denn Sich-setzen und Sich-nicht-setzen „Tätigkeit Eines und ebendesselben Subjekts sein, das in beiden Rücksichten sich selbst als Ein und ebendasselbe Subjekt setze"? [25]) Ist es nicht absurd, dergestalt „einen höhern Widerspruch im Wesen des Ich selbst" zu konstruieren? [26])

Mit der Frage nach dem *Ursprung des Widerstreites aus der Absolutheit* rückt das Problem des Wesens des Menschen, wie Fichte es ansetzt, in sein entscheidendes Stadium. Hier muß sich letztlich zeigen, wie Absolutheit und Endlichkeit vereinbar sind und wie die Absolutheit der tragende Grund der in ihre endliche Wirklichkeit gesetzten Existenz sein kann. Fichte behandelt diese Frage im III. Teil seiner Wissenschaftslehre, also innerhalb der praktischen Wissenschaftslehre, und zwar in dem Abschnitt, der die Seiten I 270—279 umfaßt. In diesen wenigen Seiten drängt sich das Grundproblem der Wissenschaftslehre, eben die Frage einer ontologischen Synthesis, entscheidend zusammen; Fichte äußert selbst, daß er dort „in das Innerste des Wesens des Ich" eindringe [27]). Damit aber wird er in einen Bezirk philosophischer Fragestellung getrieben, in dem es keinen von einem Vorgänger gebahnten Weg gibt. So trägt die Darstellung Fichtes deutlich die Spuren des ersten Wurfes an sich, die sich auch in der sprachlichen Formulierung manifestieren. Fichte ist sich darüber selbst im klaren und betont ausdrücklich, daß manchmal der Sache nicht ganz gemäße Begriffe gebraucht werden müssen, „um uns auch nur ausdrücken zu können" [28]), „bloß um uns verständlich machen zu können" [29]). Überdies versucht er, in immer neuen Ansätzen des Problems Herr zu werden, und dadurch drohen sich die Linien der Gedankenführung manchmal zu verwirren [30]).

[24]) WL I 272. [25]) WL I 257. [26]) WL I 255.
[27]) WL I 272. [28]) WL I 274. [29]) WL I 273.

[30]) In seiner „Geschichte der Philosophie" kommt *Hegel* auf diesen Abschnitt zu sprechen; er erkennt seine Bedeutung innerhalb des Ganzen der „Wissenschaftslehre" Fichtes und leitet mit ihm als dem grundlegenden Teil seine Darstellung der „praktischen Wissenschaftslehre" ein. Allerdings tadelt er die Verschlungenheit der Gedankengänge. „Fichte windet sich hier auf mannigfaltige Weise, oder gibt dem Gegensatze mancherlei verschiedene Formen ..." (Hegel, Vorlesungen über die Geschichte der Philosophie, Bd. 3, S.W. 1836, Bd. 15, S. 632). Dann aber biegt Hegel, ohne der eigentlichen Intention Fichtes gerecht zu werden, in eine Kritik an einer bestimmten und nach unserer Auffassung dem eigentlich gemeinten Sachverhalt nicht adäquaten Formulierung ein, nämlich der, daß das Ich Kausalität auf das Nicht-Ich haben soll; „die schlechteste Form ist, daß Ich als Kausalität gesetzt ist: denn darin hat es ein Anderes notwendig, worauf es tätig ist".

Die Schwierigkeit gründet vor allem in einer eigentümlichen *Doppelschichtigkeit des Problems.* Dieses wäre einlinig, wenn Fichte etwa von einem an sich seienden, selbständig existierenden absoluten Ich ausginge und von ihm her die Endlichkeit ableiten wollte. Damit wäre das kosmologische Problem der Schöpfung bzw. des Sündenfalles aufgeworfen. In der Wissenschaftslehre von 1794/95 hält Fichte jedoch an dem Blickpunkt fest, von dem aus allein philosophisch ausweisbar über die Absolutheit gesprochen werden kann; er versteht sie als Grundvoraussetzung des menschlichen Seins. Darum muß einmal von der faktischen Existenz des Menschen her die Absolutheit als deren Grundvoraussetzung erwiesen werden, zum andern muß gezeigt werden, wie sie von ihr selbst her Grundvoraussetzung des zwiespältigen Seins des Menschen sein kann. Mit diesem Nachweis kehrt somit die Untersuchung zu sich selbst zurück und schließt den Kreis, den sie um das Dasein des Menschen zieht.

Fichte beginnt mit der *Aufstellung des reinen Begriffs der Absolutheit.* „Das Ich setzt sich selbst schlechthin, und insofern ist seine Tätigkeit in sich selbst zurückgehend.“ [31]) In seiner Absolutheit ist das Ich, nach dem reinen Begriffe, bei sich selbst, also nicht erst in Bewegung auf sich selbst zu. Fichte drückte dies aus durch den Begriff des Punktes. „Nach der äußersten Strenge genommen ist in der gegenwärtigen Vorstellungsart das Bild des Ich ein mathematischer, sich selbst durch sich selbst konstituierender Punkt, in welchem keine Richtung, und überhaupt nichts zu unterscheiden ist; der ganz ist, wo er ist, und dessen Inhalt und Grenze (Gehalt und Form) Eins und ebendasselbe ist.“ [32])

Diesen Gedanken der reinen Absolutheit verdeutlicht Fichte an der Idee eines *Selbstbewußtseins Gottes,* das allerdings, wie gegen die früher besprochene Mißdeutung Kroners festgehalten werden muß, nicht das absolute Ich selbst ist; Fichte beginnt ausdrücklich seine Erörterung mit dem Satz: „Setzet *zur Erläuterung* ...“ [33]) Weil Gott seinem Begriff nach alles in allem ist, können in ihm kein Subjekt und kein Objekt des Bewußtseins unterschieden werden; vielmehr müssen „in Gott das Reflektierte Alles in Einem und Eins in Allem, und das Reflektierende gleichfalls Alles in Einem und Eins in Allem sein“ [34]). Ein solches Selbstbewußtsein ist aber nicht begreiflich, weil es — für menschliche Begriffe — zum Wesen des Selbstbewußtseins gehört, daß der Wissende sich selbst — den Gewußten — von sich selbst — dem Wissenden — unterscheidet; „das Selbstbewußtsein Gottes wäre

[31]) Ebenda. [32]) Ebenda. [33]) WL I 275, v. Verf. gesp. [34]) Ebenda.

demnach nicht erklärt, wie es denn auch für alle endliche Vernunft... ewig unerklärbar und unbegreiflich bleiben wird"[35]).

Dasselbe gilt auch von dem absoluten Sich-setzen des Ich. „Das absolute Ich ist schlechthin sich selbst gleich: alles in ihm ist Ein und ebendasselbe Ich...; es ist da nichts zu unterscheiden, ... das Ich ist Alles, und ist Nichts, weil es für sich nichts ist, kein Setzendes und kein Gesetztes in sich selbst unterscheiden kann."[36]) Weil also das absolute Ich, rein verstanden, die bloße Position ist, kann in ihm nichts Negatives, also auch nicht das Prinzip, sich nicht zu setzen, entspringen. *Das absolute Ich,* so betrachtet, schließt alle Endlichkeit aus. Aber dann ist es auch, ebenso wie Gott, *wesensmäßig unbegreiflich,* und zwar nicht nur so, wie die Endlichkeit, die doch wenigstens im Zirkel verstehbar ist, vielmehr läßt sich schlechterdings nichts darunter denken.

Darin zeigt sich, daß mit der Konstruktion der reinen Absolutheit die Ebene der Problematik einer Ontologie des Menschen verlassen ist; die Absolutheit, wie sie in einer solchen nur im Thema stehen kann, ist ja wesensmäßig nie „rein", sondern steht notwendig in Beziehung auf das Sein des Menschen, dessen Wesensmoment sie ist. Auch Fichte nimmt deshalb die Konstruktion des reinen absoluten Ich sofort wieder in die genuine Betrachtungsweise zurück und versteht die *Absolutheit als Grundvoraussetzung des Selbstbewußtseins.*

Von ihr gilt allerdings zunächst, ebenso wie von der rein konstruierten Absolutheit, daß sie aus sich heraus nicht in Beziehung zur Endlichkeit steht. Sie bezieht sich lediglich auf das Selbstbewußtsein. Dieses entspringt ja spontan und absolut aus dem Menschen und muß deshalb seine Wurzel in der Absolutheit haben. Man muß darum dem Ich „ein Streben, die Unendlichkeit auszufüllen sowohl, als eine Tendenz, dieselbe zu umfassen, d. i. über sich selbst, als ein Unendliches zu reflektieren, zuschreiben"[37]). „Das Ich ... soll sich für sich selbst setzen; es soll sich setzen, als durch sich selbst gesetzt. Es soll demnach, so gewiß es ein Ich ist, das Prinzip des Lebens und des Bewußtseins lediglich in sich selbst haben. Demnach muß das Ich, so gewiß es ein Ich ist, unbedingt und ohne allen Grund das Prinzip in sich haben, über sich selbst zu reflektieren."[38])

Die These Fichtes ist nun, mit der Tatsache, daß das Ich in seiner Absolutheit das Prinzip, sich zu setzen, in sich enthalte, daß es also die Wurzel des Selbstbewußtseins sei, sei schon mitgegeben, daß es auch

[35]) Ebenda. [36]) WL I 264. [37]) WL I 359. [38]) WL I 274.

das Prinzip, sich nicht zu setzen, in sich fasse; das Sich-verstehen als absolut schließe bereits von sich aus das Sich-verstehen als endlich ein. Der Beweis wird nicht durch Zuhilfenahme weiterer Tatsachen geführt, sondern durch Analyse des bereits gefundenen Tatbestandes, daß die Absolutheit die Wurzel des Selbstbewußtseins in sich enthalten muß. Denn sich selbst kann das Ich nicht anders verstehen als so, wie es überhaupt etwas versteht, nämlich indem es das Verstandene umfaßt, das Begriffene umgreift. Es will wissen, was es ist, und in diesem „Was" steckt bereits ein Begrenztsein des Gewußten; denn ein „Was" ist immer dieses und nicht ein anderes. „So gewiß ich mich setze, setze ich mich als ein Beschränktes; zufolge der Anschauung meines Selbstsetzens. Ich bin zufolge dieser Anschauung endlich." [39]) Im Sich-wissen liegt somit bereits der Bezug auf ein Nicht. Alles, was außerhalb des von der Reflexion Umfaßten liegt, versteht diese als Nicht-Ich. „Die Vernunft schaut sich selbst an ... Nun ist sie endliche Vernunft, und alles, was sie vorstellt, wird ihr, indem sie es vorstellt, endlich und bestimmt; sonach wird auch, lediglich durch die Selbstanschauung und das Gesetz der Endlichkeit, an welches diese gebunden ist, ihr ihr Tun ein Bestimmtes." [40])

So ist es also die bloße Tatsache, daß die Absolutheit Grundvoraussetzung des Selbstbewußtseins ist, die es möglich macht, daß die Absolutheit sich von sich aus mit der Endlichkeit zusammenfindet. *Die Absolutheit ist wesensmäßig Wurzel des Selbstbewußtseins nur so, daß sie zugleich Wurzel der Endlichkeit ist.*

Damit „ist ... der Grund der Möglichkeit eines Einflusses des Nicht-Ich auf das Ich im Ich selbst ... aufgefunden worden. Das Ich setzt sich selbst schlechthin, und dadurch ist es in sich selbst vollkommen, und allem äußeren Eindrucke verschlossen. Aber es muß auch, wenn es ein Ich sein soll, sich setzen, als durch sich selbst gesetzt" — es kann die Absolutheit nur in der Weise sein, daß es sie als Selbstbewußtsein ist — „und durch dieses neue, auf ein ursprüngliches Setzen sich beziehende Setzen öffnet es sich, daß ich so sage, der Einwirkung von außen; es setzt lediglich durch diese Wiederholung des Setzens die Möglichkeit, daß auch etwas in ihm sein könne, was nicht durch dasselbe selbst gesetzt sei" [41]). „So steht das Ich, als Ich, ursprünglich in Wechselwirkung mit sich selbst, und dadurch erst wird ein Einfluß von außen in dasselbe möglich." [42]) Wie vorhin das zirkelhafte Sich-verstehen, so ist es auch hier *das in sich widersprüchliche Selbstbewußt-*

[39]) 2. Einl. I 489. [40]) SL IV 57. [41]) WL I 276. [42]) Ebenda.

sein, in dem sich Absolutheit und Endlichkeit ursprünglich zusammenfinden.

§ 29

Das Selbstbewußtsein als einigender Ursprung der Widersprüchlichkeit

Der Sinn der Voraussetzungshaftigkeit der Grundvoraussetzungen Absolutheit und Endlichkeit ist nunmehr deutlich. Zwar liegt der Grund der inneren Widersprüchlichkeit des Menschen in dem schlechthinigen Gegensatz dieser beiden Seinsmomente, aber deren Streit entbrennt doch erst, wenn sie im Sein desselben einheitlichen Ich zusammentreffen. Der Ursprung des Widerstreits ist das Faktum, daß Absolutheit und Endlichkeit im Sich-verstehen des Menschen zusammengezwungen sind. So ist, wie auch die ontologische Analyse der Endlichkeit und der Absolutheit zeigte, *das Selbstbewußtsein der eigentliche Sitz der Widersprüchlichkeit.*

Damit gewinnt die formale Strukturanalyse des Selbstbewußtseins, mit der wir die Interpretation der Ontologie des Menschen bei Fichte begannen, Gehalt. Dort entdeckten wir im Selbstbewußtsein eben diesen selben Charakter der widersprüchlichen Identität: das sich-wissende Ich unterscheidet sich von sich selbst, dem Ich, dessen es sich bewußt wird, und weiß doch zuinnerst sich als dasselbe einheitliche Ich. In dem Grundgeschehen, das sich im Selbstbewußtsein vollzieht, wurzeln alle die Seinscharaktere des Menschen, die wir im Vollzug der Interpretation herausgestellt haben. Die produktive Einbildungskraft entspringt aus dem Wissen des Menschen um sich als die Einheit, die doch in die Endlichkeit und ihr Gegenstehendes auseinandergebrochen ist; die praktische Synthesis — das unendliche Streben zum Ideal und zum Ich als Idee, die sich-wissende Freiheit und das Hören des Gewissens — ist die aus Absolutheit und Endlichkeit gefügte Weise, wie der Mensch um sein in der Widersprüchlichkeit auf die Einheit gerichtetes und doch unaufhebbar dem Widerspruch überantwortetes Sein weiß. All diesen Seinsmöglichkeiten liegt das zwiespältige Wissen des Menschen von sich selbst zugrunde; *die letzte Aussage über den Menschen ist, daß er das faktische Geschehen der geeinten Widersprüchlichkeit ist, weil er in der Weise des Selbstbewußtseins existiert.*

Mit der These von der inneren Widersprüchlichkeit des Menschseins spricht Fichte einen Sachverhalt aus, auf den alle Frage des Menschen nach sich selbst immer wieder stößt; wenn etwa die christliche Tradition den Menschen als Bürger zweier Reiche versteht, so drückt sich darin das gleiche aus. Was Fichte auszeichnet, ist einmal, daß er in einem strengen und aus den Phänomenen geschöpften Aufweis sich dieses Gedankens bemächtigt, zum andern, daß er darüber nun *nicht* hinausgeht, um doch noch irgendwie und irgendwo, und sei es in einem Jenseits, den *Widerstreit in die Einheit aufzulösen.* „Das Eine, welches getrennt wird ... und zufolge dessen das Subjektive und Objektive im Bewußtsein unmittelbar als Eins gesetzt wird, ... kann ... auf keine Weise zum Bewußtsein kommen.“ [43]) Der Mensch kann sich selbst nur erblicken in den beiden Teilen, „in welche wir zufolge unserer Schranken uns selbst notwendig zertrennen“ [44]).

Für eine denkerische Bemühung, die so stark wie die Fichtes auf die Gewinnung der Einheit und des Systems gerichtet ist, hätte es nahe gelegen, eine Einheit zu konstruieren, die nicht mehr der Widersprüchlichkeit ausgeliefert ist, sondern die Gegensätze ursprünglich in sich befaßt. Darin, daß Fichte dieser Gefahr, der er später verfallen ist, nicht erliegt, besteht die Bedeutung des ersten Wurfes einer Ontologie des Menschen, wie ihn *die Wissenschaftslehre von 1794/95* darstellt. Die Unruhe im Schweben zwischen dem Widerstreit, als die sich die Existenz des Menschen und damit auch sein Philosophieren darstellen, wird darin nicht abstrakt zum Stillstand gebracht. Die Wissenschaftslehre als Philosophie vom Menschen flüchtet sich nicht vor der Einsicht in die Unauflöslichkeit des Rätsels des Menschen in die Hypothese einer an sich seienden absoluten Einheit. „Sie wird immer fortfahren, Mittelglieder zwischen die Entgegengesetzten einzuschieben; dadurch aber wird der Widerspruch nicht vollkommen gelöst, sondern nur weiter hinausgesetzt.“ [45]) Es wird somit in ihr „das zu Erklärende nicht sowohl erklärt, als vielmehr gezeigt ..., daß und warum es nicht zu erklären sei“ [46]); es wird „der Knoten zwar nicht gelöst, aber zerschnitten“ [47]), „nicht sowohl gelöst, als in die Unendlichkeit hinaus gesetzt“ [48]). Was Hegel als Vorwurf gegen Fichte ausspricht, daß die „fichtesche Philosophie ... nur den endlichen Geist, nicht den unendlichen“ erkenne[49]), enthüllt sich somit als die eigentliche philosophische Bedeutung der Wissenschaftslehre von 1794/95. Sie bleibt ihrer Einsicht treu, daß das Philosophieren als der Versuch des Menschen, sich über sich selbst zu verständigen, die Schranke nicht überschreiten kann, die diesem in seinem Sein gesetzt ist und die ihn der Notwendigkeit

[43]) SL IV 5; vgl. 42; 2. Einl. I 489. [44]) SL IV 45. [45]) WL I 143.
[46]) WL I 156. [47]) WL I 144. [48]) WL I 156.
[49]) Vorlesungen über die Geschichte der Philosophie, Bd. 3; SW, 1836; Bd. 15 S. 635.

überantwortet, gebunden in der Widersprüchlichkeit nicht in einem Absoluten zu ruhen, sondern unablässig unterwegs und auf der Suche nach sich selbst zu sein.

§ 30

Der Mensch als die existierende Frage

„Und so ist denn *das ganze Wesen endlicher vernünftiger Naturen* umfaßt und erschöpft. Ursprüngliche Idee unsers absoluten Seins: Streben zur Reflexion über uns selbst nach dieser Idee: Einschränkung, nicht dieses Strebens, aber unsers durch diese Einschränkung erst gesetzten wirklichen Daseins durch ein entgegengesetztes Prinzip, ein Nicht-Ich, oder überhaupt durch unsere Endlichkeit: Selbstbewußtsein und insbesondre Bewußtsein unsers praktischen Strebens: Bestimmung unsrer Vorstellungen danach (ohne Freiheit, und mit Freiheit): durch sie unsrer Handlungen, — der Richtung unsers wirklichen sinnlichen Vermögens: stete Erweiterung unsrer Schranken ins Unendliche fort.“ [50]) Wir versuchen nunmehr, im *Überblick über unsere bisherigen Erörterungen* das Wesen des Menschen einheitlich zu erfassen.

Das Ursprünglichste im Menschen ist ein *Streben,* das spontan aus ihm selbst hervorbricht und ein Zeichen seiner Absolutheit ist; es ist im Vorstellen und tiefer noch im Wollen wirksam; alles, was der Mensch ist und sein kann, wird er durch dieses aus der Absolutheit kommende Streben. In ihm versteht der Mensch sich als ursprünglich freies Wesen. „Durch kein Naturgesetz und durch keine Folge aus dem Naturgesetze, sondern durch absolute Freiheit erheben wir uns zur Vernunft, nicht durch Übergang, sondern durch einen Sprung.“[51])

Das letzte Ziel des Strebens ist der Strebende selbst und seine *Absolutheit*; im Grunde will der Mensch immer sich selbst. Darum spielt sich sein Dasein ab in der Erweiterung des Wissens und der wachsenden Bemächtigung der Welt, also in der Einbeziehung des je begegnenden Seienden in die Ausrichtung auf seine schlechthinige Unabhängigkeit zu. Doch kann er diese nie erreichen und kann nie faktisch absolut werden; die Absolutheit ist wesenhaft Horizont, Idee, und der Mensch bleibt, solange er existiert, in das bloße Streben gebannt. Der Wille zu sich selbst geht *ins Unendliche* auf sich selbst zu.

Das unendliche Streben ist wirksam im Wesen des Menschen, das im Grunde durch das Bewußtsein seiner selbst gekennzeichnet ist.

[50]) WL I 278; v. Verf. gesp. [51]) WL I 298.

Darum ist das *Selbstbewußtsein* nicht ein Zustand, sondern ein Geschehen; der Mensch *wird* sich seiner selbst bewußt. Nun ist das Ich, das er im Selbstbewußtsein als sich selbst erfährt, nicht das Ich, das er als die Idee seiner Absolutheit weiß. Denn faktisch findet der Mensch sich nicht als absolutes, sondern als bestimmtes, begrenztes und endliches Wesen; dies haben wir aus dem Charakter des Selbstbewußtseins als einer Reflexion und aus der Unüberholbarkeit des Anstoßes aufgewiesen. Im Wissen um die eigene *Endlichkeit* wurzelt das Gefühl der Realität des Seienden und das Bild vom Sosein der Welt, wie es die produktive Einbildungskraft entwirft. Der Mensch also, der ursprünglich absolut aus sich selbst heraus sich nach seiner Absolutheit ausstreckt, findet faktisch doch immer nur seine Endlichkeit als die unüberholbare und aller Frage nach dem Grunde unzugängliche Bestimmtheit seines konkreten Daseins.

Indem so das Streben nach der Absolutheit im Wissen um die Endlichkeit endet, ist für den Augenblick das Geschehen des Selbstbewußtseins zum Abschluß gekommen; denn der Mensch hat ja sich selbst gefunden. Doch kann er seine eigene Endlichkeit nicht anders entdecken als so, daß er zugleich damit auf seine Absolutheit stößt; sie ist ja Voraussetzung dafür, daß Begrenzendes als solches verstanden wird. Das Ich findet sich somit als *widersprüchlich* und wird gewahr, daß seine faktische Endlichkeit der Idee nach je schon überholt ist und der Aufgabe nach überholt werden soll durch die als letzter Horizont vorschwebende und als letztes Ziel im Gewissen sich offenbarende Absolutheit. Um deswillen holt sich der Mensch faktisch immer wieder — in der Erweiterung seines Wissens und seiner Einflußsphäre — aus der jeweiligen Bestimmtheit heraus und weiß sich zum andern, wenn er ausdrücklich sich zu seinem wesenhaften Sein entschließt, beauftragt, sich aus jeder Stufe der Endlichkeit in die Richtung auf die Unabhängigkeit hineinzuholen.

Ein ständiger *Wechsel zwischen dem Blick auf die Absolutheit und dem Blick auf die Endlichkeit* macht somit das Sein des Menschen aus. Dieser Wechsel ist es, der das Schweben der produktiven Einbildungskraft ermöglicht und der die sich ausweitende Freiheit gründet; er schafft die Möglichkeit, daß der Mensch in Zirkelhaftigkeit und Widersprüchlichkeit existiert und konstituiert so letztlich das synthetische Grundgeschehen im Sein des Menschen. Nur im Wechsel der gegensätzlichen Bestimmungen kann der Widerspruch Wirklichkeit gewinnen und Kennzeichen des existierenden Menschen sein. Wollte der Mensch in einem und demselben Augenblicke das Widerstreitende im Gedanken vereinigen, so zerrisse sein Selbstbewußtsein in zwei Teile. Allein dies, daß er bald sich als endlich versteht, um sich wieder seiner Absolutheit zuzuwenden, und sich als absolut doch nur begreift, indem er wiederum seiner Endlichkeit inne wird, allein dieser *ständige Übergang* ist die Weise seiner Existenz. So ist der Mensch notwendig, weil er Selbstbewußtsein ist, ein Wesen des Zwischen. Im Grunde ist es die *Zeitlichkeit*, die es möglich macht, daß der Mensch von der Gegensätzlichkeit nicht zerrissen wird, sondern in ihr sein Dasein haben kann. Daher liegt in diesem Charakter des Selbstbewußtseins auch der Ursprung der *Geschichtlichkeit* des Menschen.

Fichte kennzeichnet dieses Seinsmoment als das *Wechselverhältnis von Frage nach der Absolutheit und Antwort, die die Endlichkeit offenbart,* und gibt damit der Synthesis im Wesen des Menschen ihre tiefste begriffliche Fassung. Das Selbstbewußtsein beginnt mit der „Frage, ob“ das Ich die Unendlichkeit „ausfülle“ [52]), „ob es wirklich alle Realität in sich fasse“ [53]). „Das Ich fordert, daß es alle Realität in sich fasse, und die Unendlichkeit erfülle. Dieser Forderung liegt notwendig zum Grunde die Idee des schlechthin gesetzten, unendlichen Ich; und dieses ist das absolute Ich, von welchem wir geredet haben.“ [54]) Nun ist aber diese Frage des Ich nach sich selbst, wie alle „Selbstanschauung“, an „das Gesetz der Endlichkeit . . . gebunden“[55]). Die „Forderung des in der gegenwärtigen Funktion reflektierenden Ich, daß das durch dasselbe reflektierte Ich die Unendlichkeit ausfüllen solle“, die „Frage, ob es dieselbe ausfülle“, hat zum „Resultat, daß es dieselbe wirklich nicht ausfülle, sondern . . . begrenzt sei“ [56]). Darin wird die „ursprünglich im Ich begründete Tendenz, über sich selbst zu reflektieren, befriedigt“ [57]). Weil aber das Gefundene, die Endlichkeit, im Gegensatz zu dem Gesuchten, der Absolutheit, steht, findet die Frage zwar eine Antwort, aber nicht *ihre* Antwort; sie wird darum neu lebendig und kann sich in keiner endlichen Antwort beruhigen. „Das Ich . . . geht . . . durch die Tendenz zur Reflexion“ darüber, „ob es wirklich alle Realität in sich fasse“, „in die Unendlichkeit hinaus“ [58]). *Das Selbstbewußtsein bleibt wesenhaft in dem Wechsel von Frage, Antwort und neuer Frage,* und in ihm zerrinnt dem Menschen sein Dasein, oder wird es von ihm gestaltet, wenn er entschlossen sein Fragesein übernimmt.

Hier läßt sich das Sein des Menschen, wie Fichte es versteht, zu-

[52]) WL I 275. [53]) WL I 277. [54]) Ebenda. [55]) SL IV 57.
[56]) WL I 275. [57]) Grdr. I 368. [58]) WL I 277.

innerst fassen. Der Mensch ist das Wesen, dem die Kraft seines Daseins aus der Frage quillt und dessen Wirklichkeit nur als ständig aufgehobene Bestand hat. Absolutheit und Endlichkeit, die wir als die Grundvoraussetzungen des Menschseins kennzeichneten, sind die beiden Pole des Verstehens, zwischen denen er sein Dasein führt; dieses selbst ist das fragend-sichwissende und darin weiterschreitende Zwischen. *Daß der Mensch Frage sein kann,* schafft seinem Sein Mächtigkeit und Weite und *ist das Kennzeichen seiner Absolutheit. Daß er nur Frage* und darin auf die bestimmende und bestimmte Antwort angewiesen ist, *ist das unablösbare Siegel seiner Endlichkeit.*

Die Frage als Grundcharakter des Menschseins setzt voraus, daß der Mensch ursprünglich nicht bei sich selbst ist. Er ist in die Situation versetzt, nach seiner Absolutheit fragen zu müssen, weil er *vom Grund her fraglich* ist. Hier setzt der Einbruch des Nicht in die Absolutheit ein. Weil der Mensch ursprünglich seine Absolutheit im Modus der Fraglichkeit ist, deshalb steht er in der Endlichkeit. Zugleich zeigt sich, daß *das Nicht,* aus dem die Fraglichkeit entspringt, *ursprünglicher* ist *als der Mensch.* Zwar kommt er durch die absolute Tat, in der er sich auf die Suche nach sich selbst begibt und die Frage nach seiner Absolutheit stellt, zur Wirklichkeit und reißt sich aus dem Nicht heraus. Aber dieses bleibt die ständige Bedrohung und Erschütterung seiner endlichen Existenz und hält ihn unüberwindbar in der Spannung des Unterwegs.

Die einzige Möglichkeit, die Fichte sieht, um das Nicht, wann immer es im Laufe des Daseins auftaucht, zu bewältigen, ist der Versuch, in der ermüdenden Umklammerung durch die Endlichkeit sich zur Freiheit auszustrecken und sie existierend zu verwirklichen. *Im Entschluß, frei zu sein, und im Wagnis der Suche nach sich selbst gewinnt das Dasein des Menschen über dem Nicht Bestand.* Denn wieder und wieder geschieht es uns, so faßt Fichte im Jahre 1800 die Ergebnisse seiner Grundlegung zusammen, „daß uns die Welt, und mit ihr wir selbst in das absolute Nichts versinken; wir erheben uns aus diesem Nichts und erhalten uns über diesem Nichts lediglich durch unsere Moralität“ [59]).

[59]) Die Bestimmung des Menschen, 1800; II 263.

§ 31

Die philosophiegeschichtliche Bedeutung der Wissenschaftslehre Fichtes

Die energische Wendung, mit der Fichte in der „Wissenschaftslehre" den Begriff des Ich als des Selbstbewußtseins in den Mittelpunkt seiner Philosophie rückt, bedeutet einen entscheidenden Schritt in der *Entwicklung des Problems der Subjektivität* und zugleich in der *Geschichte der Frage nach der philosophischen Wahrheit.*

Fichte wurzelt hier, wie ohne weiteres klar ist, in dem Umschwung der Grundorientierung der Philosophie, der sich mit *Descartes* vollzieht. Auch dort ist es das Wissen von sich selbst, die Gewißheit des „ego sum, ego existo", was den Grund aller Wahrheit ausmacht [60]). Wie bei Fichte entspringt diese Gewißheit einer ursprünglichen Selbstanschauung. Es handelt sich ja bei dem „sum cogitans" nicht um ein Wissen, das durch einen Schluß gewonnen würde; Descartes weist dieses Mißverständnis in seiner Antwort auf die Einwände, die ihm auf seine Meditationen gemacht wurden, ausdrücklich zurück: das „sum cogitans" wird nicht geschlossen, sondern ist „prima quaedam notio . . . quae ex nullo syllogismo concluditur; neque etiam cum quis dicit, ego cogito, ergo sum, sive existo, existentiam ex cogitatione per syllogismum deducit, sed tanquam rem per se notam simplici mentis intuitu agnoscit" [61]).

Aber dieser für die Zukunft fruchtbare Entschluß, das Ich in den Ausgangspunkt der Philosophie zu rücken, wird doch bei Descartes auf verschiedene Weise durchkreuzt und in seiner Eindeutigkeit und Kraft geschmälert. Einmal bietet die Selbstgewißheit des Menschen von sich selbst her für Descartes keine genügende Sicherheit; sie wird deshalb in den Meditationen durch die Hinzuziehung der Gottesbeweise gestützt [62]). So wird hier gerade die Frage des Ursprungs des Ich, die Fichte in philosophischer Zurückhaltung beiseite läßt, in einer bestimmten Richtung beantwortet. Zum andern wird nicht, wie bei Fichte, das Selbstbewußtsein rein aus sich selbst heraus interpretiert und nicht nur das in ihm anerkannt, was es von sich selbst her phänomenal offenbart, sondern Descartes findet in ihm, der philosophischen

[60]) Descartes, Meditationes S. 18 der Originalausgabe, zitiert nach der Ausgabe von Buchenau, 1913.

[61]) Renati des Cartes, Meditationes de prima philosophia, Amsterdam 1658, S. 87.

[62]) Med. 3 u. 5; S. 32 ff. u. 75 ff.

Tradition folgend, eine Reihe von ideae innatae [63]), in deren Explikation sich dann wieder die scholastische Seinsmetaphysik in ihren Grundzügen entfalten kann. Damit hängt es schließlich zusammen, daß das Ich in seinem Seinscharakter mit Hilfe einer Begrifflichkeit ausgelegt wird, die nicht primär aus einer genuinen Interpretation des spezifisch menschlichen Seins erwachsen, sondern in der Analyse des Seins der Gegenstände gewonnen ist. Descartes versteht darum das Sein des Ich nicht als Selbstbewußtsein, sondern als res cogitans, ohne den Unterschied dieser Art res zu der der res extensa herauszustellen. Hierin liegt es begründet, daß der Substanzbegriff auch über Descartes hinaus die Bedeutung für die Ontologie des Menschen beibehalten konnte, die er in der Scholastik hatte. So ist bei Descartes zwar *die Aufgabe einer Ontologie des Menschen als des grundlegenden Fragebereichs der Philosophie gestellt* und die Wendung der Problematik grundsätzlich vollzogen, aber *die Ausarbeitung der Fragestellung und die Ergebnisse der Interpretation des Ich bleiben weitgehend der gegenständlichen und theologisch bestimmten Seinsmetaphysik verhaftet.*

Wesentlich näher an eine eigenständige Ontologie des Menschen kommt *Leibniz* heran [64]). Er beschreitet in seiner monadologischen Begründung der Philosophie aus der Subjektivität so deutlich den Weg, den auch Fichte später einschlägt, daß ihn dieser in der Reihe derer, die auf ihn eingewirkt haben, nächst Kant in erster Linie nennt. „Leibnitz“ „war vielleicht ... der einige Überzeugte in der Geschichte der Philosophie“; „denn wohlverstanden — und warum sollte er sich nicht selbst wohlverstanden haben? — hat er recht.“ [65]) Leibniz läßt nicht mehr, wie Descartes, zwei Seinsbereiche, den der res cogitans und den der res extensa, nebeneinander bestehen, sondern interpretiert die Welt von dem Vorstellenden, der Monade, her; nicht materielle Dinge, sondern die Monaden sind «les véritables atomes de la nature et ... les éléments des choses» [66]). Auch in der Charakterisierung der Monade selbst geht er mit Fichte einig; Vorstellen, «perceptions», und Streben, «appétitions», beides «actions internes», machen das Wesen

[63]) Meditationes 37 ff.

[64]) Die Zitate aus Leibniz werden angeführt nach der Ausgabe von Hermann Schmalenbach, G. W. Leibniz, Ausgewählte Philosoph. Schriften, 2. Bändchen, 1915. Die 2. Zahl gibt jeweils die Seitenzahl in der Ausgabe von Gerhardt, Bd. VI, an. Zitiert wird aus der „Monadologie“ von 1714 (Mon.) und aus den «Principes de la nature et de la grâce fondés en raison» aus demselben Jahr (Pr.). Die 1. Zahl bezeichnet die Abschnitte in den genannten Schriften.

[65]) 2. Einl. I 514. [66]) Mon. 3, 607.

der Monade aus [67]). Mit dem Begriff des Tätigseins gewinnt Leibniz eine eigene Auslegungsbasis für das Sein des Ich, die es ausmacht, daß es von dem gegenständlichen Sein unterschieden ist; die Vorstellungen und ihr tätiger Wechsel, in der das Wesen der Monade besteht, sind daher unerklärbar «par des raisons mécaniques» [68]).

Doch ist auch bei Leibniz *die Gründung der Philosophie im Ich und seinem Sich-wissen noch nicht radikal durchgeführt.* Zwar ist die Welt jeweils das vom Gesichtspunkt der einzelnen Monade perspektivisch Erblickte, denn diese ist «un miroir vivant ... représentatif de l'univers» [69]); insofern ist die philosophische Betrachtung eins mit der Anschauung vom Blickpunkt der Monade aus, deren eine als Zentralmonade auch das den Menschen Konstituierende ist. Aber dieser Gesichtswinkel wird von einem andern durchkreuzt, in dem sich der philosophische Blick von dem Blickpunkt des Ich trennt und über das perspektivische Anschauen der einzelnen Monade hinaus das Bild eines Ganzen von Monaden, des Universums, entwirft. Die Aspekte des Universums, die dieses als ein Mannigfaltiges erscheinen lassen, sind nur «les perspectives d'un seul selon les différents points de vue de chaque monade» [70]). Es gibt also eine eigenständige an sich vorhandene Welt der Monaden, und in diesem Sinne bezeichnet Leibniz diese als «atomes» [71]). Darum ist auch der Begriff der Monade nicht identisch mit dem des Ich; es gibt auch Monaden ohne Selbstbewußtsein [72]), und die Monaden auf den verschiedenen Stufen sind durch unterschiedliche Grade der Bewußtseinsklarheit ausgezeichnet.

Die Überschau, von der aus der Begriff des Ganzen der Welt entworfen ist, überschreitet jedoch das Vermögen des Menschen, der selbst Monade und daher in die Grenzen der perspektivischen Schau eingeschlossen ist. Wenn man daher von einem an sich seienden Ganzen des Universums sprechen und die Frage nach seinem Grunde aufwerfen will, kann dieser nur in einem Schöpfer gesucht werden, der allein die Welt als Ganzes von einzelnen Monaden zu erblicken vermag. Die philosophische Aussage über das Universum setzt sich so gleichsam in den Blickwinkel Gottes. Sie begreift die Monaden als «productions» de «la substance simple originaire» [73]) und die Menschen als «images de la divinité» [74]). Von seinem Schöpfungsbegriff her wird dann auch Leibniz, wie Descartes, dazu getrieben, im Ich

[67]) Mon. 14, 608; 15, 609; 17, 609; vgl. Pr. 2, 598.
[68]) Mon. 17, 609; vgl. Mon. 3, 607.
[69]) Pr. 3, 599. [70]) Mon. 57, 616. [71]) Mon. 3, 607.
[72]) Pr. 5, 601. [73]) Mon. 47, 614. [74]) Mon. 83, 621.

nicht nur den reinen Befund des Selbstbewußtseins, sondern die von Gott hineingelegten Ideen zu finden [75]).

Diese ganze überschauende und „objektive" Betrachtungsweise ist von *Kant* in seiner transzendentalen Seelenlehre radikal überwunden worden [76]). Im Begriffe der *transzendentalen Apperzeption,* die das Wesen des Ich kennzeichnet, ist alles Ansichsein einer Seelensubstanz und damit alles Verständnis vom Ich als dem Gefäß der Ideen, beseitigt; die transzendentale Apperzeption ist lediglich das alles Vorstellen begleitende Wissen von sich selbst, das „ich denke"; und die Idee wird ebenso wie bei Fichte als „transzendentale", d. h. als bezogen auf das tatsächliche Denken und Handeln des Menschen, verstanden. Es ist hier nicht notwendig, den Zusammenhang des Fichteschen Ichbegriffs mit dem Gedanken der transzendentalen Apperzeption eingehend darzustellen; er ist in der Fichteliteratur ausführlich besprochen, und Fichte selbst macht darauf aufmerksam, daß er hier von Kant entscheidend beeinflußt ist [77]).

Und doch ist die Bedeutung, die Fichte dem Selbstbewußtsein innerhalb des Ganzen seines philosophischen Entwurfes gibt, zentraler als die, die die transzendentale Apperzeption bei Kant hat. Während Fichte alles Anschauen und Vorstellen, den ganzen Bereich der produktiven Einbildungskraft, aus dem Ich und seinem Selbstbewußtsein ableitet, steht bei Kant die transzendentale Ästhetik, die Lehre von den Bedingungen des Anschauens, unverbunden neben dem „Ich denke", das den Mittelpunkt der transzendentalen Logik, der Lehre von den Bedingungen des Denkens, bildet. Zudem bleibt das Mannigfaltige der Anschauung letztlich als ein Selbständiges und dem Ich Fremdes bestehen, während Fichte auch das der Anschauung sich gebende Seiende in seiner Realität aus dem Sich-wissen des Ich — im Gefühl — ableitet und das Draußen lediglich in Gestalt des Angestoßenseins des Ich bestehen läßt. Schließlich hat Fichte über Kant hinaus die theoretische und die praktische Philosophie in eine Einheit zusammengefaßt; das „ich denke" der transzendentalen Apperzeption und das „ich will" bzw. „ich soll" des Sittengesetzes und des Gewissens werden von ihm als dasselbe Ich aufgewiesen, weil beide das absolute Sein aus sich selbst heraus kennzeichnen. Was *bei Kant im ersten Durchbruch nur erst in einzelnen Punkten gewonnen* wurde, das

[75]) Mon. 29 f., 611 f.

[76]) Kritik der reinen Vernunft, „Von den Paralogismen der reinen Vernunft"; Akademie-Ausgabe, IV 215 ff.

[77]) Vgl. 2. Einl. I 468 ff.

ist bei Fichte, der auf den Ergebnissen der Kantischen Fragestellung aufbauen konnte, in eine Einheit gezwungen.

Erst bei *Fichte* kann man darum eigentlich davon sprechen, daß mit dem Ich als Ausgangspunkt der Philosophie völlig Ernst gemacht ist und die Voraussetzungen aus der metaphysischen Tradition beseitigt sind. Erst hier bilden in der Tat das Ich und das, was sich ihm in seiner Existenz und in seinem Wissen von sich phänomenal als notwendige Verstehensweise aufdrängt, den Ausgangspunkt aller philosophischen Aussagen. Erst hier kann darum auch die Fragestellung in die Dimension rücken, in der *das ontologische Grundgeschehen des Selbstbewußtseins wirklich als die einheitliche Wurzel alles Menschseins sichtbar* wird und der Grund der zwiespältig geeinten, absoluten und endlichen Existenz ans Licht tritt.

Von dem bloßen Begriff der transzendentalen Apperzeption her wäre eine Aufhellung der im Ich sich vollziehenden Grundgeschehnisse nicht möglich gewesen, wie sie später etwa *Kierkegaard* in Anknüpfung an Fichte unternimmt. Es bedurfte des Aufweises der Fraglichkeit und des Fragens als der ursprünglichen Seinsweisen des Menschen, um in der ontologischen Fragestellung auf Phänomene wie Angst und Verzweiflung zu stoßen. Allerdings bleibt nun Kierkegaard nicht innerhalb des Bereiches dessen, was das Ich selbst über sich selbst weiß und erfährt, sondern versteht die Fraglichkeit als Erschüttertsein durch Gott und die Frage nach der Absolutheit als die Frage des Glaubens. Die scharfe Grenze, auf der sich Fichte hält, indem er nur von dem im Dasein phänomenal Ausweisbaren und deshalb nur vom menschlichen Ich redet, wird von Kierkegaard wiederum, nur in anderer Richtung, als die überlieferte Seinsmetaphysik sie nahm, zugunsten einer theologischen Interpretation überschritten.

Fichte selbst hat in den *späteren Stadien* seines Philosophierens diese Grenze nicht eingehalten; die Absolutheit, die er in der Wissenschaftslehre von 1794/95 noch streng in ihrer Bezogenheit auf das Sein des Menschen als dessen Grundvoraussetzung festhält und energisch vor aller Hypostasierung bewahrt, wird später doch zum selbständigen Ausgangspunkt. Aus dieser Wandlung des Aspektes, die wir später noch eingehend erörtern werden, ergibt sich letztlich die ganze weitere Entwicklung des Deutschen Idealismus bis hin zu Hegel; hier beginnt die metaphysische Tradition das eben erst Gewonnene wieder zu überfluten.

Im Gegensatz dazu besteht, um es zusammenfassend zu sagen, die *Bedeutung der Wissenschaftslehre von 1794/95* darin, daß *in ihr zum erstenmal der Versuch gemacht* ist, *vom Menschen und nur vom Menschen aus* und in der Beschränkung auf den Bereich dessen, was sich phänomenal in seinem unmittelbaren Selbstbewußtsein zeigt, *zu philosophieren.* Eben darum konnte sie auch in vorzüglicher Weise unsere Frage nach dem Sein des Menschen leiten und wird sich alle Frage nach dem fraglich gewordenen Wesen des Menschen, wie sie in der Philosophie der Gegenwart wieder erwacht ist, mit ihr auseinandersetzen müssen. Denn hier ist das Problem, zwar nicht so umfassend und auch nicht so anschaulich, wie es möglich wäre, aber doch in einem Ernst und in einer Radikalität gestellt, wie sie seitdem kaum mehr erreicht worden sind.

II. Kapitel

Die Begründung der Gemeinschaft aus dem Wesen des Menschen

I. Der Ursprung des Mitbewußtseins aus dem Selbstbewußtsein

§ 32

Die Aufgabe einer Begründung des Miteinander

Die Aufgabe einer Ontologie des Menschen, deren Lösung das vorige Kapitel diente, war gestellt worden, um die Gemeinschaft da zu begründen, wo man allein hoffen kann, daß sie Grund hat, im Wesen des Menschen. Das besagt nicht, daß die vorausgehenden Untersuchungen nicht in sich ein selbständiges Ganzes wären; abgesehen von ihrer Orientierung auf das Problem der Gemeinschaft wollten sie einen Beitrag zur Erkenntnis des Wesens des Menschen liefern. Nachdem wir aber nunmehr in der Auslegung Fichtes den Begriff des Menschen uns erarbeitet haben, müssen wir die *Grundlegung der Gemeinschaft aus dem Wesen des Menschen,* wie Fichte sie darstellt, eigens nachvollziehen.

Es zeigte sich jedoch im Verlaufe unserer Auslegung des Menschseins, daß vom Ich und seinem Wesen die Rede war, ohne daß das Sein mit andern auch nur erwähnt worden wäre. Fichte selbst deutet darauf hin: „Im Begriff vom Mensch im Allgemeinen ... liegt sicherlich nicht das Kennzeichen, daß er mit andern Menschen in Verbindung stehe.“ [1]) Wenn aber eine Ontologie des Menschen entworfen werden kann, ohne daß vom Sein mit andern gesprochen wird, zeigt sich dann darin nicht, daß die Gemeinschaft gerade nicht in den Grund des Menschseins hinabreicht, und besteht dann nicht die oft ausgesprochene These zu Recht, Fichtes Philosophie sei reine Ichphilosophie und handle lediglich vom isolierten Individuum, habe aber *keinen Blick für die Sphäre der Gemeinschaft?*

[1]) Gel., dän. Ausg., M I 275.

Aber dem stehen ausdrückliche Aussagen Fichtes gegenüber, in denen er die Gemeinschaft aufs engste mit dem Wesen des Menschen verknüpft. „Der Mensch ... ist kein ganz vollendeter Mensch und widerspricht sich selbst, wenn er isoliert lebt." [2]) „Der Mensch ... wird nur unter Menschen ein Mensch." [3]) Die Tatsache, daß in der Grundlegung der Ontologie des Menschen, wie sie Fichte in seiner Wissenschaftslehre darstellt, von der Gemeinschaft nicht ausdrücklich gesprochen wird, kann also nicht besagen, daß der Mensch wesensmäßig gemeinschaftslos wäre, sondern stellt zunächst nur die *Aufgabe, den Punkt zu suchen, an dem im Sein des Menschen die Gemeinschaftlichkeit als notwendige Seinsweise entspringt.*

Die Untersuchung des vorigen Kapitels konnte nicht alle Seinsbestimmungen, die notwendig zum Menschen gehören, herausarbeiten, weil sie nicht auf eine Auslegung seines Wesens in voller Breite ausging, sondern nach den Grundbestimmungen des Menschseins fragte. Aber auch dort schon wurden wir, über die von uns ausführlich erörterten hinaus, auf eine Reihe weiterer Seinsbestimmungen, die notwendig zum Menschen gehören, aufmerksam, so Empfindung, Anschauung, Verstand, Urteilskraft und Vernunft. Um zu zeigen, daß diese Bestimmungen wesensmäßig zum Menschen gehören, weist Fichte nach, daß der Mensch nicht existieren kann außer in ihnen und, da er Selbstbewußtsein ist, daß sie *notwendige Bedingungen der Möglichkeit des Selbstbewußtseins* sind. „Notwendige, aus dem Begriffe des vernünftigen Wesens erfolgende Handlungen sind ... nur diejenigen, durch welche die Möglichkeit des Selbstbewußtseins bedingt ist; aber diese alle sind notwendig und erfolgen gewiß, so gewiß ein vernünftiges Wesen ist." [4]) Bedingung der Möglichkeit besagt hier natürlich nicht dasselbe wie Grundvoraussetzung, so daß etwa die Anschauung in derselben Weise dem Selbstbewußtsein zugrunde läge wie die Absolutheit; vielmehr ist damit gemeint, daß ein wirkliches Selbstbewußtsein sich nur in diesen Weisen vollziehen kann, daß also zu ihm notwendig die Anschauung und die andern genannten theoretischen Seinsweisen gehören.

Es ist demnach zu prüfen, ob unter diese Bedingungen des Selbstbewußtseins auch das Bewußtsein von der Gemeinschaft und vom Sein mit anderen gehört. Fichte behauptet, es sei „Bedingung des Selbstbewußtseins ..., ein wirkliches vernünftiges Wesen außer sich

[2]) Gel. VI 306. [3]) NR III 39. [4]) NR III 2; vgl. SL IV 23.

anzunehmen" [5]), es seien „wirkliche Menschen nicht möglich, außer soweit sie in Verbindung stehen mit Menschen ihres Gleichen" [6]). Unsere nächste Aufgabe ist demnach, den Beweis Fichtes für diese seine These nachzuvollziehen. „Der Philosoph hat von dieser bestimmten Handlung zu zeigen, daß sie eine Bedingung des Selbstbewußtseins sei, welches die Deduktion derselben ausmacht." [7]) Diese für unsere Frage entscheidende *Deduktion* wird von Fichte an zwei Stellen gegeben, im § 3 des „Naturrechts" [8]) und im § 18, Abschn. III—V der „Sittenlehre" [9]). An beiden Stellen wird die ontologische Grundlegung des Menschen, wie sie in der Wissenschaftslehre ausführlich dargelegt und zu Beginn des Naturrechts und der Sittenlehre wiederholt wird, vorausgesetzt.

Die Verflechtung des *Grundthemas des „Naturrechts"* mit dem *Problem der Ontologie des Menschen* kann bereits eine Überlegung über den *Begriff des Rechts* deutlich machen. In philosophischer Absicht wird ja nicht nach diesem und jenem Rechtssatz, sondern nach dem Recht als solchem gefragt. Nun liegt es in dessen Begriffe, daß es nicht die willkürliche Festsetzung dieses oder jenes Menschen sein kann, sondern daß jeder Mensch, wenn anders er sich richtig versteht, es als das Rechte anerkennen muß. Das gültige Recht muß sich im Sich-verstehen des Menschen ausweisen. Der Begriff des Naturrechts bedeutet, „daß der Rechtsbegriff im Wesen der Vernunft liege, und daß kein endliches vernünftiges Wesen möglich sei, in welchem derselbe nicht ... zufolge seiner vernünftigen Natur, vorkomme" [10]).

Auch die Verknüpfung des Themas des „Naturrechts" mit der *Frage nach der Gemeinschaft* erwächst aus dem Rechtsbegriff. Denn das Recht ist immer auf ein Miteinander von Menschen bezogen. „Der Rechtsbegriff ist der Begriff eines Verhältnisses zwischen Vernunftwesen. Er findet daher nur unter der Bedingung statt, daß solche Wesen in Beziehung aufeinander gedacht werden." [11]) Wenn aber das Recht im Sein des Menschen begründet ist, dann muß auch die Bedingung seiner Möglichkeit, das Miteinander, im Wesen des Menschen gründen. Deshalb ist die „der Rechtsgemeinschaft ... zum Grunde liegende Frage ...: wie ist eine Gemeinschaft freier Wesen, als solcher, möglich?" [12])

[5]) SL IV 221. [6]) Gel., dän. Ausg., M I 275.
[7]) NR III 8; vgl. 1. Einl. I 446; SL IV 14, 77.
[8]) NR III 30. [9]) SL IV 218 ff. [10]) NR III 53; vgl. 8.
[11]) NR III 55. [12]) NR III 85.

Gegenüber der zentralen Stellung, die die *Frage nach der Gemeinschaft* im „Naturrecht" einnimmt, scheint sie in der *„Sittenlehre"* weiter vom Mittelpunkt entfernt zu sein; sie tritt erst an einer relativ späten Stelle auf, an der die eigentlich philosophische Begründung der Sittenlehre schon geleistet ist. Und doch zeigt sich auch dort der enge Zusammenhang mit einer *Ontologie des Menschen.* Die Aufgabe, die das Sittengesetz stellt, lautet, wie wir oben ableiteten: „Ich soll ein selbständiges Ich sein." [13]) Nun muß der Mensch, um in seiner konkreten Existenz sittlich sein zu können, wissen, was das ethische Gebot im einzelnen fordert. Ist das, was das Sittengesetz grundsätzlich gebietet, das wesenhafte Sein des Menschen, und kann der Mensch nur in bestimmten notwendigen Formen seines Seins existieren, so verwirklicht sich die Selbständigkeit lediglich in diesen Seinsweisen. „Wir haben nur die Bedingungen der Ichheit, als solcher, vollständig aufzuzeigen: dieselben auf den Trieb nach Selbständigkeit zu beziehen, und ihn dadurch zu bestimmen, so haben wir den Inhalt des Sittengesetzes erschöpft." [14]) Gehört nun, wie Fichte behauptet, das Miteinander zu diesen Bedingungen der Ichheit [15]), so stellt sich die Forderung des Sittengesetzes konkret als das Gebot der Selbständigkeit im Miteinander und das heißt, wie wir später einsehen werden, als die Forderung des Eintretens für den andern dar. Die Stelle, an der die Frage nach der Gemeinschaft innerhalb der Sittenlehre auftritt, ist also wiederum da, wo die Bedingungen des Selbstbewußtseins aufgedeckt werden. Darüber hinaus wird unsere Interpretation zeigen, daß die Deduktion des Mitseins, obwohl sie verhältnismäßig spät innerhalb der Sittenlehre zur Sprache kommt, doch in den *Mittelpunkt der ethischen Problematik* hineinführt.

§ 33

Der Zirkel des Selbstbewußtseins als Problem der Zeit

Die Frage, die im Eingang des Problems der Gemeinschaft sich stellt, lautet, ob der Mensch, wenn er faktisch sich seiner selbst bewußt wird, notwendig zugleich damit seines wirklichen Seins mit andern Menschen innewerden muß. Ihre Lösung findet Fichte auf einem mühsamen Weg, der über die Aufdeckung eines Zirkels im Sich-verstehen des Menschen und über den Erweis der Notwendigkeit einer Aufforderung durch einen anderen zum Nachweis des Mitseins als

[13]) SL IV 212. [14]) Ebenda. [15]) SL IV 218 ff.

einer notwendigen Bestimmung des menschlichen Daseins führt und so das Mitsein wesensmäßig mit dem Selbstbewußtsein verknüpft. Fichte geht deshalb von einer Erörterung des *Selbstbewußtseins* aus.

Wir sahen früher, daß das Ich sich selbst ursprünglich als wollend findet und daß das *Wollen* sich immer von einem Zweck her bestimmt, auf den es sich richtet. „Das vernünftige Wesen ... kann sich keine Wirksamkeit zuschreiben, ohne ein Objekt, auf welches diese Wirksamkeit gehen soll, gesetzt zu haben.“ [16]) Beides, Wollen und Zweckhaben, sind untrennbar in dem gleichen Anblick verknüpft; das Ich muß „in einem und demselben ungeteilten Momente sich eine Wirksamkeit zuschreiben, und dieser Wirksamkeit etwas entgegensetzen“ [17]).

Den Zweck nun muß der Mensch, um ihn wollen zu können, sich ausdrücklich vorgesetzt haben; eine „Entwerfung des Zweckbegriffs“ muß daher dem Wollen vorausgehen [18]); es wird diesem „vorhergedacht ein freitätiges Begreifen des Zwecks“ [19]). Ein solcher Entwurf des Zwecks setzt ferner ein *Erkennen* dessen, was zum Zweck gemacht wird, voraus. Es wird „eine Erkenntnis meines Zweckbegriffs, als eines solchen, für die Möglichkeit der Wahrnehmung meines Wollens vorausgesetzt“ [20]). Dieses vorherige Verstehen des Zweckes muß schließlich — dies wird nachher wesentlich werden — der Zeit nach dem Wollen vorhergehen. „Das Setzen des Objekts, als eines durch sich selbst bestimmten, und insofern die freie Tätigkeit des vernünftigen Wesens hemmenden, muß in einen vorhergehenden Zeitpunkt gesetzt werden.“ [21])

Nun ist alle Erkenntnis eines Gegenstehenden — und auch der Zweck ist Gegenstand, weil er ja zuvor als etwas begriffen sein muß — nur so möglich, daß der Mensch sich als hinausstrebend über das Gegenstehende, also als wollend, weiß. „Das vernünftige Wesen kann ... kein Objekt setzen (wahrnehmen und begreifen), ohne zugleich, in derselben ungeteilten Synthesis, sich eine Wirksamkeit zuzuschreiben.“ [22]) Das Erfassen des Zweckes ist also selbst nur möglich durch ein Wollen; dieses aber ist wiederum zweckbezogen und verweist damit auf einen vorhergehenden Augenblick. Will also der Mensch sich in dem jeweils gegenwärtigen faktischen Augenblick begreifen, so wird er immer auf einen früheren Augenblick verwiesen, in dem er schon

[16]) NR III 30; vgl. SL IV 81. [17]) NR III 30. [18]) SL IV 104.
[19]) SL IV 85. [20]) SL IV 103. [21]) NR III 30.
[22]) Ebenda; vgl. SL IV 103.

seiner selbst bewußt gewesen sein und also existiert haben muß. „Alles Begreifen ist durch ein Setzen der Wirksamkeit des Vernunftwesens; und alle Wirksamkeit ist durch ein vorhergegangenes Begreifen desselben bedingt. Also ist jeder mögliche Moment des Bewußtseins, durch einen vorhergehenden Moment desselben, bedingt, und das Bewußtsein wird in der Erklärung seiner Möglichkeit schon als wirklich vorausgesetzt. Es läßt sich nur durch einen *Zirkel* erklären; es läßt sich sonach überhaupt nicht erklären und erscheint als unmöglich." [23]) „Wir finden keinen möglichen Punkt, in welchem wir den Faden des Selbstbewußtseins, durch den alles Bewußtsein erst möglich wird, anknüpfen könnten" [24]), weil wir „immer aus dem Moment, in welchem wir den Faden anknüpfen wollten, zu einem vorherigen getrieben wurden, wo er schon angeknüpft sein mußte" [25]).

In diesem Zirkel des faktischen Sich-begreifens kommt die Zirkelhaftigkeit — das Hin und Her zwischen Absolutheit und Endlichkeit —, die wir früher als Wesensmerkmal alles Selbstbewußtseins kennzeichneten, zu konkretem Ausdruck. Wenn der Mensch sich als wollend begreift, wird er auf seine Absolutheit aufmerksam; im Zweckverstehen dagegen begrenzt und bestimmt sich ihm das Wollen und wird er sich selbst endlich. Zugleich verdeutlicht sich hier das Moment in der Zirkelhaftigkeit des Selbstbewußtseins, das wir früher als Grund seiner inneren Geschichtlichkeit kennzeichneten. Nur wird das Selbstbewußtsein, das sich als Frage nach der Absolutheit, als verendlichende Antwort und als neue Frage vollzieht, hier nicht vom Anfang, sondern vom Ende, also von einem wirklichen Augenblick her betrachtet und auf sein Gewordensein hin befragt. Jede Antwort, d. h. jede endliche Bestimmtheit, fordert als ihre Voraussetzung die Frage nach der Freiheit, aber die Frage selbst wird nur wirklich als Frage des bestimmten endlichen Ich, wenn bereits die — frühere — Antwort gegeben ist. So ist es der Begriff der Zeit, unter dem jetzt die Problematik des wirklichen Selbstbewußtseins erscheint; der Zirkel zeigt sich hier als *ständiger Rückverweis in die Vergangenheit*.

Was Fichte so aus der doppelten Bestimmtheit des Menschen — als Wollen und Vorstellen — gewonnen hat, ergibt sich ihm auch aus einer Überlegung über den Begriff der *Gegenwart* eines freien Wesens, wie es der Mensch ist. Dieser weiß sich, weil er frei ist, vor Möglichkeiten gestellt, die er verwirklichen kann; „welche von diesen

[23]) NR III 30, v. Verf. gesp.; vgl. SL IV 104.
[24]) NR III 31. [25]) NR III 32.

Bestimmungen ich wähle, oder ob ich überhaupt keine wähle, ... hängt lediglich ab von der Freiheit meines Denkens" [26]). Was der Mensch in der Zukunft sein wird, das begreift er demnach als abhängig von der Entscheidung, die er im gegenwärtigen Moment trifft; die Gegenwart kennzeichnet sich als Freiheit zur *Zukunft*. Zugleich aber versteht er sich im gegenwärtigen Augenblick als herkommend aus einer *Vergangenheit* und als abhängig von ihr. Das, was er sein kann, schafft er ja nicht im Moment aus dem Nichts, sondern seine Möglichkeiten hat er aufgrund der Bestimmtheit, die ihn schon vor dem Augenblick der Entscheidung auszeichnete. So wird der gegenwärtige Augenblick „notwendig gesetzt als abhängig" von einem vorausgehenden [27]); „es ist für uns notwendig eine Vergangenheit; denn nur unter Bedingung derselben ist eine Gegenwart, und nur unter Bedingung einer Gegenwart ein Bewußtsein möglich" [28]). Durch einen „vorhergehenden Zeitpunkt" wird „allein derjenige Zeitpunkt, in welchem der Begriff der Wirksamkeit gefaßt wird, der gegenwärtige" [29]). Die Gegenwart weist ständig und notwendig in die Vergangenheit zurück [30]).

Das Bestimmtsein durch die Vergangenheit deutet sich der Mensch nun so, wie er die Genesis seiner Bestimmtheit überhaupt versteht, nämlich als entstanden durch eine Entscheidung zwischen den Möglichkeiten, die er in der Vergangenheit hatte. Auch im vergangenen Augenblick versteht er sich „als mit Freiheit wählend unter entgegengesetzten Bestimmungen der Wirklichkeit" [31]). So schreibt er sich auch für die Vergangenheit das charakteristische Merkmal des Mensch-

[26]) SL IV 81. [27]) Grdr. I 408. [28]) Grdr. I 409 f. [29]) NR III 30.

[30]) Aus dem oben Entwickelten geht die besondere Fassung, die der Begriff der Zeit bei Fichte erhält, hervor. Die drei Modi der Zeit, Zukunft, Gegenwart, Vergangenheit, gründen im Wesen des Menschen als Selbstbewußtsein. Die Zukunft — wir werden darauf noch zu sprechen kommen — entspringt dem Menschen daraus, daß er sich ursprünglich als wollend weiß; sie ist der Horizont, in den hinein er seine Zwecke entwirft. Die Gegenwart ist die Weise seines Sichbefindens, die er von der Zukunft her, als Gehemmtsein seines an sich unendlichen Wollens, entdeckt. Und die Vergangenheit enthüllt sich von dem gegenwärtigen Selbstbewußtsein aus als dessen notwendige Voraussetzung. Hier wird zum erstenmal *die Zeit aus dem Sein des Menschen wirklich abgeleitet;* dem entspricht es auch, daß Fichte die Zeit im alltäglichen Sinne — als spatium — aus der Einbildungskraft als einer Grundhandlung des Menschen deduziert (vgl. WL I 216 f.; NR III 29). Der Mensch wird von Fichte nicht primär als ein Wesen in der Zeit, sondern als zeitbildende Existenz verstanden. Vgl. hierzu die grundlegende Aufhellung der Zeitlichkeit als einer Grundbestimmung des menschlichen Daseins bei Martin Heidegger, Sein und Zeit, I. Hälfte, 1927.

[31]) SL IV 80; vgl. 79.

seins zu; in seiner Gegenwart kann der Mensch sich somit nicht verstehen, ohne diesem Augenblick einen vergangenen Moment seiner eigenen Existenz vorauszusetzen. Jeder Moment ist „nur möglich unter Bedingung eines vorhergehenden Momentes, und so ins Unendliche“ [32]). „Es gibt gar keinen ersten Moment des Bewußtseins, sondern nur einen zweiten.“ [33]) Wenn der Mensch sich gegenwärtig seiner selbst bewußt wird, muß er sich eine *unendliche Vergangenheit* zuschreiben.

Aber der Annahme einer solchen unendlichen Vergangenheit widerspricht der faktische Befund, in dem der Mensch sich als endlich weiß. Zwar geht dies nicht aus der bloßen Tatsache hervor, daß er einmal geboren worden ist; denn dies weiß er nur durch einen Schluß aus der Beobachtung anderer Wesen seinesgleichen. Wohl aber enthüllt das konkrete Sich-wissen die *Endlichkeit* auch *der Vergangenheit des Menschen.* Wenn der Mensch sich im gegenwärtigen Augenblick als endlich und bestimmt begreift, so muß er sich einige Seinsmöglichkeiten zusprechen und einige andere absprechen; der Umkreis von Seinsmöglichkeiten, den er verwirklicht hat, ist begrenzt. Wäre jedoch seine Freiheit von unendlich her am Werk, so müßte sie eine unendliche Fülle von Seinsmöglichkeiten verwirklicht haben; der Mensch müßte also faktisch unendlich sein.

Damit ist der Mensch in seinem Versuch, sich über die Wirklichkeit seines Selbstbewußtseins zu verständigen, uneins mit sich selbst geworden. Die innere Widersprüchlichkeit zwischen Sich-verstehen als absolut und Sich-verstehen als endlich, die wir als sein Grundwesen herausarbeiteten, zeigt sich auch an diesem Punkte, an dem die Möglichkeit eines konkreten Selbstbewußtseins in Frage steht. Doch auch hier wieder ist das Verweilen im Widerstreit unmöglich, wenn anders der Mensch existieren soll; auch hier also stellt sich die Frage nach der *Synthesis der Gegensätze.*

§ 34

Die Aufforderung als Beginn des wirklichen Selbstbewußtseins

„Nach den bekannten Regeln der synthetischen Methode ist die eben aufgestellte Antithesis zu lösen durch Synthesis des Bedingten und der Bedingung, so daß beide als Eins und ebendasselbe gesetzt würden: in unserem Falle, daß die Tätigkeit

[32]) NR III 31. [33]) Grdr. I 410; vgl. 411.

selbst als die gesuchte Erkenntnis, und die Erkenntnis selbst als die gesuchte Tätigkeit erscheine, und alles Bewußtsein von etwas ausginge, das beide Prädikate absolut in sich vereinigte ... Aber darin besteht eben die Schwierigkeit — den angemuteten Gedanken zu verstehen, und bei demselben sich überhaupt etwas Deutliches zu denken ...; der schwierigste Weg, da überhaupt die aufgestellte Synthesis eine der abstraktesten ist, welche in der ganzen Philosophie vorkommen." [34]) Formal betrachtet macht demnach die *Auflösung des Zirkels* keine Schwierigkeiten. Es kommt jedoch darauf an, die Worte konkret zu verstehen; in diesem Versuch, den Fichte hier ausdrücklich fordert, lag, vom Methodischen her betrachtet, der Sinn unserer ganzen bisherigen Interpretation Fichtes.

Die Auflösung der Schwierigkeit müßte darin bestehen, „daß der erste Moment alles Bewußtseins — denn nur davon ist die Rede, indem im Fortgange des Bewußtseins die Wahl durch Freiheit und ein Entwerfen des Zweckbegriffes vor dem Willensentschluß vorher, vermittelst der vorhergegangenen Erfahrung, sich ohne Schwierigkeit denken läßt — daß, sage ich, der erste Moment alles Bewußtseins in einer absoluten Synthesis der Entwerfung des Zweckbegriffs und der Wahrnehmung eines Wollens dieses Zwecks bestünde" [35]). Nun ist das Moment im Selbstbewußtsein, von dem her der Rückverweis in die Vergangenheit notwendig wird, das Verstehen des Zweckes, das vor dem wirklichen Sich-verstehen als wollend und frei stattgefunden haben muß. Die Notwendigkeit des Rückganges in eine unendliche Vergangenheit wäre also behoben, wenn der Mensch im Anfang seines Selbstbewußtseins für sein Wollen einen Zweck haben könnte, den er sich doch nicht selbst vorher als Gegenstand eigens vorgestellt hat. Und in der Tat sieht Fichte die Möglichkeit eines Beginnes des Selbstbewußtseins darin, daß *dem Ich* anfänglich *sein Zweck von außen her gegeben* wird.

Dies muß konkret einsichtig gemacht werden. Wenn man sich den Augenblick vor dem ersten Moment des wirklichen Selbstbewußtseins denkt, so hätte in ihm das Ich noch nicht zu sich selbst gefunden und der Mensch wäre noch nicht eigentlich Mensch. Aber das besagt nicht, daß er Nichts oder bloß ein Ding wäre; er existiert vielmehr in diesem Augenblick als die Möglichkeit, Mensch zu werden.

[34]) SL IV 104 f.; vgl. NR III 32.
[35]) SL IV 103 f.; vgl. NR III 32.

Daß Fichte dem Menschen ein Sein nur zuspricht, sofern er sich seiner selbst bewußt wird, heißt ja nicht, daß er nicht — etwa für andere — schon vordem wäre; so verstehen wir ja auch einen schlafenden Menschen als Menschen, obwohl er für sich selbst im Augenblick des Schlafens nicht Mensch ist. Das Sein des Menschen ist so im Anfang gleichsam noch in der Schwebe der bloßen Frage, als bloß mögliche und noch nicht verwirklichte Freiheit. Dies kann man sich am Sein des Kindes verdeutlichen. Auch ehe es noch zu einem eigentlichen Bewußtsein seiner selbst, also zum Wissen von sich selbst als einem von anderem Seienden unterschiedenen Seienden kommt, ist das Kind nicht ein Ding, sondern der Möglichkeit nach Mensch; man sieht dies daran, daß es schon in gewisser, wenngleich nicht bestimmter Weise von sich weiß; es fühlt in sich ein Seinkönnen, etwa die Möglichkeit der Selbstbewegung, also eben die Freiheit als Möglichkeit.

Weil der Mensch ursprünglich als Freiheit in der Möglichkeit existiert, kann ihm die Freiheit selbst nicht von außen her kommen; „die eigentliche reale Selbstbestimmung durch Spontaneität kann ich nicht als ein Gegebenes finden, sondern ich muß sie mir selbst geben“ [36]). Dagegen kann der Mensch um der Gesetze der Selbstreflexion willen von seiner Freiheit nur so wissen, daß sie ihm als bestimmt und endlich erscheint; „ursprünglich kann ich mich nicht selbst durch freie ideale Tätigkeit bestimmen, sondern ich muß mich finden, als bestimmtes Objekt“ [37]). Das Begrenzende der Freiheit nun ist der Zweck; denn in ihm setzt sich die Freiheit ihr Ende. Indem dem Menschen ein Zweck von außen her gesetzt wird, erhält er „den Begriff von seiner eignen Freiheit und Selbsttätigkeit, und zwar als einer von außen gegebenen“ [38]).

Damit aber so der Mensch sich als frei finden kann, darf die Bestimmung im Zweck kein Zwang sein. „Das Subjekt kann sich nicht genötigt finden, auch nur überhaupt wirklich zu handeln; es wäre dann nicht frei, noch ein Ich.“ [39]) Der Mensch muß sich verstehen „als bestimmt ... durch einen äußeren Anstoß, der ihm jedoch seine völlige Freiheit zur Selbstbestimmung lassen muß“ [40]). Fichte kennzeichnet diese Art der Bestimmung als *Aufforderung*. Das „Bestimmtsein des Subjekts zur Selbstbestimmung“ ist „eine Aufforderung an dasselbe, sich zu einer Wirksamkeit zu entschließen“ [41]).

Eine Aufforderung bestimmt zwar, stellt einen konkreten Zweck

[36]) SL IV 220; vgl. NR III 33 f. [37]) SL IV 219.
[38]) NR III 33. [39]) Ebenda. [40]) Ebenda. [41]) Ebenda.

vor und ist insofern „Beschränkung“ [42]), aber sie läßt dem Aufgeforderten die Freiheit der Entscheidung. Indem der Mensch aufgefordert wird, dies oder jenes zu tun, wird er gerade darauf aufmerksam gemacht, daß es auf sein Tun und auf seine Entscheidung ankommt. Der Hörende „soll durch die Aufforderung keineswegs bestimmt, nezessitiert werden“, sondern er „soll nur zufolge derselben sich selbst dazu bestimmen“ [43]). Das Subjekt findet sich durch diese „Aufforderung zur freien Selbsttätigkeit“ [44]) „bestimmt zur Wirksamkeit ... insoweit, daß es sich findet als etwas, das hier wirken könnte, zur Wirksamkeit aufgefordert ist“ [45]); ich „werde in dem Begriffe dieser Aufforderung mir selbst als frei gegeben“ [46]).

Mit der Herausstellung der Aufforderung hat Fichte die Schwierigkeit, die aus dem unendlichen Rückverweis des wirklichen Selbstbewußtseins in seine Vergangenheit entsprang, behoben. Zweckentwurf und Sich-verstehen als frei sind in einem Augenblick synthetisch vereinigt und *ein erster Anfang des Selbstbewußtseins* ist *möglich*, wenn eine Aufforderung von außen her laut wird. „An so etwas ist es allein möglich den Faden des Bewußtseins anzuknüpfen, der dann wohl, ohne Schwierigkeit, auch über die anderen Gegenstände weglaufen möchte ... Und jetzt gehen alle Geschäfte des menschlichen Geistes ohne Anstand nach den Gesetzen desselben vonstatten, nachdem die Hauptaufgabe gelöst ist.“ [47]) Darum ist das Geschehen einer solchen Aufforderung notwendig; „sie kommt vor, so gewiß Selbstbewußtsein vorkommt, und ist demnach ein notwendiges Faktum“ [48]). „Nur unter dieser Bedingung ist das Selbstbewußtsein möglich ...; das Beschriebene ist erhärtet als *absolute Bedingung des Selbstbewußtseins.*“ [49])

§ 35

Die Aufforderung und das Dasein anderer Menschen. Der Mensch als soziales Wesen

Jedes Anstoßes auf das Streben, den der Mensch fühlt, bemächtigt sich die produktive Einbildungskraft und entwirft ein Bild des Begrenzenden. So tritt sie auch in dem Anstoß der Aufforderung in Tätigkeit. „Das Subjekt muß daher, sowie es dieselbe setzte, zugleich etwas außer sich als den Bestimmungsgrund derselben gesetzt

[42]) NR III 35. [43]) NR III 36. [44]) NR III 39. [45]) NR III 34.
[46]) SL IV 220. [47]) NR III 35. [48]) Ebenda.
[49]) NR III 32, v. Verf gesp.

haben."[50]) Das heißt nicht, daß ontologisch hinter die ursprüngliche Gegebenheit des Angestoßenseins zurückgefragt würde; die Frage nach dem Grunde stellt hier nicht der Betrachter, sondern das Ich selbst, und die ontologische Untersuchung fragt lediglich, ob dieser *Entwurf eines Bildes vom Auffordernden* aus dem Wesen des Menschen heraus notwendig sei. Nun ist die Aufforderung eine eigene Art von Anstoß; nicht jede ursprüngliche Bestimmtheit des Ich entspringt ja aus ihr, so etwa nicht die Begrenztheiten, die uns als durch den Körper verursacht erscheinen. Es wird daher „nicht nur ein Grund überhaupt, sondern ein bestimmter Grund derselben gesetzt" [51]).

Dessen Wesen muß von der Aufforderung her einsichtig werden. Der Ausgangspunkt der Auslegung ist die Tatsache, daß die Aufforderung dem Menschen einen Zweck für sein Handeln vorstellt und seine Freiheit herausfordert. Es ist ihr „Endzweck", „eine freie Wirksamkeit des Vernunftwesens" zu erreichen [52]). „Die gesetzte Ursache der Aufforderung außer dem Subjekte muß demnach wenigstens die Möglichkeit voraussetzen, daß das letztere verstehen und begreifen könne, außerdem hat seine Aufforderung gar keinen Zweck. Die Zweckmäßigkeit derselben ist durch den Verstand und das Freisein des Wesens, an welches sie ergeht, bedingt." [53])

Diese Voraussetzung kann das Auffordernde nur machen, wenn es selbst weiß, was Freiheit und Verstehen von Freiheit ist. Die zurückhaltende Bestimmung, die nicht schlechthin nötigt, sondern das Begrenzende der Freiheit des Hörenden vorsetzt, verlangt, daß das Auffordernde „des Begriffs vom Begriff fähig" sei [54]); es „muß daher notwendig den Begriff von Vernunft und Freiheit haben; also selbst ein der Begriffe fähiges Wesen, eine Intelligenz, und, da ... dies nicht möglich ist ohne Freiheit, auch ein freies, also überhaupt ein vernünftiges Wesen sein, und als solches gesetzt werden" [55]). Es muß „ein vernünftiges, ein sich selbst als Ich setzendes Wesen, also *ein Ich*" sein [56]).

Konkret legt Fichte die Aufforderung als *Erziehung* aus. „Die Aufforderung zur freien Selbsttätigkeit ist das, was man Erziehung nennt." [57]) Diese also besteht nicht in der Anleitung überhaupt, sondern darin, daß der Erziehende den Zögling auf seine Freiheit aufmerksam macht und ihn so in sein Menschsein bringt. „Die Eltern werden ihr Kind ... auffordern zur freien Tätigkeit: und so wird

[50]) NR III 35. [51]) NR III 35 f. [52]) NR III 36. [53]) Ebenda.
[54]) SL IV 221. [55]) NR III 36. [56]) SL IV 221, v. Verf. gesp.
[57]) NR III 39.

sich denn allmählich Vernunft und Freiheit bei demselben zeigen." [58]) Eben dies ist auch die Aufgabe des Erziehers im eigentlichen Sinne, des Lehrers." [59]) Aber Fichte beschränkt den Begriff der Erziehung nicht auf diese besonderen Arten. Vielmehr ist jede Einwirkung eines Menschen auf einen andern, die den Charakter der Aufforderung trägt, Erziehung; „wir werden durch Erziehung im weitesten Sinne, d. i. durch die Einwirkung der Gesellschaft überhaupt auf uns, erst für die Möglichkeit des Gebrauchs unserer Freiheit gebildet" [60]). Weil also der Mensch nicht aus sich selbst heraus, sondern nur durch eine Aufforderung zu seiner Wirklichkeit kommen kann, deshalb ist Erziehung notwendige Voraussetzung der menschlichen Existenz. „Alle Individuen müssen zu Menschen erzogen werden, außerdem würden sie nicht Menschen." [61])

So ist also *wirkliches Selbstbewußtsein nicht möglich ohne einen andern Menschen.* „Ich käme gar nicht zum Selbstbewußtsein, ... außer zufolge der Einwirkung eines vernünftigen Wesens außer mir auf mich ... Ich werde zu einem vernünftigen Wesen, in der Wirklichkeit, nicht dem Vermögen nach, erst gemacht." [62]) „Es ist Bedingung des Selbstbewußtseins, der Ichheit, ein wirkliches vernünftiges Wesen außer sich anzunehmen." [63]) Darin gründet auch das Faktum, daß der wirkliche Mensch sich von vornherein in Zusammenhang mit andern seinesgleichen sieht. Die Aufforderung muß ja immer schon geschehen sein, weil der Mensch ohne sie nicht von sich wissen kann; „diese Schlußart" ist „eine notwendige, ursprünglich in dem Wesen der Vernunft gegründete, und ohne alles unser wissentliches Hinzutun sicherlich erfolgende" [64]).

Fichte versteht so den Menschen als *ursprünglich soziales Wesen.* Es „sind wirkliche Menschen nicht möglich, außer soweit sie in Verbindung stehen mit Menschen ihres Gleichen" [65]). „Der Mensch (so alle endlichen Wesen überhaupt) wird nur unter Menschen ein Mensch; und da er nichts anderes sein kann, denn ein Mensch, und gar nicht sein würde, wenn er dies nicht wäre — sollen überhaupt Menschen sein, so müssen mehrere sein." [66])

Das Bedeutsame an diesen Analysen ist, daß Fichte das Bewußtsein vom Sein mit andern Menschen ausdrücklich in ontologischer Fragestellung als notwendig aufweist, und daß es das erstemal in der

[58]) NR III 358. [59]) 2. Einl. I 507. [60]) SL IV 184.
[61]) NR III 39. [62]) NR III 74. [63]) SL IV 221; vgl. NR III 30, 38 f.
[64]) NR III 36. [65]) Gel., dän. Ausg., M I 275. [66]) NR III 39.

Geschichte der Philosophie ist, daß dieser Nachweis gelingt. Das Faktum des Seins mit andern Menschen ist zwar schon immer in der Philosophie stillschweigend vorausgesetzt worden; daß es hier ausdrücklich als Problem, als eine der „fast noch ganz unberührten Fragen“ [67]) aufgedeckt und seine Wesensnotwendigkeit für den Menschen erwiesen wird, zeigt, daß Fichte die Frage nach dem Mitsein und damit *das Problem der Gemeinschaft eine Stufe tiefer aufgerollt* hat, als sie bisher angesetzt wurden; die philosophische Frage dringt ja um so tiefer, je mehr sie das scheinbar Selbstverständliche in seiner Fraglichkeit enthüllt.

Mit dem von uns nachvollzogenen Beweis Fichtes bekommt das Problem der Gemeinschaft sicheren Boden. Denn die These von der ursprünglichen Sozialität des Menschen „ist nicht eine willkürlich angenommene, auf die bisherige Erfahrung oder auf andere Wahrscheinlichkeitsgründe aufgebaute Meinung, sondern es ist eine aus dem Begriff des Menschen streng zu erweisende Wahrheit“ [68]). Darum trifft auch die Kritik, die *Scheler* an diesem Punkte an Fichte übt, nicht die Sache. Er behauptet, Fichte argumentiere „etwa so: Aus einem ursprünglichen Pflichtbewußtsein, resp. reinem Sollensbewußtsein ... als dem Kern und Wesen des reinen ‚Ich‘ ist zu ‚fordern‘, daß es auch fremde Ichsubjekte geben müsse, ‚gegen die‘ ‚ich‘ (irgendwelche) Pflichten haben kann. Jede theoretische Einsicht über die Existenz des fremden Ich sei von dieser praktischen Evidenz meines, aller theoretischen Existenzsetzung vorhergehenden Pflichtbewußtseins abhängig.“ [69]) Aber das Sein mit andern folgert Fichte nicht aus dem Pflichtbewußtsein, sondern aus dem Selbstbewußtsein; es wird nicht ethisch, sondern ontologisch aufgewiesen.

Allerdings ist die Basis, auf der der ontologische Nachweis der Notwendigkeit des Mitbewußtseins für das Selbstbewußtsein steht, schmal. Nachweisen läßt sich eigentlich nur, daß einmal, nämlich im Anfang des Selbstbewußtseins, ein anderes vernünftiges Wesen auf den Menschen eingewirkt haben muß. „Weitere Einwirkungen aber, so wie mehrere Individuen, außer dem Einen schlechterdings notwendigen, lassen sich nicht erweisen.“ [70]) Es läßt sich nur zeigen, wie solche weiteren Begegnungen mit anderen möglich sind; sie gründen darin, daß der Mensch in der ursprünglichen Aufforderung den Begriff vom

[67]) Gel. VI 302. [68]) NR III 39.

[69]) Scheler, Max, Wesen und Formen der Sympathie, 2. Aufl. 1923, S. 262.

[70]) SL IV 221.

Mitmenschen überhaupt erhielt; alles Wissen vom andern entspringt aus dem anfänglichen Hören der ursprünglichen Aufforderung [71]).

So lassen sich zwar die vielgestaltigen Beziehungen zu andern, in denen der Mensch in seiner faktischen Existenz steht, nicht als wesensnotwendig nachweisen, aber es läßt sich doch ontologisch begründen, daß *der Mensch in der Wurzel seines Seins*, da, wo er überhaupt erst Mensch wird, *mit einem andern* existiert. „Es läßt sich also streng a priori erweisen, daß ein vernünftiges Wesen nicht im isolierten Zustand vernünftig wird, sondern daß wenigstens Ein Individuum außer ihm angenommen werden muß, welches dasselbe zur Freiheit erhebe.“ [72])

II. Das Du, das Individuum und die ursprüngliche Gemeinschaft

§ 36

Das Miteinander von Anrede und Antwort. Die Priorität des Du

Das bloße Bewußtsein vom Sein des andern Menschen, wie es bis jetzt von Fichte abgeleitet wurde, konstituiert von sich aus noch keine Gemeinschaft. Und doch sind darin schon Elemente für die Genesis einer Gemeinschaft enthalten. In der ursprünglichen Aufforderung spricht ja der Auffordernde den Hörenden an, und dieser antwortet jenem; beide stehen somit in *Anrede und Antwort* miteinander in Beziehung.

Zwar scheint es rein formal so, als könne sich das Geschehen der ursprünglichen Aufforderung darin erschöpfen, daß der Aufgeforderte hinhört, und als brauche er nicht zu antworten. Aber mit dem Hinhören ist notwendig die Antwort schon mitgegeben. Denn die ursprüngliche Aufforderung stellt dem Menschen den Zweck, von dem sie redet, letztlich nicht um des Zweckes willen, sondern deshalb vor, damit der Mensch in ihm sich als frei erkenne und seine Freiheit verwirkliche. Hat er nun die Aufforderung gehört, so kann er entweder ihr gemäß handeln; dann realisiert er seine Freiheit. Oder er entscheidet sich ihr zuwider; auch dann verwirklicht er seine Freiheit, wenn auch nicht in der ruhigen Klarheit des Sich-wissens als frei, sondern in Ablehnung und im Trotz des Menschseinwollens wider den andern. In beiden Möglichkeiten wird demnach das, wozu die Aufforderung aufruft, verwirklicht; „so gewiß“ das Ich „den beab-

[71]) Vgl. SL IV 223 f. [72]) SL IV 221.

sichtigten Begriff faßt, realisiert es" „seine freie Wirksamkeit" [1]). Wie es also zu einer Antwort — einem Sich-wissen als frei — nicht kommen kann ohne die Aufforderung, so gibt es umgekehrt keine Aufforderung ohne Antwort; denn wenn die Aufforderung nicht gehört wird, dann *ist* sie auch gar nicht für den Menschen, an den sie gerichtet ist, und wird damit nicht als Aufforderung wirklich; wenn sie aber gehört wird, dann muß es auch notwendig zur Antwort kommen. „Der aufgestellte Begriff ist der einer freien Wechselwirksamkeit in der höchsten Schärfe ... Soll er scharf bestimmt sein, so muß Wirkung von Gegenwirkung sich gar nicht abgesondert denken lassen. Es muß so sein, daß beide die partes integrantes einer ganzen Begebenheit ausmachen." [2]) Aufforderung und Antwort lassen sich nicht voneinander ablösen; *der Auffordernde und der Antwortende sind miteinander in der wechselseitigen Beziehung ursprünglich verknüpft.*

Innerhalb des Ganzen von Anrede und Antwort stehen der Hörende und der Antwortende auf verschiedene Weise. Jener ist der ursprünglich Tätige, dessen Wirksamkeit der Hörende es verdankt, daß er in der Antwort sein Menschsein verwirklichen kann. Hätte er „nicht gewirkt und dadurch das Subjekt zur Wirksamkeit aufgefordert, so hätte dieses selbst auch nicht gewirkt. Sein Handeln als solches ist durch das Handeln des Wesens außer ihm bedingt" [3]). Dieser *Vorrang des Du vor dem Ich* gilt aber nur für das Verhältnis der ursprünglichen Aufforderung. Das Du steht vor dem Ich nicht in der Ordnung des Seins, sondern lediglich von der Perspektive des hörenden Ich aus, wenn dieses nach seinem Ursprung fragt. Dagegen ist das Ich in der ontologischen Betrachtung das Primäre, weil die Aufforderung ja dem Menschseinkönnen des Aufgeforderten dient, das in sich selbst Zweck ist.

Damit ist Fichtes Begriff vom Du aufs schärfste abgegrenzt gegen die neueren Versuche, die einen seinsmäßigen und im Du selbst gegründeten Vorrang des Du vor dem Ich konstruieren wollen, um der bodenlos gewordenen Ethik der Gemeinschaft wieder ein Fundament zu verschaffen. Die These vom Vorrang des Du stammt ursprünglich aus theologischen Gedankengängen; *Gogarten* stellt sie zum erstenmal ausdrücklich auf [4]). Er geht aus von der Voraussetzung, daß der Mensch dazu bestimmt sei, Gott zu lieben. Da aber Gott nicht selbst

[1]) NR III 34. [2]) Ebenda. [3]) NR III 41.

[4]) Gogarten, Friedrich, Ich glaube an den Dreieinigen Gott. 1928.

Gegenstand der tätigen Liebe des Menschen sein könne, biete sich der Nächste als das vorzüglichste Geschöpf Gottes zum Gegenstand der Liebe an. In seiner Geschöpflichkeit sei der andere primär; das Du sei daher „früher" als das Ich.

Auch da, wo nicht in theologischen, sondern in philosophischen Zusammenhängen vom Du und seiner Priorität die Rede ist, bleibt die religiöse Voraussetzung im Hintergrund oder wird ein seinsmäßiger Vorrang beweislos behauptet. So will *Grisebach*, in Auseinandersetzung mit dem Deutschen Idealismus, eine Ethik ohne Voraussetzungen entwerfen [5]). Ohne den phänomenalen Horizont, in dem, wie wir zeigten, die Philosophie des Ich etwa bei Fichte steht, zu beachten, versteht er die Systeme des Deutschen Idealismus lediglich als unausweisbare Hypothesen vom absoluten Ich. Allem solchen Ausgehen vom Dogma gegenüber, das immer ein Festhalten an der „Vergangenheit" sei, müsse die „Gegenwart", das „Heute", das Nicht-festgelegtsein im Moment, die Grundlage einer Ethik bilden. Nun beanspruchen aber doch, was auch Grisebach nicht leugnen wird, im Augenblick jeweils immer viele und sich widerstreitende Möglichkeiten den Menschen. Soll es nun kein Prinzip geben, von dem her der Mensch die Wahl treffen kann, weil alle Prinzipien „Standpunkte" und damit Voraussetzungen sind, dann bliebe die ethische Entscheidung völlig der Willkür des Momentes überlassen. Um dieser Konsequenz auszuweichen, führt Grisebach nun doch ein Prinzip ein, nämlich die Priorität des Du vor dem Ich. Sie sei aber, behauptet er, kein Prinzip, sondern gehe aus dem bloßen Phänomen des Augenblicks hervor. Aber dies bleibt eine Behauptung und läßt sich nicht beweisen; vielmehr steht diese Grundthese als Petrefakt aus einer reicheren theologischen Welt unbegründbar in der Leere dieser prinzipienlosen Philosophie und enthüllt die Unmöglichkeit nicht nur einer gegründeten Philosophie, sondern sogar einer Ethik auf dem Standpunkt der Standpunktlosigkeit.

Allen solchen Versuchen gegenüber, in unbewiesener Voraussetzung oder von theologischen Beweisgängen her dem Du eine seinsmäßige Priorität vor dem Ich verschaffen zu wollen, ist die *Beschränkung des Vorranges des Du auf seine Erscheinungsweise in der ursprünglichen Aufforderung*, wie Fichte sie durchführt, der gemäße Ausgangspunkt einer besonnenen Philosophie. Soll daher eine Begründung der Gemeinschaft vom Du aus gewonnen werden, so kann das

[5]) Grisebach, Eberhard, Gegenwart. Eine kritische Ethik. 1928.

nicht von dem ontologisch primären Du aus, sondern höchstens von der Beziehung her geschehen, in der das Ich mit dem Du in seiner Wurzel sich verbunden weiß.

§ 37

Das Ich, das Du und das Es

Wenn der Mensch sich wirklich seiner selbst bewußt wird, dann entdeckt er zugleich damit und auf Grund dessen eine Welt, die ihn begrenzt; zur Wirklichkeit seines Selbstbewußtseins kommt er aber nur durch den andern Menschen. So ist *die Begegnung mit dem Du ursprünglicher als die Erfahrung der Welt.* Erst durch das Du kann das Ich „sich als freiwirkendes Wesen setzen ... Setzt es sich als solches, so kann und muß es eine Sinnenwelt setzen“ [6]). Die Reihenfolge von Ich, Du und Es ist also die, daß zunächst das Du anspricht, dann das Ich antwortet, indem es sich als frei findet und seiner selbst bewußt wird und schließlich — zugleich damit, aber der Sache nach abhängig davon — die Welt als das Gegenstehende der endlichen Freiheit entdeckt wird.

Dem scheint es zu widersprechen, wenn Fichte das *Du* ausdrücklich als *Synthesis von Ich und Es* und damit als ontologisch sekundär gegenüber diesen beiden Begriffen kennzeichnet. „Auf etwas, das ... als ein Es, als bloßes Objekt, als etwas außer uns gesetzt worden, wird der in uns selbst gefundene Begriff der Ichheit übertragen, und damit synthetisch vereinigt; und durch diese bedingte Synthesis erst entsteht uns ein Du. Der Begriff des Du entsteht durch Vereinigung des Es und des Ich.“ [7])

Dieser Widerspruch löst sich jedoch sofort, wenn man darauf achtet, daß in der These von der Ursprünglichkeit des Du gegenüber der Welt und in der Behauptung der Priorität des Es vor dem Du die Frage in *zwei ganz verschiedenen Dimensionen* gestellt wird. „Ichheit“ und „Es“ in den eben angeführten Sätzen meinen die ontologischen Charaktere des Ich und des Nicht-Ich, wobei das Nicht-Ich nach unsern früheren Erörterungen schlechthin das bedeutet, was dem Ich gegenübersteht und somit nicht Ich ist; das Nicht-Ich wird also im Sinne der „bloßen Objektivität“ verstanden [8]), ungeschieden, ob es sich um ein gegenständliches Seiendes oder um ein Seiendes von der Seinsart des Menschen handelt. Unter dieser Voraussetzung ist das

[6]) NR III 35. [7]) 2. Einl. I 502. [8]) Ebenda.

Du eine Synthesis von Ich und Es und damit nicht ebenso ursprünglich; denn es ist ja ein von außen her Begegnendes, also ein Nicht-Ich, und hat doch, wie ich es in der Aufforderung verstehe, die Seinsart des Ich, weil es mich anspricht und seinerseits Du zu mir sagt.

Die These von der Ursprünglichkeit des Du vor der Welt handelt dagegen nicht von der inneren Konstitution des Du-Begriffs, sondern von der Reihenfolge der wirklichen Begegnung. Das „Es" erscheint dem Menschen faktisch nie rein als solches, als bloßes Nicht-Ich. Vielmehr ist das tatsächlich begegnende Andere immer schon bestimmt und also je entweder dinglicher Gegenstand oder Seiendes von der Seinsart des Menschen. Ebenso ist das Ich in diesem Sinne nicht die reine Ichheit, sondern das wirklich seiner selbst bewußte Ich, das „sich selbst, nicht überhaupt Setzende, sondern als Ich Setzende" [9]). Die Ursprünglichkeit des Du in diesem Sinne besagt also, daß das Nicht-Ich vom Charakter des Du dem Menschen in seiner Wirklichkeit vor dem Nicht-Ich vom Charakter der Dinglichkeit begegnet. Es redet von der wirklichen, nicht von der ontologischen Ursprünglichkeit.

Weil sie diese doppelte Dimension des Du-Problems, der gemäß das Du einmal Nicht-Ich überhaupt ist und zum andern den Weltdingen gegenübersteht, übersieht, darum geht die Kritik, die *Hirsch* gerade vom Du-Begriff aus an Fichte übt, an der Sache vorbei [10]). Er anerkennt zwar die grundsätzliche Bedeutung der Rolle, die das Du in der Philosophie Fichtes spielt. „Fichte ... hat mit der Frage des Verhältnisses zum Du gerungen, während es bei Hegel nur gelegentlich, bei der Familie, zur Erörterung kommt." [11]) Aber er findet doch im Du-Begriff Fichtes einen grundsätzlichen Widerspruch. „Gerade bei Fichte wird darum verzweifelt deutlich, daß diese Frage eine Verlegenheit, ein Ort der Widersprüche ist in einer vom erkenntnistheoretischen Ich her aufgebauten Philosophie. Seine Wissenschaftslehre fußt in dem Satze, daß ohne das Nicht-Ich es nicht zu einem seiner Ichheit bewußten Ich kommen würde, anders ausgedrückt, daß der Geist nur lebendig ist kraft seiner überwindenden Auseinandersetzung mit der Gegenständlichkeit. Aber in seiner Rechtslehre und Sittenlehre besinnt er sich auf das Du. Er bringt es bis zu dem Satze, daß das Ich nur in der Berührung mit einem andern Ich sich selbst auf seine Ichheit zu besinnen vermöge. Beide Sätze stehen in Widerspruch

[9]) 2. Einl. I 502.

[10]) Hirsch, Emanuel, Die idealistische Philosophie und das Christentum, Ges. Aufsätze. 1926.

[11]) a. a. O. S. 74.

zueinander, und dadurch, daß der erste dem zweiten übergeordnet wird, kommt dieser um seine Wahrheit: er soll nun nur gelten mit der Einschränkung auf das in die Natur versenkte Ich." [12])

In diesen Sätzen häufen sich die *Mißverständnisse.* Einmal ist die Philosophie Fichtes nicht vom „erkenntnistheoretischen Ich" her aufgebaut; das Ich, wie Fichte es versteht, ist nicht primär das Subjekt des Erkennens — nur der 2. Teil der Wissenschaftslehre handelt von diesem —, sondern das faktische Ich des Menschen, in der Weite seines Ichseins. Wenn Fichte ferner ausführt, daß das Ich nur in seiner Begegnung mit dem Nicht-Ich zur Wirklichkeit komme, so ist das ganz etwas anderes, als wenn Hirsch behauptet, die „Philosophie der intellektualen Anschauung hat allein Sinn für das Verhältnis des Ich zum Gegenstande" [13]). Verhältnis zum Nicht-Ich und Verhältnis zum Gegenstande im Sinne des Dinges sind zweierlei; das Ding und das Du gehören beide unter den Gesamtbegriff des Nicht-Ich. Schließlich gilt die These Fichtes von dem Zusammenhang von Selbstbewußtsein und Wissen vom Du nicht bloß „mit der Einschränkung auf das in die Natur versenkte Ich" [14]). Es ist einmal nicht von der Mystik einer Naturversenkung, sondern von der Wirklichkeit des Ich die Rede, und zum andern handelt von dieser nicht nur das Naturrecht, sondern bereits die Wissenschaftslehre, so daß zwischen beiden kein Gegensatz besteht; verschieden ist nur der Bezirk des Gesamtproblems, den sie behandeln. Die Wissenschaftslehre fragt nach den Grundvoraussetzungen und nach der inneren Möglichkeit des wirklichen Ich, das Naturrecht fußt auf der Wissenschaftslehre und legt die Wirklichkeit weiter auseinander; ihr Begriff vom Du entspringt einer konkreteren Interpretation des Anstoßes und des Nicht-Ich. Fichtes Behandlung der Frage des Du ist nicht „ein Ort der Widersprüche", sondern ist die konsequente Entfaltung der allgemeinen Ontologie von Ich und Nicht-Ich in die regionale Ontologie des Mitseins mit andern.

§ 38

Der Begriff der Individualität

Im Gesamtgeschehen der ursprünglichen Aufforderung muß auch *das* dem Du *antwortende Ich* betrachtet werden. Von ihm wurde bis jetzt deutlich, daß es im Begreifen des Zweckes, den ihm die Aufforderung vorstellt, sich selbst als *frei* findet. Da aber das primär Ge-

[12]) a. a. O. [13]) a. a. O. [14]) a. a. O.

sehene der andere Mensch ist, erblickt der Hörende sich selbst ursprünglich mit dem andern zusammen und darum in seinen Seinsmöglichkeiten durch die Tatsache der Existenz des andern begrenzt; der andere hat Seinsmöglichkeiten, die seine und nicht meine sind, und darum weiß ich auch mich selbst nur mit bestimmten Seinsmöglichkeiten [15]). Die Freiheit ist demnach schon im Beginn des Selbstbewußtseins durch die Freiheit des andern in Grenzen eingeschlossen. „Ich schreibe mir selbst nicht alle Freiheit zu, die ich gesetzt habe, weil ich auch noch andere freie Wesen setzen und denselben einen Teil derselben zuschreiben muß" [16]); ich entdecke ursprünglich „eine bestimmte Sphäre für meine Freiheit" [17]).

Sowenig allerdings das Du dem Menschen seine Freiheit erst erschafft — es ermöglicht ihm nur, sein Freiseinkönnen zu verwirklichen —, ebensowenig bedeutet andererseits die Zuweisung der bestimmten Sphäre, daß dem Hörenden die Wahl zwischen den Möglichkeiten seines Seins abgenommen würde; „von der letzten Bestimmung seiner Wirksamkeit allein, liegt ganz allein in ihm der Grund" [18]). Eben indem das Ich frei aus sich heraus seine Möglichkeiten verwirklicht, „konstituiert es sich seine Freiheit und Selbständigkeit" [19]). Durch die Existenz des andern wird also die Freiheit nicht ursächlich bestimmt, sondern nur so, daß ihr ein *Umkreis* gesetzt wird, innerhalb dessen allein sie wirksam sein kann. Durch die Aufforderung ist „dem Subjekt die Sphäre seines Handelns überhaupt angewiesen" [20]).

Hier — so zeigt Fichte — entspringen die Begriffe des *Individuums* und der *Person.* Das Individuum ist das Ich, das sich selbst im Unterschied zu dem andern als bestimmtes Wesen mit einem begrenzten Umkreis seines Seinkönnens gefunden hat. „Das, was ausschließend in dieser Sphäre wählte, ist *sein* Ich, ist das Individuum, das durch Entgegensetzung mit einem anderen vernünftigen Wesen bestimmte Vernunftwesen; und dasselbe ist charakterisiert durch eine bestimmte, ihm ausschließend zukommende Äußerung der Freiheit." [21]) Dieser Besitz der je eigenen Sphäre des Seinkönnens der Person „macht ihren individuellen Charakter aus; durch diese Bestimmung ist sie derjenige, der sie ist, dieser oder jener, der sich so oder anders nennt" [22]).

[15]) Vgl. NR III 41; SL IV 218 f. [16]) NR III 8. [17]) SL IV 220.
[18]) NR III 41. [19]) NR III 42; vgl. SL IV 222. [20]) NR III 41.
[21]) NR III 42; vgl. SL IV 223. [22]) NR III 56; vgl. 130.

Zunächst ist hier bedeutsam, daß *die Individualität* — die Seinsweise des Individuums — nicht einfach als Faktum vorausgesetzt, sondern eigens *als Bedingung der Möglichkeit des Selbstbewußtseins erwiesen* wird. Bestimmtheit, Individualität, ist die Weise, in der der Mensch sich selbst findet, und darum „ist kein Selbstbewußtsein ohne Bewußtsein der Individualität“ [23]); „ein wirklicher Mensch, der Mensch in seiner ganzen Bestimmung, läßt sich nur denken als Individuum, d. h. er kann nur als Individuum sich seines Selbst bewußt werden“ [24]). „Sonach ist es Bedingung der Ichheit, sich als Individuum zu setzen.“ [25])

Doch gilt hier dieselbe Einschränkung, die wir oben bei der Besprechung des Bewußtseins vom Dasein anderer Menschen machten; es läßt sich zwar als notwendig nachweisen, daß der Mensch sich als unterschieden von *einem* anderen Menschen gefunden haben und daß er demgemäß überhaupt Individuum sein muß; die je besondere Gestalt der Individualität jedoch, die „besondere Beschränktheit“ [26]), die Bestimmtheit, „durch die ich unter den Menschen diese bestimmte Person bin“ [27]), läßt sich — wie dies ja auch nicht anders sein kann — nicht mehr aus dem Wesen des Menschen ableiten. Es „liegt ... in der Ichheit, ... daß jedes Ich Individuum sei; aber nur Individuum überhaupt, nicht das bestimmte Individuum A oder B oder C usf.“ [28]).

Indem Fichte den Begriff der Individualität aus dem Sich-verstehen des Menschen entspringen läßt, überwindet er den *traditionellen Begriff vom Individuum.* Noch *Kant* verstand das Individuum seinem Wortsinne gemäß als das Unteilbare und setzte die „Individuen“ „Punkten, die keinen Umfang haben“, gleich [29]). In dieser atomistischen Auffassung des Individuums offenbart sich die grundsätzliche Orientierung der abendländischen Philosophie, die den Menschen vom Sein der Naturdinge und damit vom Begriff des Ganzen und seiner Teile her versteht. Wenn demgegenüber Fichte das Wesen des Ich aus diesem selbst auslegt, so kann nicht mehr die Tatsache, daß der Mensch eine unteilbare Einheit ist, sondern die, daß er ein je bestimmter und den andern seinesgleichen gegenüber verschiedener ist, der Ausgangspunkt der Interpretation sein. Auch im Begriff der Individualität zeigt sich, daß Fichte die Ontologie des Menschen von dem ihr gemäßen Ausgangspunkt her ansetzt.

[23]) NR III 46; vgl. III 8; SL IV 218, 221.

[24]) Gel., dän. Ausg., M I 275; vgl. SL IV 245; NR III 62.

[25]) SL IV 221. [26]) SL IV 225. [27]) 2. Einl. I 489. [28]) SL IV 231.

[29]) Kritik der reinen Vernunft, III 436.

Der Begriff der *Individualität* wird gemeinhin dem der *Gemeinschaft* entgegengesetzt; das Individuum wird als der einzelne im Gegensatz zu der sozialen Einheit verstanden. Auch in Fichtes Begriff vom Individuum ist dieses Moment enthalten; indem ich mir eine Sphäre des Seinkönnens und dem andern ebenfalls eine solche Sphäre zuschreibe, grenze ich mich ja von ihm ab und bin primär auf mich in meiner Begrenztheit gerichtet. Aber es wäre falsch, daraus die Konquenz zu ziehen, der Fichtesche Begriff vom Individuum sei „individualistisch". Zunächst einmal liegt ja bereits in der Abgrenzung der Blick auf den andern; „ich setze mich als Individuum in Beziehung auf" ein anderes vernünftiges Wesen, „und jenes als Individuum in Beziehung auf mich" [30]). Noch enger ist die Verbindung darin, daß die Möglichkeit, sich als Individuum zu finden, bedingt ist durch das Miteinander von Anrede und Antwort. Gerade dort, wo dem Menschen der Begriff seines Seins als eines Individuums entspringt, steht er mit einem andern in Verbindung; so „ist der erste Zustand, gleichsam die Wurzel meiner Individualität, nicht durch meine Freiheit bestimmt, sondern durch meinen Zusammenhang mit einem anderen Vernunftwesen" [31]). Der Individualitätsbegriff Fichtes verweist also notwendig auf ein Mitsein mit einem andern Menschen; erst von daher findet der Mensch sich als einzelnen. „Der Begriff des Menschen ist sonach gar nicht Begriff eines einzelnen, denn ein solcher ist undenkbar, sondern der einer Gattung." [32]) *Ursprünglich ist der Mensch nicht isoliertes Individuum, sondern ein Wesen des Miteinander.*

§ 39
Individuum und Gemeinschaft

Die Beziehung von Anrede und Antwort, die den Menschen im Beginn seines Daseins umfängt, ist noch keine *wirkliche Gemeinschaft.* Zu einer solchen gehört eine bewußte Zuwendung zu dem andern. Nun kann aber die Antwort, die der Hörende gibt, auch darin bestehen, daß er sich der Aufforderung zuwider entscheidet und sich gegen den Anredenden verhärtet. Dann hat zwar die Beziehung von Anrede und Antwort Gestalt gewonnen, aber sie hat sich nicht in eine Gemeinschaft verwandelt, sondern ist sofort wieder in ein Gegeneinander zerfallen. Fichte untersucht darum, ob die ursprüngliche Aufforderung von sich aus vom Menschen eine *Gemeinschaftshaltung* fordert.

[30]) SL IV 221; vgl. NR III 42, 51, 130; Gel., dän. Ausg., M I 275.
[31]) SL IV 222 f. [32]) NR III 39.

Auch hier muß die Untersuchung davon ausgehen, daß der Mensch im Geschehen der ursprünglichen Aufforderung den Begriff seiner Individualität aus dem Blick auf den andern gewinnt. „Ich setze mich im Gegensatze von C als Individuum lediglich dadurch, daß ich mir ausschließend eine Sphäre für meine freie Wahl zuschreibe, die ich ihm abspreche, nach dem Begriffe der Individualität überhaupt.“ [33]) Eben aus diesem Gegensatze heraus verstehe ich auch den andern als Individuum. „Ich setze mich als vernünftiges und freies Wesen im Gegensatze mit C lediglich dadurch, daß ich auch ihm Vernunft und Freiheit zuschreibe; mithin annehme, daß er in einer von der meinigen unterschiedenen Sphäre gleichfalls frei gewählt habe.“[34]) Ferner muß der Hörende voraussetzen, daß der Auffordernde in der Wahl unter seinen Möglichkeiten auf ihn und seine Existenzmöglichkeiten bereits Rücksicht genommen hat — denn sonst hätte er ihm ja nicht in der Aufforderung Möglichkeiten für sein Handeln freigelassen. Ich muß also annehmen, „daß er ... in seiner Wahl, in der Sphäre seiner Freiheit, auf meine freie Wahl Bedacht genommen, eine Sphäre für mich mit Zweck und Absicht offen gelassen“ hat [35]). Die Haltung des andern in der Aufforderung ist also eine „Selbstbeschränkung“ [36]) und muß eine solche sein, weil nur durch sie der Hörende „die Erkenntnis“ vom andern „als selbst einem vernünftigen und freien Wesen“ bekommen kann [37]).

In dieser seiner Haltung geht der andere von der Voraussetzung aus, daß ich ein Wesen sei, das möglicherweise wirklicher, selbstbewußter Mensch werden könne. „Seine Selbstbeschränkung“ ist „bedingt durch die, wenigstens problematische, Erkenntnis vom Subjekte, als einem möglicherweise freien Wesen.“ [38]) In seiner problemati-

[33]) NR III 46. [34]) Ebenda; vgl. 44. [35]) NR III 46.

[36]) NR III 43. [37]) Ebenda; vgl. 46.

[38]) NR III 43. Die Möglichkeit, den Menschen als solchen zu erkennen, ehe er faktisch selbstbewußter Mensch ist, liegt in der Tatsache beschlossen, daß sich der „Umfang aller möglichen freien Handlungen der Person“ in ihrem „*Leib*“ darstellt (NR III 59). So deduziert Fichte, worauf wir im Vorübergehen hinweisen, den Leib aus dem Selbstbewußtsein, als die Weise, in der der Mensch vor seiner eigentlichen Wirklichkeit doch sichtbar und damit der Aufforderung zugänglich wird (vgl. NR III 62; SL IV 11; 2. Einl. I 495). Diese Bedeutung des Leibbegriffs widerlegt den Einwand, den Max *Scheler* gegen den Fichteschen Begriff des Individuums erhebt. Er behauptet, bei Fichte werde „die Individuation und Singularität der Personen ... in den Leib ... verlegt“ (Wesen und Formen der Sympathie, 1923², 142). Fichte weist jedoch nur nach, daß zur Individualität notwendig auch die Leiblichkeit gehört, nicht aber, daß sie ontologisch ursprünglicher sei als die Individuation. Der Mensch ist

schen Anerkennung behält er sich jedoch vor, diese zurückzunehmen. Nun wird er zwar zugeben müssen, daß ich ein Mensch bin, wenn ich überhaupt, in welcher Weise auch immer, auf seine Aufforderung antworte und mich demgemäß als frei verstehe. Wenn ihm aber mein Menschsein darin sich darstellen sollte, daß ich schrankenlos meine Freiheit betätige und dadurch ihn selbst, der mich in der Aufforderung frei gelassen hat, in dem Umkreis seiner freien Möglichkeiten angreife, dann wird er mir, den er als Menschen zwar erkennt, doch abstreiten, daß ich in Wahrheit das sei, was der Mensch sein kann. Denn ich habe mich selbst ja nur so ergreifen können, daß ich mich als begrenzt durch die Seinsmöglichkeiten des andern verstand; wenn ich nun diese Sphäre des andern, die mein Dasein erst ermöglichte, störe oder gar zerstöre, dann handle ich dem zuwider, was ich in einem wesentlichen Zeitpunkt meiner Existenz, nämlich im Ursprung, als zu meinem Wesen gehörig eingesehen habe; ich bin dann in mir selbst uneins und erfülle nicht die eigentliche Möglichkeit meines Menschseins.

So muß ich also *notwendig den andern als vernünftiges Wesen anerkennen,* „so gewiß ich mich als vernünftiges Individuum ihm entgegensetze, — es versteht sich, inwiefern ich vernünftig, d. i. meinen Erkenntnissen konsequent verfahre“ [39]). Denn diese *Konsequenz* ist Voraussetzung dafür, daß der andere mich wirklich als vernünftiges Wesen anerkennen kann. Wenn das Subjekt zwar die Erkenntnis vom andern als Menschen bekäme, „aber es beschränkte nicht zufolge derselben seine Freiheit, um dem andern auch die Möglichkeit, frei zu handeln, übrigzulassen, so könnte der andere den Schluß nicht machen, daß es ein vernünftiges Wesen wäre, weil der Schluß lediglich durch die geschehene Selbstbeschränkung notwendig wird“ [40]). So ist „die Vollendung der kategorischen Erkenntnis des Wesens außer dem Subjekte von diesem, als einem freien Wesen, bedingt durch die Erkenntnis und das ihr gemäße Handeln des Subjekts“ [41]). Beschränke ich mich nun selbst und lasse ich den andern frei, so ist er seinerseits durch das Gebot der Konsequenz verpflichtet, mich, den er zunächst nur vorbehaltlich als freies und vernünftiges Wesen anerkannte, auch tatsächlich als solches zu behandeln. „So gewiß ich ihn nun anerkenne, d. i. behandle, so gewiß ist er durch seine erst problematische

nicht darum Individuum, weil er einen Leib hat, sondern er muß einen Leib haben, weil er Individuum ist und als solches erkennbar sein muß.

[39]) NR III 47. [40]) NR III 44. [41]) NR III 43.

Äußerung gebunden oder verbunden, durch theoretische Konsequenz genötigt, mich kategorisch anzuerkennen, und zwar gemeingültig, d. h. mich zu behandeln wie ein freies Wesen." [42])

„Das Verhältnis freier Wesen zueinander ist demnach notwendig auf folgende Weise bestimmt, und wird gesetzt, als so bestimmt: Die Erkenntnis des einen Individuums vom anderen ist bedingt dadurch, daß das andere es als ein freies behandele (d. i. seine Freiheit beschränke durch den Begriff der Freiheit des ersten). Diese Weise der Behandlung aber ist bedingt durch die Handelsweise des ersten gegen das andere ... Das Verhältnis freier Wesen zueinander ist daher das Verhältnis einer Wechselwirkung durch Intelligenz und Freiheit. Keines kann das andere anerkennen, wenn nicht beide sich gegenseitig anerkennen: und keines kann das andere behandeln als ein freies Wesen, wenn nicht beide sich gegenseitig so behandeln." [43]) Das Geschehen der ursprünglichen Aufforderung verlangt somit ein bestimmtes Verhalten jedes der beiden Beteiligten dem andern gegenüber, nämlich daß sie sich *in dem Umkreis ihrer Freiheit respektieren.* „Es geschieht hier eine Vereinigung Entgegengesetzter in eins ... Er, an seinem Teil, erfüllt die Bedingung, unter der ich ihn anerkenne; und schreibt mir sie an meiner Seite vor. Ich tue von der meinigen die Bedingung hinzu — anerkenne ihn wirklich, und verbinde dadurch ihn zufolge der durch ihn selbst aufgestellten Bedingung, mich kategorisch anzuerkennen; verbinde mich, zufolge der Anerkennung seiner, ihn gleichfalls so zu behandeln." [44])

Das Sich-verstehen des Individuums fordert so *die Haltung der Gemeinschaftlichkeit.* Denn der „Begriff der Individualität ... ist in jedem Vernunftwesen nur insofern möglich, inwiefern er als durch ein anderes vollendet gesetzt wird. Er ist demnach nie mein; sondern meinem eigenen Geständnis, und dem Geständnis des anderen nach, mein und sein; sein und mein; ein gemeinschaftlicher Begriff, in welchem zwei Bewußtsein vereinigt werden in eins ... Durch den gegebenen Begriff ist eine Gemeinschaft bestimmt ... wir sind beide durch unsere Existenz aneinander gebunden und einander verbunden" [45]). Wesenhaft einzelner wird der Mensch überhaupt nur in der Gemeinschaft.

Im Zuge seiner Aufweise stößt Fichte hier auf die *Gemeinschaft* und enthüllt sie als eine *notwendige Bedingung des Selbstbewußtseins.* Der Mensch muß wesensmäßig von seinem Ursprung her mit andern

[42]) NR III 47. [43]) NR III 44. [44]) NR III 47. [45]) NR III 47 f.

in Gemeinschaft treten; die Gemeinschaftlichkeit gehört zu den ursprünglichen Bestimmungen seines Seins; er kann „überhaupt nur in der Gemeinschaft mit anderen gedacht werden" [46]). „Der Mensch ist bestimmt, in der Gesellschaft zu leben; er soll in der Gesellschaft leben; er ist kein ganz vollendeter Mensch und widerspricht sich selbst, wenn er isoliert lebt." [47])

Dieser Nachweis besagt allerdings nicht, daß nun jeder Mensch tatsächlich in dem aufgezeigten Sinne gemeinschaftlich existiere und den andern, dem er ursprünglich begegnet, frei sein ließe. Voraussetzung dafür, daß die ursprüngliche Aufforderung überhaupt das ihr eigene Ziel erreicht, ist ja, daß der Hörende seiner Einsicht gemäß konsequent handelt. Nun gehört aber zum Wesen des Menschen die formale Freiheit, und von ihr her kann er sich auch dem zuwider entscheiden, konsequent zu existieren. Wenn Fichte also die Gemeinschaft als notwendig aus dem Wesen des Menschen erweist, so nicht in dem Sinne, daß sie ein allen Menschen ohne weiteres zukommendes Prädikat wäre, sondern als *Aufgabe*, die *aus dem Wesen des Menschen heraus notwendig gestellt* ist. So aber sieht er überhaupt den Menschen: daß sein Sein sich nicht im Besitz bestimmter Eigenschaften erschöpft, sondern daß es ihm aus ihm selbst heraus als Aufgabe vorgestellt ist, die er erfüllen oder verfehlen kann.

Noch eine weitere Einschränkung ist zu machen. Der Begriff der Gemeinschaft, wie er hier abgeleitet wurde, gründet sich auf eine Beziehung zum andern, die sich im Freilassen der diesem zueigenen Sphäre, also in der gegenseitigen Respektierung der Existenz, erschöpft; sie ist lediglich „Gemeinschaft der vernünftigen gegenseitigen Behandlung" [48]). Es ist aber ohne weiteres einsichtig, daß damit nicht der tiefste und auch nicht der volle Begriff von Gemeinschaft gewonnen ist. Wichtig ist jedoch zunächst nur, daß überhaupt Gemeinschaft — mag sie wie immer zu kennzeichnen sein — als Wesensnotwendigkeit des Menschen gefunden ist; ob auf dieser Grundlage weiter gebaut und der umfassende Begriff der Gemeinschaft gewonnen werden kann, müssen wir in der eingehenderen Interpretation Fichtes sehen.

[46]) NR III 112. [47]) Gel. VI 306. [48]) NR III 88.

§ 40

Die Möglichkeit einer Dauer der Gemeinschaft und das Gebot der Konsequenz

Die jetzt abgeleitete Gemeinschaft hat, der Strenge des Begriffes nach, Dauer nur für den Augenblick der ursprünglichen Aufforderung. Mag auch aus dem Wesen des Menschen heraus gefordert sein, daß er mit dem andern in die Beziehung der gegenseitigen Respektierung tritt, so ist damit doch noch nicht gegeben, daß er sich daraus nicht wieder herausziehen und gegen den andern wenden kann. Es müßte denn sein, daß der *Augenblick der Aufforderung* bereits eine Anweisung für die *Zukunft* in sich trägt.

Nun sahen wir früher, daß der Mensch sich im jeweils gegenwärtigen Augenblick immer von einer Vergangenheit her versteht; ebenso notwendig begreift er, daß er sich aus seiner Gegenwart in eine Zukunft hinein erstreckt. Er erfährt sich ja gegenwärtig als frei. „Aber was heißt das: frei sein? Offenbar die gefaßten Begriffe seiner Handlungen ausführen können. Aber die Ausführung folgt immer dem Begriffe, und die Wahrnehmung des entworfenen Produktes der Wirksamkeit ist immer, in Beziehung auf die Entwerfung des Begriffes davon, zukünftig.“ [49]) So ist die Freiheit des Willens der Ursprung des Begriffs der Zukunft; „durch den Willen, und lediglich durch ihn, wird in dem gegenwärtigen Momente die Zukunft umfaßt; durch ihn ist der Begriff einer Zukunft überhaupt, als einer solchen, erst möglich“ [50]).

Über diese formale Kennzeichnung des Verhältnisses von Gegenwart und Zukunft hinaus läßt sich auch über das Gewollte des Willens, der sich in die Zukunft hinein erstreckt, etwas ausmachen. Zwar sind die einzelnen Willensobjekte wesensmäßig nicht deduzierbar; aber was der Mensch, wenn er sich frei seine Zwecke entwirft, notwendig immer will, das ist, daß er auch bei der Ausführung des Beabsichtigten frei sei. „Die Freiheit wird daher immer in die Zukunft gesetzt; und wenn sie den Charakter eines Wesens ausmachen soll, für alle Zukunft des Individuums.“ [51]) Wer sich gegenwärtig als frei versteht, der will sich immer als frei.

Daraus ergibt sich zunächst, daß ich um meines Freiseinkönnens willen von dem andern bereits im Augenblick der ursprünglichen Gemeinschaft mit ihm verlangen muß, daß er mich auch in Zukunft, so

[49]) NR III 51. [50]) NR III 117 f., vgl. 211. [51]) NR III 51.

wie in diesem Moment, frei lasse; „ich fordere sonach, so wie ich“ meine Freiheit „auf alle Zukunft fordere, auch seine Beschränkung ... durch sich selbst, auf alle Zukunft: und dies alles unmittelbar, so wie ich mich als Individuum setze ...; ich fordere sonach von ihm Konsequenz, d. h. daß alle seine künftigen Begriffe durch einen gewissen vorhergegangenen, die Erkenntnis von mir als einem vernünftigen Wesen, bestimmt seien“ [52]). Nun steht aber die Selbstbeschränkung des andern wegen der Wechselseitigkeit des Begriffs der Individualität unter der Voraussetzung, daß auch ich ihn in seinem Handeln frei lasse. Verlange ich von ihm die dauernde Respektierung, so muß ich sie auch von mir selbst fordern. „Ich lege mir also die gleiche Konsequenz auf, und sein Handeln ist bedingt durch das meinige.“ [53]) *Der Wille zur Dauer* ist also auf beiden Seiten *notwendig mit der ursprünglichen Gemeinschaft der Aufforderung verbunden.*

Doch er steht unter der Bedingung, daß die Partner sich entschließen, ihren ursprünglichen Erkenntnissen gemäß konsequent zu sein. „Wir stehen in Wechselwirkung der Konsequenz unseres Denkens und unseres Handelns mit sich selbst und gegenseitig untereinander.“ [54]) Damit taucht in der Begründung der Gemeinschaft ein zweitesmal die *Forderung der Konsequenz* auf. Nicht nur entscheidet sich die ursprüngliche positive Hinwendung zu dem andern von daher, ob der Mensch sich zur Treue zu sich selbst entschließt, sondern auch die Möglichkeit der Dauer der in der ursprünglichen Aufforderung erwachsenen Gemeinschaft kommt aus dem Entschluß, nach den Erkenntnissen über die wesensmäßige Aufgabe zu existieren. „Konsequenz aber hängt ... ab von der Freiheit des Willens: und es läßt sich nicht einsehen, warum jemand konsequent sein sollte, wenn er nicht muß: ebensowenig, als sich im Gegenteile einsehen läßt, warum er es nicht sein sollte.“ [55]) „Denn ... das freie Wesen kann, und hat das physische Vermögen, die Freiheit der vernünftigen Wesen zu stören, oder überhaupt zu vernichten.“ [56]) Demnach ist „jeder ... nur verbunden durch den willkürlichen Entschluß, mit anderen in Gesellschaft zu leben“ [57]).

Und doch steht diese Willkür unter einem Gebot. Zwar folgt dies nicht aus dem bloßen Menschsein in seinem formalen Sinne. „Das vernünftige Wesen ist nicht absolut durch den Charakter der Vernünftigkeit verbunden, die Freiheit aller Vernunftwesen außer ihm

[52]) NR III 52. [53]) Ebenda; vgl. 44. [54]) NR III 52; vgl. 45, 48.
[55]) NR III 86. [56]) NR III 92. [57]) NR III 11; vgl. 14.

zu wollen.“ [58]) Darum auch läßt sich von den Voraussetzungen aus, die Fichte seinem Naturrecht zugrunde legt, die Gemeinschaft nicht letztlich begründen; „wenn jemand seine Willkür gar nicht beschränken will, so kann man ihm auf dem Gebiete des Naturrechts weiter nichts entgegenstellen, als das, daß er sodann aus aller menschlichen Gesellschaft sich entfernen müsse“ [59]). Eine „Verbindlichkeit“, die Konsequenz zu sich selbst und damit die Dauer der Gemeinschaft zu wollen, zeigt sich erst in der „Moral“ [60]). Denn es läßt „kein anderer Grund für diese Beschränkung des Willens sich aufzeigen . . ., als der, daß eine Gemeinschaft zwischen freien Wesen, als solchen, sein solle“ [61]). Wenn so die Gemeinschaft letztlich in der *Ethik* ihre Begründung finden muß, so heißt das aber nicht, daß ein bestimmtes sachhaltiges moralisches Prinzip oder dergleichen zugrunde gelegt würde. Der letzte ethische Grundsatz ist ja selbst nichts anderes als das sich selbst durchsichtige Streben, also die Treue zu sich selbst in seinem eigentlichen Wesen. Die Forderung der Konsequenz ist somit letztlich das in der Ontologie des Menschen aufgehellte Grundfaktum, daß der Mensch vor die Aufgabe gestellt ist, sein eigentliches Wesen in seiner Existenz zu verwirklichen.

III. Die rechtliche Gemeinschaft

§ 41

Rechtsgemeinschaft und Rechtsgesetz

Die Gemeinschaft, wie wir sie bis jetzt besprachen, erstreckt sich nur auf zwei Menschen: den Auffordernden und den Hörenden. Faktisch aber gibt es im Dasein des Menschen eine Fülle weiterer Gemeinschaftsbeziehungen; es ist deshalb zu fragen, ob auch sie notwendig aus dem Wesen des Menschen hervorgehen. Nun läßt sich allerdings nicht deduzieren, daß der Mensch noch mit dem oder jenem bestimmten andern Menschen in Gemeinschaft treten muß; dies ist schon darum nicht möglich, weil ja diese Begegnungen selbst zufällig sind. Aber zur Begründung der Gemeinschaft bedarf es gar nicht dieses Nachweises; es genügt, wenn sich aufzeigen läßt, der Mensch müsse notwendig mit den andern, wann immer er ihnen begegnet, Gemeinschaft bilden. Bedingt wäre dann der Anlaß, unter dem Gemeinschaft eintritt; deren Notwendigkeit aber bestünde darin, daß sie gebildet werden muß, wenn immer die äußere Bedingung eintritt.

[58]) NR III 88. [59]) NR III 11. [60]) NR III 88. [61]) NR III 87.

Nun gilt die Forderung der gegenseitigen Respektierung der Freiheit, die aus der ursprünglichen Aufforderung abgeleitet wurde, „zwischen mir und jedem vernünftigen Individuum, mit welchem ich in Wechselwirkung komme“ [1]). In allen diesen Fällen besteht die Möglichkeit der Verletzung der Freiheit und ist darum deren Sicherung notwendig. „Es findet sich, daß ... jedes Mitglied der Gesellschaft seine eigene äußere Freiheit durch innere Freiheit so beschränken“ müsse, „daß alle anderen neben ihm auch äußerlich frei sein können“ [2]). Mit allen ihm begegnenden anderen muß der Mensch also die Gemeinschaft der gegenseitigen Respektierung bilden; Fichte nennt diese notwendige Form des Miteinander das *„Rechtsverhältnis“* [3]). Der 3. Lehrsatz seines „Naturrechts“ lautet demgemäß: „Das endliche Vernunftwesen kann nicht noch andere endliche Vernunftwesen außer sich annehmen, ohne sich zu setzen, als stehend mit denselben in einem bestimmten Verhältnisse, welches man das Rechtsverhältnis nennt.“ [4])

Auch hier, wie bei der ursprünglichen Gemeinschaft der Aufforderung, weist die gegenwärtige Verbindung in die Zukunft. Wird die in die Zukunft sich erstreckende gegenseitige Respektierung ausdrücklich formuliert, so kommt das *Rechtsgesetz* zustande: „alle müßten es sich zum Gesetze gemacht haben, die Freiheit derer, mit denen sie in gegenseitiger Wechselwirkung stehen, nicht zu stören“ [5]). So spricht Fichte als „Rechtssatz“ aus: „Ich muß das freie Wesen außer mir in allen Fällen anerkennen als ein solches, d. h. meine Freiheit durch den Begriff der Möglichkeit seiner Freiheit beschränken.“ [6])

Das Recht als der formulierte Entschluß zum gegenseitigen Freilassen schafft also die „Möglichkeit einer Gemeinschaft freier Wesen“ [7]). „Durch jenen Begriff sonach entsteht mir erst eine Gemeinschaft freier Wesen.“ [8]) Das „Beisammenstehen der Freiheit mehrerer ... — es versteht sich beständig und nach einer Regel, nicht etwa bloß hier und da zufälligerweise —“ ist nur möglich durch das Rechtsgesetz [9]). Weil der Rechtsbegriff wesensnotwendig ist, darum ist er

[1]) NR III 50. [2]) NR III 9. [3]) NR III 52.
[4]) NR III 41; vgl. 123. [5]) NR III 9. [6]) NR III 52.
[7]) NR III 92. [8]) SL IV 64.
[9]) NR III 92. Rechtsgemeinschaft bildet sich nur auf Grund der Begegnung mit dem Du, die aber nicht ethisch, sondern ontologisch zu begreifen ist, und ist daher nicht früher als diese. Nur aus einer Verkennung dieses bei Fichte klar ausgesprochenen Zusammenhangs sind die Ausführungen *Heimsoeths* (Fichte, 1923, 165 f.) zu diesem Thema zu verstehen: „Es ist nicht erst die spezifisch sittliche ‚Aufforderung‘, in der wir uns als Freiheitswesen ... erkennen und gelten lassen; sondern in jenem idealen Aufeinanderwirken sind wir immer schon getragen von einem breiteren Zusammen-

„ein ursprünglicher Begriff der reinen Vernunft“ [10]). „Es wird sonach zufolge der geleisteten Deduktion behauptet, daß der Rechtsbegriff im Wesen der Vernunft liege, und daß kein endliches vernünftiges Wesen möglich sei, in welchem derselbe nicht — keineswegs zufolge der Erfahrung, des Unterrichts, willkürlicher Anordnungen unter den Menschen usf., sondern zufolge seiner vernünftigen Natur, vorkomme.“ [11]) Zugleich damit ist auch die *Gemeinschaft des Rechts*, von der der Rechtssatz handelt, als *notwendig* erwiesen. „Der Begriff des Rechts ist sonach der Begriff von dem notwendigen Verhältnisse freier Wesen zueinander.“ [12])

Nun wurzelt allerdings diese Gemeinschaft, ebenso wie das sie gründende Recht, in der *Konsequenz*, die wir als die ursprüngliche und alle Gemeinschaft ermöglichende Haltung kennen lernten. „Es muß ein uns gemeinschaftliches, und von uns gemeinschaftlich notwendig anzuerkennendes Gesetz geben, nach welchem wir gegenseitig über die Folgerungen halten; und dieses Gesetz muß in demselben Charakter liegen, nach welchem wir eben jene Gemeinschaft eingegangen; dies aber ist der Charakter der Vernünftigkeit; und ihr Gesetz über die Folgerung heißt Einstimmigkeit mit sich selbst, oder Konsequenz.“ [13]) Die Notwendigkeit dieser Konsequenz — wir sahen dies eben — geht jedoch nicht aus den bloßen formalen Seinsbestimmungen des Menschen hervor. Das Rechtsgesetz hat insofern nur „hypothetische Gültigkeit“ [14]). „Die Gültigkeit des Gesetzes hängt demnach lediglich davon ab, ob jemand konsequent ist, oder nicht.“ [15]) Sich selbst gegenüber konsequent zu sein, ist also die wesentliche Aufgabe des Menschseins, und so gründet Fichte auch hier wieder die *Wesensnotwendigkeit der Rechtsgemeinschaft* in dem recht verstandenen *Begriff des Menschen.*

hang, von einem höchst realen ‚Mechanismus‘ der Freiheitswesen und Freiheitsäußerungen, der ganz sich selbst genügt in seinem Funktionieren! Jener Ich-Du-Zusammenhang, in welchem das Vernunftwesen erst zu sich und seiner Freiheit kommt, konstituiert sich vor der sittlichen Einwirkung schon in der Rechtsbeziehung, die mit gleichsam blinder und nicht dem Einzelwillen unterstehender Notwendigkeit die triebhaften und bedürftigen Freiheitswesen aneinander bindet. Die rechtlichen Gesellschaftsbildungen sind die immer schon vorauszusetzenden Bedingungen der Möglichkeit für das Zustandekommen des eigentlich sittlichen Ich-Du-Bewußtseins und aller Hingabe an die Andern, allen Miteinanderwirkens.“

[10]) NR III 8. [11]) NR III 53. [12]) NR III 8; vgl. 55.

[13]) NR III 48. [14]) NR III 89; vgl. 91, 94. [15]) NR III 86; vgl. 92 f., 260.

§ 42

Das Urrecht und die Genesis des Staates

Fichte gewinnt den vollen Blick auf das Sein des Menschen jeweils in der Weise, daß er in der bisher erarbeiteten Ansicht eine Schwierigkeit aufweist, als deren Lösung ein neues Phänomen, das darum notwendig zum Wesen des Menschen gehört, erscheint. So verknüpft sich in der Ableitung der Phänomene jede weitere Stufe der Analyse mit dem Ausgangspunkt, der Ontologie des Menschen.

Nun war in dem Rechtssatz, der das Fundament der Gemeinschaft des Rechtes bildet, ausgesprochen: „Jeder beschränke seine Freiheit, den Umfang seiner freien Handlungen, durch den Begriff der Freiheit des anderen." [16]) Wenn aber gefordert wird, daß man alles Handeln unterlassen solle, das den andern in seiner Freiheit stören könnte, muß man dann schließlich nicht auf jede Äußerung der Freiheit verzichten? Denn alles Handeln beschränkt doch irgendwie die Möglichkeiten des Tuns eines andern. Wenn der Mensch aber nicht zum eigenen Handeln kommt, dann kann sich seine Existenz als Mensch nicht erfüllen. Deshalb ist die Frage: „*inwieweit* soll denn jeder *das Quantum seiner freien Handlungen um der Freiheit des andern willen beschränken*" [17]).

Fichte beantwortet diese Frage, indem er einen *doppelten Begriff der Freiheit* unterscheidet. Die Freiheit, die der einzelne einschränken soll, ist der Bereich seiner Möglichkeiten zu handeln, der „Umfang seiner mit Freiheit beschlossenen Handlungen und Äußerungen in der Sinnenwelt. Der Begriff der Freiheit ist sonach hier quantitativ und materiell" [18]). Die zu schonende Freiheit des anderen ist aber nicht sein freies Handelnkönnen, nach seinem Umfang betrachtet, sondern lediglich seine Möglichkeit, überhaupt frei sein zu können. „Hier hat dasselbe Wort einen anderen Sinn, und die Bedeutung desselben ist lediglich qualitativ und formell. Jeder soll überhaupt nur auch frei, eine Person sein können: aber wie weit der Umfang seiner durch Freiheit möglichen Handlungen sich erstrecken solle, darüber wird durch das Gesetz zunächst nichts bestimmt." [19]) Der Mensch muß sich demnach nur insoweit beschränken, daß er den andern nicht überhaupt daran hindert, in Freiheit Mensch zu sein.

Dieses schlechthin Respekt Heischende im Sein des andern nennt Fichte das *Urrecht*, als den „Begriff ... desjenigen Rechts, das jeder

[16]) NR III 112. [17]) NR III 121, v. Verf. gesp.
[18]) NR III 93. [19]) Ebenda.

Person, als einer solchen, absolut zukommen soll" [20]). Es ist das Recht des Menschen als solchen, und darum, weil es zur Wesensausstattung des Menschen gehört, „ein sich selbst berechtigendes, sich selbst als Recht konstituierendes, d. i. ein absolutes Recht" [21]).

Allerdings darf dieser Fichtesche Begriff vom Urrecht nicht im Sinne der *aufklärerischen Vorstellungen* verstanden werden, die in der Säkularisation der Lehre vom Paradies einen Stand der Menschheit vor aller rechtlichen Gemeinschaft im Besitz von Urrechten postulierten. „Es gibt keinen Stand der Urrechte." [22]) Das Urrecht haftet nicht einem angenommenen isolierten Menschen als Eigenschaft oder dergleichen an, sondern ist sein wesenhaftes Sein, nämlich seine Freiheit, sofern sie im Hinblick auf sein Dasein in der Gesellschaft betrachtet wird. Jedes abstrakte Verständnis des Urrechts wird dadurch abgewiesen, daß dieses in seiner notwendigen Beziehung zur Gemeinschaft aufgedeckt wird; im Begriff des Urrechts als „Recht" steckt bereits, daß es lediglich „Bedingung der Möglichkeit des Beisammenseins freier Wesen" ist [23]). Dieser Begriff kennzeichnet lediglich das in allem Sein mit andern unverlierbare und unantastbare ursprüngliche Wesen des Menschen. Dieser hat „nur in der Gemeinschaft mit anderen Rechte, wie er denn ... überhaupt nur in der Gemeinschaft mit anderen gedacht werden kann. Ein Urrecht ist daher eine bloße *Fiktion*, aber sie muß, zum Behuf der Wissenschaft, notwendig gemacht werden" [24]).

Es bleibt nun Fichte noch die Aufgabe, zu zeigen, was denn das Urrecht in seinem Sachgehalt ist, worauf also der Mensch im einzelnen ursprünglich ein Recht hat. Offenbar muß es das sein, was notwendige Voraussetzung des wirklichen Freiseins in der Existenz mit andern ist [25]). Solcher Bedingungen nennt Fichte zwei; einmal die *Möglichkeit, in der wirklichen Welt frei zu handeln*, also „das Recht auf die Fortdauer unseres freien Einflusses in die gesamte Sinnenwelt" [26]), zum andern, da alles wirkliche Freisein durch den *Leib* sich vollzieht, „das Recht auf die Fortdauer der absoluten Freiheit und Unantastbarkeit des Leibes (d. i. daß auf ihn unmittelbar gar nicht eingewirkt würde)" [27]). Die Respektierung der Urrechte besteht darum in dem Verbot, den Leib des andern willkürlich zu behandeln [28]) oder die Objekte, die er seinen Zwecken dienstbar ge-

[20]) NR III 112 f.; vgl. 94. [21]) NR III 119. [22]) NR III 112.
[23]) NR III 94. [24]) NR III 112; vgl. 111. [25]) Vgl. NR III 94.
[26]) NR III 119. [27]) Ebenda. [28]) Vgl. NR III 123.

macht hat, sich willkürlich zuzueignen [29]). So ergibt sich also vom Begriff des Urrechts her zum erstenmal im Zuge der Begründung der Gemeinschaft eine konkrete Anweisung zum Verhalten in ihr.

Es ist allerdings klar, daß die Freiheit des Objektbesitzes, also des Eigentums, und die Unantastbarkeit des Leibes nur Momente des Daseins des Menschen in der Sinnenwelt sind, und daß deshalb auch die dadurch bestimmte Gemeinschaftshaltung nicht die eigentliche Tiefe des Menschseins erfaßt. Sie werden von Fichte auch nur in der Abzweckung aufgewiesen, die Rechtsgemeinschaft und die Haltung in ihr zu kennzeichnen; die Äußerlichkeit, die damit gegeben ist, wird sich, je tiefer Fichte in den Grund der Gemeinschaft eindringt, um so mehr verinnerlichen.

Nun steckt aber in dem bisher erörterten Begriff der Rechtsgemeinschaft eine Schwierigkeit. Die Respektierung der Urrechte des andern, zu der ich mich im Ursprung der Rechtsgemeinschaft entschließe, steht unter der Bedingung, daß auch der andere meine Freiheit achte; „alles Rechtsverhältnis zwischen bestimmten Personen ist bedingt durch ihre wechselseitige Anerkennung durcheinander" [30]). Ich kann nun zwar im jeweiligen Augenblick dessen inne werden, daß der andere meine Freiheit respektiert; aber ich kann nicht sicher sein, daß dies nicht vielleicht nur darum geschieht, weil er für den Augenblick als Gegenleistung meine Achtung seiner Freiheit braucht, und daß er im nächsten Augenblick über mich herfallen oder in die Sphäre eingreifen wird, die ich in der Sinnenwelt mir zueigen gemacht habe. Wenn ich also ihm einen Raum für seine Freiheit lasse, dann schaffe ich vielleicht eben dadurch die Basis, von der aus er meine Freiheit zerstören kann. Wenn anders es aber der Sinn des Daseins des Menschen ist, zur Freiheit zu gelangen, dann darf der Mensch nichts tun, was die Möglichkeit dazu untergräbt, und darf den andern nicht auf die ungewisse Zukunft hin freilassen. Soll also die Rechtsgemeinschaft möglich sein — und sie muß möglich sein, weil sie wesensnotwendig ist —, dann muß es eine Möglichkeit geben, für die Zukunft Gewißheit über das gegenseitige Handeln zu schaffen. Fichte sieht eine solche Möglichkeit darin, daß die miteinander in Beziehung stehenden Menschen einander für die Zukunft die Freiheit zusichern, und zwar so, daß sie miteinander einen Garantievertrag darüber abschließen. Weil also sowohl Freilassen des andern wie Sicherheit für die Zukunft sein soll, und weil beides zusammen nur

[29]) Vgl. NR III 124. [30]) NR III 123.

durch *Verträge* möglich ist, darum — so argumentiert Fichte — ist der Abschluß eines Vertrages, oder genauer, eines Systems von Verträgen, aus dem Wesen des Menschen heraus notwendig.

Um die Freiheit zu sichern, ist es zunächst erforderlich, den Bereich abzustecken, den jeder als ihm zueigen ansieht [31]); es ist also ein *„Vertrag über das Eigentum"* notwendig [32]), in dem jeder zusagt, das, was der andere als seinen rechtmäßigen Besitz anzeigt, jetzt und in Zukunft zu achten [33]). Ein solcher Vertrag ist ausschließende Bedingung der Rechtsgemeinschaft [34]). Er garantiert zugleich die Unantastbarkeit des Leibes, weil er den grundsätzlichen Willen kundtut, in ein Rechtsverhältnis zu kommen [35]).

Doch genügt dieser Eigentumsvertrag für sich allein nicht, die Freiheit im Miteinander zu gewährleisten. Denn was nutzt es, sich von den einzelnen Mitmenschen das Eigentum garantieren zu lassen, wenn irgendeiner, der etwa mächtiger ist als ich, über mich herfallen kann. Sicherheit erhält darum meine Freiheit nur durch einen zweiten Vertrag, den *„Schutzvertrag"*, „in welchem jeder allen einzelnen ... verspräche, ihnen das anerkannte Eigentum durch seine Kraft schützen zu helfen, mit der Bedingung, daß sie von ihrer Seite gleichfalls das Seinige gegen Gewalt verteidigen hälfen" [36]).

Noch ein dritter Vertrag ist notwendig, um das Gefüge der Vertragsbeziehungen zu vollenden. Es könnte ja sein, daß der andere sich von mir schützen läßt und mir seinen Schutz verspricht, weil er gerade in Not ist, und sich später, wenn ich selbst der Hilfe bedarf, von dem Vertrag lossagt [37]). Da man sich im Felde des Rechts — denn von Sittlichkeit ist noch nicht die Rede — nicht auf bloßes Vertrauen verlassen kann, müßte eine Einrichtung getroffen werden, die den andern zwingt, mir dieselbe Hilfe zu leisten, wie ich sie ihm leiste. Dies geschieht dadurch, daß der andere und ich selbst von vornherein unsern Beitrag zu dem gemeinsamen Schutz liefern, indem wir miteinander eine „schützende Macht" aufstellen [38]). Und zwar müßte dieses Übermächtige stets das Recht vertreten gegenüber dem Unrecht, das der einzelne etwa zu tun beabsichtigen könnte [39]). Die Frage ist nur, wie eine solche Übermacht zustande kommen kann.

Die These, die Fichte hierüber aufstellt, lautet, daß eine notwendig das Recht vertretende Übermacht aus der bloßen Vereinigung

[31]) Vgl. NR III 126 f., 130. [32]) NR III 135. [33]) Vgl. NR III 132 f., 194.
[34]) Vgl. NR III 127. [35]) Vgl. NR III 135 f. [36]) NR III 197; vgl. 199.
[37]) Vgl. NR III 201, 138. [38]) NR III 201. [39]) Vgl. NR III 106, 150.

von Menschen als solcher erwächst. Zunächst ist ohne weiteres klar, daß jeder Zusammenschluß von Menschen eine größere Macht schafft, als es die der einzelnen ist. „Eine Übermacht über ein freies Wesen könnte nur dadurch entstehen, daß mehrere freie Wesen sich vereinigten; denn es gibt in der Sinnenwelt nichts, das mächtiger sei, als ein freies Wesen (eben darum, weil es frei ist, und seiner Kraft mit Besonnenheit eine zweckmäßige Richtung geben kann); und nichts, das mächtiger sei, als der einzelne, außer mehrere. Ihre Stärke würde demnach lediglich in ihrer Vereinigung bestehen." [40]) Die Verbindung von Menschen, so schließt Fichte weiter, will notwendig immer das Recht und schafft Recht. „Eine Anzahl freier Wesen vereinigen sich, heißt: sie wollen miteinander leben." [41]) Dies aber ist nur so möglich, daß „jeder seine Freiheit durch die Freiheit aller übrigen beschränkt" [42]). Beschränkung der Freiheit ist aber Recht; das „Einzigmögliche daher, worüber ihr Wille sich vereinigt, ist das Recht" [43]). Vereinigter Wille ist überhaupt nur möglich als Rechtswille.

Diese These Fichtes scheint anfechtbar zu sein; es gibt doch faktisch Vereinigungen von Menschen, die miteinander das Unrecht bezwecken. Aber diese Tatsache besagt nichts dagegen, daß sie doch Recht schaffen; dies geschieht allerdings nicht nach außen hin; aber um ihren Zweck, das Unrecht, zu erreichen, müssen sie die Beziehungen ihrer Mitglieder untereinander regeln und in rechtliche Ordnung bringen.

Eigentumsvertrag und Schutzvertrag erhalten also ihre Sicherung durch die Übermacht, die sich in der Vereinigung von Menschen bildet. „Die Sicherheit der Rechte aller wird nur durch den übereinstimmenden Willen aller ... gewollt." [44]) Es ist somit notwendig, soll überhaupt Recht sein, daß „der Wille einer bestimmten Anzahl von Menschen, in irgendeinem Zeitpunkte, wirklich übereinstimmend werde" [45]). Es ist ferner notwendig, weil man sonst nichts von ihm wissen kann, daß er „sich als solcher äußere, deklariert werde" [46]). Den ausdrücklichen Abschluß einer solchen in die Zukunft reichenden Verbindung nennt Fichte den „*Vereinigungsvertrag*" [47]).

Dieser dritte in dem Gefüge der notwendigen Verträge ist es, in dem sich eigentliche Gemeinschaft bildet. Der Eigentumsvertrag grenzt ab und der Schutzvertrag verabredet Hilfe nur für den Notfall; der Vereinigungsvertrag dagegen schafft ein wirkliches Mitein-

[40]) NR III 106. [41]) Ebenda. [42]) Ebenda. [43]) NR III 106 f.
[44]) NR III 151. [45]) NR III 152. [46]) Ebenda [47]) NR III 204.

ander [48]). Aber so wie die beiden andern Verträge keine Sicherheit bieten ohne ihn, so ist er selbst unvollständig ohne jene. So kann und muß man sie als Einheit betrachten; in diesem Sinne spricht Fichte von ihnen allen zusammen als von dem „*Staatsbürgervertrage*" [49]) oder dem „Bürgervertrage" [50]) und nennt das Ganze, das sich im Vereinigungsvertrag, im Schutzvertrag und im Eigentumsvertrag bildet, den Staat oder das gemeine Wesen [51]). Damit also das Miteinander von Menschen möglich sei, ist die Schaffung eines Staates notwendig; es „können freie Wesen gar nicht zusammen gedacht werden, ohne daß ihre Rechte einander gegenseitig einschränken, demnach, ohne daß der Umfang der Urrechte sich in den der Rechte in einem gemeinen Wesen verwandle" [52]). Wie das Recht ursprünglich aus dem Menschsein erwächst, so ist auch *der Staat aus dem Wesen des Menschen heraus notwendig.*

§ 43

Der Sinn der Vertragstheorie. Bindung an den Staat und Freiheit

Das Charakteristische an Fichtes Begründung des Staates ist, daß er diesen aus dem Abschluß von *Verträgen* entstehen läßt; der „Staat ist Staat für jeden einzelnen durch den Vertrag" [53]). Dagegen erhebt sich jedoch ein Bedenken. In Wirklichkeit tritt der Mensch nicht durch den Abschluß eines Vertrages, sondern durch Geburt in das Staatsganze ein; ehe er überhaupt imstande ist, einen Vertrag abzuschließen, umgibt ihn schon die staatliche Gemeinschaft. Dasselbe zeigt die Geschichte; denn soweit unsere historische Kenntnis reicht, sind die Staaten nicht durch Verträge zustande gekommen. Ist die Idee des Staatsvertrages nicht doch nur ein dem sonstigen konkreten Philosophieren Fichtes fremdes, aufklärerisches Residuum?

Tatsächlich knüpft Fichte mit diesem Gedanken an die *Aufklärung* und letztlich an die Tradition des Naturrechts an, in der das menschliche Gemeinschaftsleben so verstanden wird, daß es sich in

[48]) Vgl. ebenda. [49]) NR III 191; vgl. 195. [50]) NR III 204.

[51]) Weil unsere Untersuchung grundsätzlich nach der Begründung des Staats als Gemeinschaft fragt, kann keine eingehende Darstellung der *konkreten Gestalt*, die die Wesenselemente *des Staates* bei Fichte erhalten, gegeben werden. Wir erwähnen nur anmerkungsweise den Nachweis Fichtes, daß der Staat die Aufgabe erhält, jedem, der ihm angehört, die Möglichkeit zu geben, sich ein Eigentum zu verschaffen, ihm also Arbeit zu geben; eine Forderung, mit der „ein mächtiger sozialer Gedanke in den Staat" einströmt (Wundt, Max, Fichte, 1927, S. 168).

[52]) NR III 111; vgl. 148; SL IV 344. [53]) NR III 278; vgl. 204.

einem System von Verträgen aufbaut. Aber mit der bloßen historischen Erinnerung ist noch nichts erklärt. Mag Fichte den Begriff des Vertrags auch aus der Tradition übernommen haben, so muß doch gefragt werden, aus welchen Gründen er ihn übernahm und wie er ihn innerhalb seines Gedankengebäudes verstand. Bei einem Denker von so systematischer Kraft, wie wir sie bei Fichte finden, läßt sich von vornherein vermuten, daß er einen fremden Begriff nicht einfach aufnimmt und mitschleppt, sondern daß er in der Aufnahme ihm seine eigene Prägung verleiht.

Dabei scheinen allerdings die Aussagen Fichtes miteinander in Widerstreit zu geraten. Einerseits behauptet er, daß der Staat aus dem Abschluß eines Vertrages erwachse, daß er „auf einem ausdrücklichen in der Sinnenwelt, zu irgendeiner Zeit wahrzunehmenden, und nicht durch freie Selbstbestimmung möglichen Akt aller sich gründe“ [54]). Andererseits aber leugnet Fichte ein isoliertes Dasein des Menschen vor der Schaffung des Staates; die Annahme eines vorstaatlichen Zustandes im Besitz der Urrechte ist ja eine „Fiktion“ [55]); „der Staat selbst wird der Naturstand des Menschen“ [56]).

Der Einsicht in die Vereinbarkeit der beiden Thesen kommt man näher, wenn man darauf achtet, daß die Geburt nicht die einzige Weise ist, in der man in einen Staat hineingelangt. Es gibt auch den bewußten Übertritt von einem Staat in den andern, wobei man, etwa durch die Bitte um Erteilung des Bürgerrechts, seinen Willen kundgibt, sich mit den Bürgern des andern Staates zu vereinigen und dessen Gesetze zu achten. In dieser Verabredung, deren Partner die bisherigen Bürger des Staates und der neu hinzutretende Bürger sind, wird also so etwas wie ein Vertrag abgeschlossen.

Von daher fällt Licht auf Wesen und Notwendigkeit des Vertrages überhaupt. Der Mensch ist nicht unlösbar in die staatliche Gemeinschaft gebunden, der er angehört, sondern behält seine Freiheit, in einen andern Staat überzugehen. Bleibt er nun trotzdem in seinem Staatsverbande, so hängt auch dies von seinem freien Entschlusse ab; er tut seinen Willen kund, mit den Bürgern dieses Staates vereinigt zu bleiben und die Gesetze zu achten. „Jedes Individuum hat auf die beschriebene Art wirklich einmal sich geäußert; sei es durch Worte, oder durch Handlungen; indem es sich ganz offen und unverhohlen einer gewissen Beschäftigung widmet, und der Staat dazu wenigstens stillschweigt.“ [57]) Auch die Existenz im Staat muß also so angesehen

[54]) NR III 152. [55]) NR III 112. [56]) NR III 149. [57]) NR III 196.

werden, daß ihr ein Entschluß zur staatlichen Existenz und damit eine Art von Staatsvertrag zugrunde liegen, nur daß beide lediglich stillschweigende Voraussetzungen sind. Dementsprechend ergänzt Fichte seine These von der Notwendigkeit des ausdrücklichen Vertragsabschlusses dadurch, daß er auch diese schweigende Form der Zustimmung mit einbezieht; der gemeinsame Wille hat „durch einen ausdrücklichen, oder durch einen stillschweigenden Vertrag sich geäußert“ [58]).

Daß dem Staat ein Vertrag zugrunde liegt, darf also nicht im Sinne eines faktischen Geschehens, sondern muß im Sinne einer notwendigen Betrachtungsweise des Menschen verstanden werden. Fichte übernimmt aus der Philosophie der Aufklärung die Vertragstheorie, um damit auszudrücken, daß alles staatliche Sein des Menschen auf der Freiheit und auf dem Entschluß beruhen muß; der Mensch muß sich so verstehen, daß er sich dem Staat nur „mit vollkommener Freiheit“ unterwerfen darf [59]), wie er überhaupt alles, was er ist, mit Freiheit als sein Wesen zu ergreifen hat. Auch die Tatsache, daß er mit der Geburt schon im staatlichen Verband steht, kann nie die Selbstverständlichkeit eines bloßen Faktums haben, sondern schließt die Aufgabe ein, das Naturgegebene in Freiheit sich wirklich zueigen zu machen. Der *Staat* ist nicht eine Gabe der Natur, sondern *eine notwendige Aufgabe für die Freiheit;* ihn zu errichten ist „durch die Natur und Vernunft geboten“ [60]).

Denn die Freiheit als dauernde ist nur möglich in der Gemeinschaft des Staates. Der Mensch erhält „nur in der Staatsverbindung einen bestimmten Stand in der Reihe der Dinge, einen Ruhepunkt in der Natur ... Außer ihm würde nur ein vorübergehender Genuß stattfinden, nicht aber die mindeste Rechnung auf etwas Künftiges“ [61]). Mag im ersten Hinblick die Freiheit der Bindung entgegengesetzt sein, so zeigt sich doch, daß gerade sie den Staat und die Hingabe an ihn fordert. „Es ist klar, daß derjenige, der in eine solche Verbindung tritt, seine Freiheit erhält, ob er sie gleich aufgibt, und dadurch sie erhält, daß er sie aufgibt.“ [62])

[58]) SL IV 356. [59]) NR III 102. [60]) NR III 370.
[61]) NR III 208; vgl. 209. [62]) NR III 109.

§ 44

Der Staat als Ganzheit

Daß Fichte seine Staatsidee unter dem Gesichtspunkt des Vertrages darlegt, ist zwar Ausdruck eines für ihn wesentlichen Gedankens, verursacht es aber doch, daß seinem Staatsbegriff noch ein Rest individualistischer Betrachtungsweise anhängt, die denn auch die Interpretation immer wieder dazu verführt hat, die Staatsphilosophie des jungen Fichte im Sinne des aufklärerischen Begriffs vom Staat zu verstehen. Und doch läßt sich, und zwar eben vom Begriff des Vertrages aus, zeigen, daß *ein neuer, der Aufklärung entgegengesetzter Staatsbegriff* bei Fichte sich durchzusetzen beginnt.

Einem ersten Hinblick könnte es allerdings so erscheinen, als ob der Staat, der durch Verträge der einzelnen miteinander zustande gekommen ist, doch immer nur die Summe dieser einzelnen bliebe und kein echtes Ganzes, sondern ein Konglomerat wäre. Fichte betont demgegenüber, daß der Staatsbürgervertrag „mit dem reellen Ganzen des sich durch die Verträge mit den einzelnen bildenden, durch sie sich selbst erhaltenden Staats" abgeschlossen wird [63]).

Daß der Staat ein *Ganzes* ist, geht aus dem Wesen des Vertrags, der die eigentlich gemeinschaftbildende Funktion hat, des Vereinigungsvertrags, hervor. In ihm bildet sich eine schützende Macht, die jedem zu Hilfe kommt, der angegriffen wird. Die Hilfe wird verlangt und gewährt „für kein bestimmtes Individuum, und doch für alle: — für jeden, welcher angegriffen wird; dies kann nun jeder einzelne unter ihnen sein, jeder aber kann es auch nicht sein" [64]). Dieser „jeder" läßt sich somit nicht von vornherein bestimmen. „Also der Begriff desjenigen überhaupt, was zu beschützen ist, ist im Schweben: es ist ein unbestimmter Begriff." [65])

Ein solcher schwebender Begriff kann nur durch ein Vermögen begriffen werden, das selbst den Charakter des Schwebens hat; als ein solches lernten wir die Einbildungskraft kennen. Für sie ist kennzeichnend, daß sie immer von einem Verstandenen zu einem anderen zu Verstehenden getrieben wird, um wieder auf das erste Verstandene zurückgeworfen zu werden, und daß sie im Hin und Her das Entgegengesetzte zur Einheit bindet. So kann sie auch hier die Funktion der Vereinigung des einen und des anderen, bei deren keinem sich das Verständnis festsetzen kann, ausüben. „Diese Un-

[63]) NR III 207. [64]) NR III 202. [65]) Ebenda.

bestimmtheit, diese Ungewißheit, welches Individuum der Angriff zuerst treffen werde, also dieses Schweben der Einbildungskraft, ist das Vereinigungsband." [66])

Nun entwirft die Einbildungskraft jeweils im Schweben ein Bild, in dem das Gegensätzliche verbunden ist. So sieht sie auch hier die einzelnen, deren jeder möglicherweise der zu Schützende sein kann, im einheitlichen Bild des Ganzen, als „alle". „Im Begriffe des zu Schützenden nämlich fließen, zufolge der notwendigen Unbestimmtheit, welcher einzelne des sichtbaren Schutzes bedürfen werde, und noch mehr, welchen er bei dem durch das Gesetz vor dem Ausbruche unterdrückten bösen Willen unsichtbar zustatten komme, alle einzelnen in Eins zusammen." [67]) *Der Begriff vom Staat als einer Ganzheit entspringt* somit *in der Einbildungskraft,* und zwar *als notwendiger Begriff;* ihr Schweben „ist dasjenige, vermittelst dessen alle in Eins zusammenfließen; und nicht mehr in einem abstrakten Begriffe, als ein compositum, sondern in der Tat vereinigt sind, als ein totum" [68]).

„Man hat, soviel mir bekannt ist, bis jetzt den Begriff des Staatsganzen nur durch ideale Zusammenfassung der einzelnen zustande gebracht, und dadurch die wahre Einsicht in die Natur dieses Verhältnisses sich verschlossen. Man kann auf diese Weise alles mögliche zu einem Ganzen vereinigen. Das Vereinigungsband ist dann lediglich unser Denken; alles Vereinigte ist wieder isoliert wie zuvor, wenn wir auf eine andere Weise zusammensetzen, welches ja von der Willkür abhängt. Eine wahre Vereinigung begreift man nicht eher, bis man ein Vereinigungsband außer dem Begriffe aufgezeigt hat. (So drücken wir uns aus auf dem empirischen Gesichtspunkte; von dem transzendentalen aus müßten wir sagen: bis man das zur Vereinigung im Denken Nötigende aufgezeigt hat)." [69]) Dieses ist der Begriff des zu Schützenden [70]). Denn es gibt jeder „seinen Willen darein zu schützen ... das Ganze. Er wird sonach ein Teil des Ganzen, und fließt mit ihm zusammen; er möge nun, durch den noch nicht vor-

[66]) NR III 203. [67]) NR III 208.

[68]) Der Mangel einer philosophisch zureichenden Interpretation der Grundlagen des Fichteschen Staatsbegriffs, wie er in dem Buch Nico *Wallners,* „Fichte als politischer Denker", 1926, zutage tritt, zeigt sich, wenn er etwa S. 107 schreibt: „Da jeden der Bürger eine Rechtsverletzung treffen könne, man aber nie vorher wisse wen, so befindet sich der Begriff desjenigen, der zu schützen ist, im ‚Schweben', wie Fichte sich etwas seltsam ausdrückt."

[69]) NR III 207 f. [70]) Vgl. NR III 202.

auszusehenden Zufall, der Beschützer werden, oder der Beschützte“ [71]). So erzeugt die Einbildungskraft, gezwungen von dem Begriff des zu Schützenden, notwendig den „Begriff eines nicht bloß eingebildeten Ganzen, das lediglich durch unser Denken erzeugt werde, ... sondern eines reellen Ganzen, das durch die Sache selbst vereinigt wird; nicht bloß aller, sondern einer Allheit“ [72]). „Der einzelne wird ... ein Teil eines organisierten Ganzen, und schmilzt sonach mit demselben in Eins zusammen.“ [73])

Um die Tatsache, daß der Staat ein lebendiges Ganzes ist, zu verdeutlichen, führt Fichte den Begriff des *Organismus* ein. „Der aufgestellte Begriff ist füglich zu erläutern durch den eines organisierten Naturproduktes: etwa den eines Baumes.“ [74]) Denn wie in einem natürlichen Organismus die Teile um ihrer selbst willen zur Erhaltung des Ganzen beitragen, so auch im Staat; man „gebe jedem einzelnen Teile Bewußtsein und Wollen, so muß er, so gewiß er seine Selbsterhaltung will, die Erhaltung des Baumes wollen, weil seine eigne Erhaltung nur unter dieser Bedingung möglich ist. Was ist ihm denn nun der Baum? Der Baum ist überhaupt nichts, denn ein bloßer Begriff, und ein Begriff kann nicht verletzt werden. Aber der Teil will, daß kein Teil unter allen Teilen, welcher es auch sei, verletzt werde, weil bei der Verletzung eines jeden er selbst mitleiden würde. — So nicht bei einem Sandhaufen, wo es jedem Teile gleichgültig sein kann, daß der andere abgetrennt, zertreten, verstreut würde“ [75]).

Diese Sätze zeigen deutlich Sinn und Grenzen des Staatsbegriffs Fichtes. Er hat noch nicht die Bedeutung einer ausgebildeten Organismustheorie. Sie schlösse ein, daß eine selbständige Existenz des Staates mit eigenem Leben außerhalb und über den in ihm verbundenen Menschen angenommen würde. Aber mit dieser Theorie ist das Miteinander naturhaft verstanden, wie es die Philosophie der Romantik tatsächlich begriffen hat; der Staat ist danach ein Gebilde der durch sich selbst wirkenden Natur, oder etwa ein selbständiges Geschöpf Gottes. Fichte aber hält den Zusammenhang mit dem Sich-verstehen des Menschen streng fest. Dieser begreift sich im Staate nicht so, daß er lediglich Glied eines für sich bestehenden Ganzen ist, sondern versteht dieses Ganze zugleich als Schöpfung seiner Freiheit. Andererseits aber erblickt er es nicht bloß als ein Konglomerat von einzelnen, sondern als ein echtes Ganzes. Mitten inne zwischen Auf-

[71]) NR III 204. [72]) NR III 202. [73]) NR III 204.
[74]) NR III 203. [75]) Ebenda.

klärung und Romantik gehört so Fichtes Staatstheorie zu keiner der beiden Ausprägungen und vermeidet die Einseitigkeiten, denen seine Vorgänger und Nachfolger verfielen. Auch hier zeigt sich wieder die konkrete und besonnene Art des Philosophierens Fichtes. Er übernimmt weder die abstrakte Idee einer ursprünglichen Isoliertheit des Menschen, noch löst er sich los aus der Perspektive des Sich-verstehens des Menschen, um ein selbständiges metaphysisches Wesen „Staat" zu entwerfen. Eben in dieser Zurückhaltung entsteht ihm das Bild einer *wirklichen Durchdringung von Einzelmensch und ganzheitlicher Gemeinschaft.* Der Staat bildet sich und wächst eben darin, daß der Mensch sein Seinkönnen verwirklicht, und der Mensch kann sein Sein nur im Staate verwirklichen. Indem er sich selbst innerhalb des Ganzen erhält, „erhält er eben dadurch an seinem Teil das Ganze; und eben dadurch, daß das Ganze jeden Teil in diesem seinem Stande erhält, kehrt es in sich selbst zurück, und erhält sich selbst" [76]).

IV. Die sittliche Gemeinschaft

§ 45

Selbstverantwortlichkeit und Verantwortlichkeit für die andern

Der letzte Grund, um dessetwillen es zur Bildung eines Staates kommt, liegt nicht in diesem selbst, sondern, wie dies von der Sache gefordert wird, im Menschen. Hier aber sind es nicht die Kräfte der Hingabe oder des Dranges zur Gemeinschaft, aus denen der Staat erwächst, sondern die Absicht, die eigene Freiheit zu bewahren; nur weil der Mensch seine individuelle Freiheit will und sie nicht anders als durch den Staat bewahren kann, entschließt er sich zur staatlichen Existenz. Im Staate ist darum die Gemeinschaftlichkeit nicht Selbstzweck, sondern dient der Ermöglichung des individuellen Daseins.

Wäre dies Fichtes letztes Wort, dann gehörte die Gemeinschaft zwar notwendig zum Sein des Menschen, reichte aber letztlich nicht in dessen Ursprünge hinab. Nun zeigten aber unsere Erörterungen über den Begriff der Individualität, daß er den Menschen nicht in seinem ursprünglichsten Sein kennzeichnet, sondern daß sich dieser ursprünglicher noch in Anrede und Antwort in Gemeinschaft mit dem Du versteht. Diese anfängliche Gemeinschaft entfaltet sich zwar notwendig über den Begriff der Individualität zum Staat, aber damit

[76]) NR III 209.

ist nicht gesagt, daß dieser die einzige oder auch nur die wesentlichste Art von umfassender Gemeinschaft ist, die aus ihr entspringt.

Eine tiefere Begründung der Gemeinschaft, als er sie im „Naturrecht“ gibt, findet Fichte von den Voraussetzungen aus, die er seiner „Sittenlehre“ zugrunde legt. Zwar ist auch hier die Achtung vor der Freiheit des andern der Ausgangspunkt, aber sie beschränkt sich nicht auf die äußere Respektierung und entsteht nicht erst in der Sphäre des Besitzes, sondern wurzelt unmittelbar in dem Gegenüber der ursprünglichen Aufforderung. Ich bin ja Mensch geworden durch den Anruf des andern; lasse ich nun diesem nicht Raum, um Mensch zu sein, so vernichte ich das, dem ich meine eigene Existenz verdanke. Eine solche zerstörerische Handlung ist zwar möglich, denn auch hierin ist der Mensch frei. Handelt er aber so, dann widerspricht er seiner im Ursprung ihm gewordenen Einsicht. Die Treue zum Ursprung — wir sprachen schon früher von ihr —, die doppelte Konsequenz, sein Handeln nach seiner Einsicht und seine spätere Einsicht nach seiner ursprünglich gewonnenen zu gestalten, verlangt vom Menschen, *die Freiheit als die wesentliche Seinsmöglichkeit des andern zu achten.* „Meine Ichheit und Selbständigkeit überhaupt ist durch die Freiheit des anderen bedingt; mein Trieb nach Selbständigkeit kann sonach schlechthin nicht darauf ausgehen, die Bedingung seiner eigenen Möglichkeit, d. i. die Freiheit des andern, zu vernichten.“ [1]). So gelten „das absolute Verbot, die Freiheit des anderen zu stören“, und „das Gebot, ihn als selbständig zu betrachten, und schlechthin nicht als Mittel für meinen Zweck zu gebrauchen“ [2]).

Was zunächst nur für den einen mir ursprünglich Begegnenden gilt, das muß sich, eben um der Treue zum Ursprung willen, auf jeden anderen Menschen erstrecken, wer immer mir begegnen mag. Denn wenn ich einmal begriffen habe, daß in der Freiheit das wesentliche Sein des Menschen besteht, dann handelte ich dieser meiner Einsicht zuwider, wenn ich irgendeinen Menschen nicht als freies Wesen behandelte. „Ich darf nicht selbständig sein, zum Nachteil der Freiheit anderer.“ [3]) „Ich darf die Freiheit vernünftiger Wesen nicht stören.“ [4])

Aus dieser Haltung des unbedingten Respekts vor der Persönlichkeit des andern sieht Fichte eine tiefere Überwindung des Individualismus erwachsen, als sie in der Notwendigkeit der Bildung des Staates sich verwirklicht. Auch hier wieder gewinnt er den neuen

[1]) SL IV 221. [2]) Ebenda. [3]) SL IV 222. [4]) SL IV 230.

Gedanken in der Auflösung eines Widerstreits. Die Selbständigkeit, der Endzweck des Menschen, besteht in der Unabhängigkeit von fremdem Einfluß und dem Sein lediglich aus sich selbst heraus. Wirklichkeit gewinnt sie jeweils in der Bemeisterung von konkreten Widerständen, die dem Menschen entgegentreten. Deren Überwindung vollzieht sich so, daß das begegnende Seiende in den Zweckentwurf des Menschen einbezogen wird, und dies in mannigfaltiger Weise, im Erkennen, im alltäglichen Gebrauch, im Zielstreben. Das Ideal, auf das der Mensch wesensnotwendig zugeht, ist ja, wie wir sahen, die Welt, wenn sie betrachtet wird als einbezogen in das unendliche Streben des Ich zu seiner Freiheit. „Die Selbständigkeit, unser letztes Ziel, besteht ... darin, daß alles abhängig ist von mir, und ich nicht abhängig von irgend etwas." [5]) Demgemäß fordert das Sittengesetz, daß „ich alles, was mich beschränkt oder, was dasselbe bedeutet, in meiner Sinnenwelt liegt, meinem absoluten Endzwecke unterwerfe; es zu einem Mittel mache, der absoluten Selbständigkeit mich zu nähern" [6]).

Dem steht aber entgegen, daß der Mensch die andern freilassen muß und also das, was sie ihren Zwecken untergeordnet haben, nicht selbst in seinen Zweckentwurf einbeziehen darf [7]). „Ich kann und darf nicht alles sein und werden, weil es einige andere sind, die auch frei sind." [8]) Der Grund dieses Verbotes liegt in der Haltung des unbedingten Respekts, die vom Sittengesetz gefordert ist. Beide Forderungen, sich alle Dinge untertan zu machen und sich nicht alle Dinge zu unterwerfen, „sind unmittelbare Gebote des Sittengesetzes" [9]). „Es findet sich sonach hier ein Widerspruch ... des Sittengesetzes, mit sich selbst." [10]) Da aber ein solcher Widerstreit — nicht eine Pflichtenkollision, sondern ein Widerspruch in dem schlechthin Gebotenen selbst — widersinnig ist, müssen die beiden Gebote vereinbar sein.

Der Widerspruch läßt sich auflösen, wenn man darauf achtet, worauf sich eigentlich die Unabhängigkeit bezieht. Um selbständig zu sein, kommt es nicht darauf an, möglichst viel Seiendes in seine Botmäßigkeit zu bringen. Wollte man die Freiheit derart quantitativ verstehen, dann müßte derjenige Mensch am freiesten sein, der die meisten Weltdinge sich zueigen gemacht hat. Die Erfahrung zeigt jedoch, daß die Größe des Besitzes oder des Einflusses nicht mit der Weite der Freiheit zusammengehen muß. Vielmehr verwirklicht sich die Selbständigkeit darin, daß man das Seiende, das jeweils gerade

[5]) SL IV 229. [6]) SL IV 230. [7]) Vgl. ebenda.
[8]) SL IV 225 f. [9]) SL IV 230. [10]) Ebenda.

im Wege steht oder hindert, in seine Zwecke einbezieht; im Dienstbarmachen der im jeweiligen Augenblick begegnenden Weltdinge gewinnt die Selbständigkeit Gestalt. Deshalb kann im Gebot des Sittengesetzes auch nicht gemeint sein, der Mensch müsse Seiendes, das der andere bereits sich dienstbar gemacht hat, noch einmal um des möglichst großen Quantums von Freiheit willen seinen Zwecken unterwerfen und darum den andern in seiner Freiheit angreifen. *Die Forderung der Unabhängigkeit von der Welt bezieht sich für mich auf meine Welt, nicht auf die des andern.*

Und doch muß ich die andern in gewisser Weise in mein Streben nach Selbständigkeit einbeziehen. Zwar kann ich nicht wollen, daß ich in der Unterwerfung ihres Bereiches von Weltdingen meine Freiheit vergrößere; ich muß, wenn ich dem Sittengesetz gehorche, die Freiheit der andern achten. Wirkliche Achtung ist jedoch nicht die bloße kühle und gleichgültige Respektierung, sondern besteht darin, daß sich mein Wille auf die Freiheit der andern richtet und daß ich ihr Freiseinkönnen in meinen eigenen Entschluß zur Freiheit mit aufnehme. In meinen eigenen Willen zur Freiheit sind somit die andern mit einzubeziehen; *das Ziel des Strebens* bin letztlich nicht ich selbst, sondern ist *das Miteinander mit den andern.* "Die Selbständigkeit aller Vernunft, als solcher, ist unser letztes Ziel; mithin nicht die Selbständigkeit Einer Vernunft, inwiefern sie individuelle Vernunft ist." [11]) „Der moralische Endzweck jedes vernünftigen Wesens ist ... Selbständigkeit der Vernunft überhaupt; also Moralität aller vernünftigen Wesen." [12])

Die *Individualität* und ihre Erhaltung ist von diesem tieferen Gesichtspunkt aus nicht das Letzte. Denn wenn ich die Freiheit des andern ebenso will wie meine eigene, dann will ich meine eigene nicht um ihrer selbst willen. Daß ich selbst frei werde, interessiert mich dann nur darum, weil ich für mich das Mittel zu ihrer Verwirklichung bin; ich blicke primär auf das Gebot und nicht auf mich, der ich es erfüllen kann. Für mich selbst bin ich „schlechthin nicht Zweck", sondern nur „Instrument, *bloßes Werkzeug*" für die Durchsetzung dessen, was das Gebot an alle vernünftigen Wesen ist [13]). „Das Sittengesetz in mir, als Individuum, hat nicht mich allein, sondern es hat die ganze Vernunft zum Objekte. Mich hat es zum Objekte lediglich, inwiefern ich Eins der Werkzeuge seiner Realisation in der Sinnen-

[11]) SL IV 231. [12]) SL IV 233.
[13]) SL IV 255, v. Verf. gesp.; vgl. 231.

welt bin." [14]) „Geht der Trieb nach Selbständigkeit auf Selbständigkeit der Vernunft überhaupt; kann diese nur in den Individuen A, B, C usw. und durch sie dargestellt werden: so ist es mir notwendig ganz gleichgültig, ob ich, A, oder ob B oder C sie darstellt, denn immer wird die Vernunft überhaupt, da auch die letzteren zu dem Einen ungeteilten Reiche derselben gehören, dargestellt ... Ich will Sittlichkeit überhaupt; in oder außer mir, dies ist ganz gleichgültig; ich will sie von mir, nur inwiefern sie mir zukommt, und von anderen, inwiefern sie ihnen zukommt; durch eine, wie durch die andere ist mein Zweck auf die gleiche Weise erreicht." [15])

Damit hat sich der Aspekt auf eine tiefere Begründung der Gemeinschaft eröffnet. Im Staate war es lediglich die Sorge um die eigene Freiheit, die zur Bildung der Gemeinschaft trieb; jetzt ist deutlich, daß auch die Sorge um die Freiheit des andern mit zur Aufgabe des Menschen gehört; im Blick auf sein letztes Ziel sieht der Mensch nicht sich als Individuum, sondern sein Sein mit anderen. *Die Verantwortlichkeit für sich selbst ist notwendig Verantwortlichkeit für den andern.* „Wer nur für sich selbst sorgen will, in moralischer Rücksicht, der sorgt auch nicht einmal für sich, denn es soll sein Endzweck sein, für das ganze Menschengeschlecht zu sorgen." [16])

§ 46

Der Ursprung der sittlichen Gemeinschaft aus der Mitverantwortlichkeit

Aus der Verantwortlichkeit für die andern gewinnt Fichte die Notwendigkeit einer sittlichen Gemeinschaft wiederum durch die Aufstellung einer Schwierigkeit, die in dem bisher Erörterten steckt. Gehört zum Endzweck des Menschen auch die Selbständigkeit des andern, so ist er jeweils erreicht, „wenn der andere sittlich handelt" [17]). Zur Möglichkeit der Sittlichkeit überhaupt aber gehört Freiheit; diese „ist absolute Bedingung aller Moralität, und ohne sie ist gar keine möglich" [18]). „Es bestätigt sich also das absolute Verbot des Sittengesetzes, die Freiheit des freien Wesens unter keiner Bedingung und unter keinem Vorwande zu stören und aufzuheben." [19])

Nun liegt aber in der formalen Freiheit die Möglichkeit, daß der Mensch auch wider sein wesenhaftes Freiseinkönnen handelt, sich etwa an die Welt verliert; „er ist frei, und vermag durch Freiheit

[14]) SL IV 236. [15]) SL IV 232. [16]) SL IV 234 f.
[17]) SL IV 232. [18]) Ebenda. [19]) Ebenda.

auch unsittlich zu handeln" [20]). Aber „ich will den anderen nur frei, und kann ihn nur frei wollen, unter der Bedingung, daß er seiner Freiheit zur Beförderung des Vernunftzweckes sich bediene" [21]). „Habe ich dann nicht das Recht und die Verbindlichkeit, die Wirkung seiner Freiheit zu zerstören?" [22]) Und muß ich dies nicht, „wenn der Wunsch allgemeiner Sittlichkeit in mir herrschend ist"? [23]) Aber eben dies ist mir doch schlechthin verboten.

Fichte faßt in der Lösung des Widerstreites, ohne dies ausdrücklich zu kennzeichnen, den Begriff der unsittlichen Handlung zunächst in einer einseitigen Ausprägung. Er versteht darunter nicht die Handlung, in der ein Mensch in bewußtem Entschluß dem zuwider handelt, was er als Mensch sein soll, also das vorsätzlich unsittliche Tun, sondern das Verhalten, in dem er in der Überzeugung, er handle sittlich, tatsächlich doch unsittlich handelt. Daß ein solches Verhalten in der Wirklichkeit wieder und wieder vorkommt, ist einsichtig. Die konkrete Handlung ist ja nicht reines Unabhängigsein, sondern ein Schritt in der Richtung auf die Freiheit zu [24]). Was der Mensch dabei sicher wissen kann, ist sein Ausgerichtetsein auf sein Ziel; ob aber diese oder jene Handlung und diese Handlung mehr als jene auf sein Ziel zuführen, bleibt seinem Ermessen überlassen und kann nie völlig zweifelsfrei sein. Weil so die Sittlichkeit der konkreten Handlung von der Einsicht abhängt, und weil diese der Möglichkeit der Täuschung unterliegt, darum kann ein Mensch trotz seiner Absicht, sittlich zu handeln, doch unsittlich werden.

Damit fällt Licht auf das zu lösende Problem. Wenn ich den andern in einer unsittlichen Handlung begriffen sehe und mich selbst ehrlich dabei betrachte, so muß ich zugeben, daß auch mein Urteil dem Ermessen unterliegt. Es stehen sich also zwei subjektiv bedingte Urteile über die Sittlichkeit eines bestimmten Tuns gegenüber. „Wessen Überzeugung soll denn der Leitfaden des anderen sein? Keines von beiden Überzeugung, solange sie streitend sind; denn jeder soll schlechthin nach seiner Überzeugung handeln, und darin besteht die formale Bedingung aller Sittlichkeit. Können wir uns sonach trennen und jeder den anderen seinen Weg gehen lassen?" [25]) Dann aber verleugnete ich meine Verantwortlichkeit für die Verwirklichung des echten Menschseins. Ich würde dann „alles ... Interesse für allgemeine Sittlichkeit, für Herrschaft der Vernunft, strafwürdigst aufgeben" [26]).

[20]) Ebenda. [21]) Ebenda. [22]) Ebenda. [23]) SL IV 233.
[24]) Vgl. SL IV 150. [25]) SL IV 233. [26]) Ebenda.

Der Konflikt läßt sich nur lösen, wenn es eine Beeinflussung des andern gibt, die seine Freiheit unangetastet läßt. Fichte findet eine solche in der *Einwirkung auf die Überzeugung des andern.* Von dieser Einwirkung ist zunächst einsichtig, daß sie die Freiheit des andern respektiert; sie will ja, daß er überzeugt werde, daß er also das, was ihm vorgestellt wird, von sich aus einsehe; „wir müssen unser Urteil übereinstimmend zu machen suchen ... Jeder kann und darf sonach nur die Überzeugung des anderen, keineswegs seine physische Wirkung, bestimmen wollen". Dies „ist der einzige erlaubte Zwang für freie Wesen auf freie" [27]). Weil sich ferner der Zwiespalt der an das Tun gerichteten Gebote nicht anders lösen läßt als durch die Einwirkung auf die Überzeugung, darum ist diese eine *notwendige Handlung des Menschen.* „Jeder soll absolute Übereinstimmung mit sich selbst außer sich, in allen, die für ihn da sind, hervorbringen, denn nur unter Bedingung dieser Übereinstimmung ist er selbst frei und unabhängig." [28]) „Also die Übereinstimmung aller zu derselben praktischen Überzeugung, und die daraus folgende Gleichförmigkeit des Handelns ist notwendiges Ziel aller Tugendhaften." [29])

Gilt dies grundsätzlich von meinem Verhalten zu andern Menschen, so auch zu denen, die nicht aus irrtümlicher Einsicht, sondern aus dem Entschluß zum Bösen unsittlich handeln; Fichte hebt damit die eingangs gemachte Einschränkung wieder auf. Bei jeder Begegnung mit andern muß ich mir der Begrenztheit meines Urteils bewußt sein und die Möglichkeit offenlassen, daß sie vielleicht doch im Innersten ihres Wesens das Gute wollen; sonst würde ich ihnen vielleicht eben durch mein absprechendes Urteil den Weg zu einer Umkehr verstellen. Ich darf daher keinen „ohne Gewissenlosigkeit ... aufgeben" [30]), sondern habe allen gegenüber die Pflicht, sie zu überzeugen.

Das Gebot, gemeinsame Überzeugung herbeizuführen, veranlaßt den Menschen, mit den andern in Beziehung zu treten, und schafft so ein Miteinander. Es „ist der Zweck eines jeden, so gewiß er allgemeine moralische Bildung will, jeden andern zu vermögen, daß er sich diesen Zweck setze. Dies vereinigt zuvörderst die Menschen" [31]). „Also — zuvörderst, jeder soll in der Gesellschaft leben, und in ihr bleiben, denn außerdem könnte er keine Übereinstimmung mit sich hervorbringen, welches ihm doch absolut geboten ist. Wer

[27]) Ebenda; vgl. 234. [28]) SL IV 234. [29]) SL IV 236.
[30]) SL IV 235. [31]) Ebenda.

sich absondert, der gibt seinen Zweck auf." [32]) *Gemeinschaft zu bilden* ist somit *um der Verantwortlichkeit willen notwendig;* denn der einzelne Mensch ist für die Erreichung des letzten Zieles der Menschheit „nicht allein verantwortlich" [33]). „Hierdurch wird auch widerlegt die Meinung, ... daß man durch Einsiedlerleben, Absonderungen, bloße erhabene Gedanken und Spekulationen seiner Pflicht Genüge tue — und auf eine verdienstvollere Weise. Man tut ihr dann gar keine Genüge." [34]) Fichte meint allerdings nicht, daß man geschäftig um jeden Preis Gesellschaft stiften solle. „Es ist uns nicht aufgetragen, Gesellschaft zu suchen und selbst hervorzubringen: wer in einer Wüste geboren wäre, dem wäre es wohl erlaubt darin zu bleiben." [35]) Aber wo im wirklichen Dasein ein anderer mir begegnet, da muß ich mit ihm in Gesellschaft treten; „jeder, der mit uns nur bekannt wird, wird durch diese bloße Bekanntschaft unserer Sorge mit aufgetragen, er wird unser Nächster" [36]).

Der innerste Ursprung der Gemeinschaft ist also nicht die „Sorge für die eigene Sicherheit", aus der der Staat erwächst [37]), sondern die Verantwortlichkeit für die andern, die aus der Verantwortlichkeit des Menschen für sein eigentliches Wesen entspringt und sich zur Verantwortlichkeit mit den andern entfaltet. Die sittliche Existenz ist nur möglich im Zusammenschluß mit den andern; „nur durch Handeln in und für die Gesellschaft, tut man" seiner Pflicht „Genüge" [38]). *„Die wahre Tugend besteht im Handeln; im Handeln für die Gemeine, wobei man sich selbst gänzlich vergesse."* [39])

Diese Gemeinschaft, die sich auf den Versuch der Schaffung übereinstimmender Überzeugung gründet, birgt allerdings eine Gefährdung der inneren Sicherheit in sich. Denn auch der andere, den ich in der Gemeinschaft überzeugen will, hat seine eigene Überzeugung; „jeder will nur den anderen von seiner Meinung überzeugen, und wird vielleicht in diesem Streite der Geister selbst überzeugt von der des andern" [40]). Dies gründet in der Fraglichkeit als dem innersten Charakter des Menschen. Wie der Mut, sich fraglich werden zu lassen, zur Entschlossenheit der Existenz gehört, so auch der Einsatz der eigenen Überzeugung im Austausch mit den andern. Wer die Gemeinschaft „flieht, etwa um in seinem Glauben nicht gestört zu werden, der verrät Mangel an eigener Überzeugung, welcher schlecht-

[32]) SL IV 234. [33]) SL IV 237. [34]) SL IV 235.
[35]) Ebenda. [36]) Ebenda. [37]) NR III 273. [38]) SL IV 235.
[39]) SL IV 256, v. Verf. gesp. [40]) SL IV 235.

hin nicht sein soll; und hat nur desto größere Pflicht, sich einzulassen, um sich welche zu erwerben“ [41]). „Jeder muß bereit sein, sich auf diese Wechselwirkung einzulassen.“ [42]) Weil Fichte in der zwiespältig-geeinten Tiefe des Menschseins die Begründung der Gemeinschaft gewinnt, darum kann diese auch nicht lediglich eine Gesellschaft zur Gewinnung gemeinsamer Erkenntnisse über irgendwelche Gegenstände oder eine moralische Institution zur Verbesserung des Menschengeschlechts sein. In jedem Gespräch, das über die belanglose Geschwätzigkeit des Alltags hinausgeht, bildet sich schon eine solche gleichermaßen gefährdende und Sicherheit schaffende Gemeinschaft. Zwar sind die Worte, in denen Fichte den gemeinten Sachverhalt ausdrückt, von der Sprache der Aufklärung geformt; die Sache selbst aber sprengt den Gemeinschaftsbegriff der Aufklärung. Es ist nicht die Vernunft, die die Gemeinschaft baut, sondern letztlich die über die Fraglichkeit des Daseins sich erhebende *Selbstverantwortlichkeit;* sie ist die Macht, die den Menschen in das *Wagnis der Gemeinschaft* treibt.

§ 47

Die Begründung des Staates in der Selbstverantwortlichkeit. Das Recht zur Revolution und das Volk

Die Selbständigkeit als die Idee seiner Existenz kann der Mensch nur so anstreben, daß er sich konkrete Zwecke setzt und in diese die Dinge als Mittel einbezieht; die Welt ist das widerständige, aber doch notwendige Medium, durch das die Freiheit zur Wirklichkeit kommt. Will nun der Mensch, wenn er sich richtig versteht, notwendig die Freiheit aller, so muß er zugleich wollen, daß die Welt überhaupt der Gesamtheit der Menschen untertan sei. „Der Endzweck aller Handlungen des sittlich guten Menschen überhaupt und insbesondere aller seiner Wirkungen nach außen läßt sich in diese Formel fassen: Er will, daß die Vernunft, und nur sie in der Sinnenwelt herrsche. Alle physische Kraft soll der Vernunft untergeordnet werden.“ [43])

Aus der Gesamtintention der Philosophie Fichtes ist deutlich, daß damit nicht ein Ethos der Naturbeherrschung um ihrer selbst willen, wie es das spätere 19. Jahrhundert kennzeichnet, oder eine Verherrlichung der Technik gemeint sein kann; die Welt, die das unausweichliche Hemmnis aller konkreten Verwirklichung der Freiheit bildet, zu bewältigen, dient dazu, zur wirklichen Freiheit zu gelangen.

[41]) SL IV 235 f. [42]) SL IV 235. [43]) SL IV 275.

„Das eigentliche Objekt des Vernunftzweckes ist immer die Gemeine vernünftiger Wesen. Entweder es wird auf dieselbe unmittelbar gehandelt; oder es wird gehandelt auf die Natur, um jener willen. — Ein Wirken auf die Natur, bloß um der Natur willen gibt es nicht: der letzte Zweck dieses Wirkens sind immer Menschen." [44])

Auch hier entsteht dasselbe Problem, das wir bereits erörterten, nur jetzt auf die Sphäre der Existenz in der Sinnenwelt bezogen: soll der Mensch sich die Welt untertänig machen, so muß er notwendig in die freie Sphäre anderer eingreifen, die zu respektieren doch „absoluter, durch das Sittengesetz gebotener Zweck" ist [45]). Aber „daß überhaupt nicht gehandelt werden könne", widerspricht seinerseits „dem Sittengesetz" [46]). Die Lösung liegt hier ebenfalls in dem Gebot, Übereinstimmung in der Auffassung von der Aufgabe der Menschheit zu schaffen; denn nur dadurch ist eine Einwirkung auf die andern, die deren Freiheit nicht antastet, möglich. Auch die *Verwirklichung der Freiheit in der Welt* ist *eine gemeinsame Aufgabe der Menschen;* „die Bildung" der Sinnenwelt „nach Vernunftgesetzen, ist mir nicht allein, sondern ... allen vernünftigen Wesen aufgetragen" [47]). Deshalb muß der Mensch mit den andern sich verständigen, um gemeinsam mit ihnen die Welt in die Botmäßigkeit zu bringen.

Nun begegnete uns bereits eine solche Verabredung über die Einflußsphäre in der Welt. „Was auf alle einfließt, darf ich schlechthin nicht tun, ohne die Einwilligung aller, mithin nach Grundsätzen, die von allen gebilligt, und der gemeinschaftlichen Überzeugung gemäß sind ... Es muß sonach, nach einem absoluten Gebote des Sittengesetzes, eine solche Übereinstimmung schlechthin hervorgebracht werden. — Die Übereinkunft, wie Menschen gegenseitig aufeinander sollen einfließen dürfen, d. h. die Übereinkunft über ihre gemeinschaftlichen Rechte in der Sinnenwelt, heißt der *Staatsvertrag;* und die Gemeine, die übereingekommen ist, der Staat." [48]) Weil also die Selbstverantwortlichkeit notwendig zur Mitverantwortlichkeit sich entfaltet, und weil diese eine Verabredung über die Dienstbarmachung der Welt fordert, darum ist es *aus dem Wesen des Menschen heraus notwendig,* daß der Staat geschaffen wird und *daß der Mensch im Staate existiert.* „Es ist absolute Gewissenspflicht, sich mit anderen zu einem Staate zu vereinigen." [49])

Von der Idee der Mitverantwortlichkeit aus erhält so der Staat

[44]) SL IV 343; vgl. 275. [45]) SL IV 292. [46]) SL IV 237.
[47]) Ebenda. [48]) SL IV 237 f.; vgl. 300. [49]) SL IV 238.

eine tiefere Begründung, als Fichte sie ihm in seinem „Naturrecht" geben konnte. Dort war lediglich das Interesse an der Wahrung der individuellen Freiheit die Wurzel des Staates. „Man kann im Naturrechte jedem nur sagen, das und das werde aus seiner Handlung folgen. Übernimmt er dies nun, oder hofft er ihm zu entgehen, so kann man weiter kein Argument gegen ihn brauchen." [50]) Hier dagegen hat Fichte eine absolute und nicht dem Ermessen des einzelnen überlassene Pflicht zur Gründung eines Staates oder zum Eintritt in ihn aufgedeckt: die Treue zu sich selbst und die Verantwortlichkeit für die andern und mit ihnen. So gibt das Sittengesetz dem Leben im Staate „eine neue Sanktion" [51]). „In der Moral zeigt sich eine Verbindlichkeit dies zu wollen." [52]) Der *Wille zum Staat,* der oben noch unbegründbar erschien, hat *in der Selbstverantwortlichkeit* seine *Begründung* erhalten.

Aber dieses absolute Gebot, staatlich zu existieren, kann in der Wirklichkeit auf Schwierigkeiten stoßen. Die faktischen Staaten sind mehr oder minder aus Recht und Rechtlosigkeit gemischt. Muß nun der Mensch, wenn das Unrecht ihm zu überwiegen scheint, um der absoluten Forderung willen im Staat bleiben oder um ebenderselben Forderung willen ihn verlassen?

Fichte hält zunächst grundsätzlich daran fest, daß die Pflicht zum Staate ein unumgängliches Gebot ist. „Es ist Gewissenssache, sich den Gesetzen seines Staats unbedingt zu unterwerfen." [53]) „Ich darf meinem Vaterlande mich nicht entziehen." [54]) Aber dieses Beharren im Staate darf nicht blind sein, sonst wäre es nicht sittlich. Der Mensch kann so zwar über die Zweideutigkeit des Rechts in dem Staat, in dem er gegenwärtig lebt, nicht hinwegsehen, er kann diesen aber so betrachten, wie er alle menschlichen Gestaltungen ansieht, als Entwürfe in die Zukunft hinein. Mißt er ihn an der Idee des wahren Staates, dann versteht er ihn nicht als etwas Endgültiges, sondern lediglich als *„Notstaat"*, als „die erste Bedingung des allmählichen Fortschreitens zum vernunft- und rechtgemäßen Staate" [55]). „Ich muß den gegenwärtigen Zustand des Notstaates betrachten, als ein Mittel, den Vernunftstaat hervorzubringen, und lediglich zu diesem Ziele handeln. Ich muß nicht meine Maßregeln so nehmen, daß es immer so bleibe, sondern so, daß es besser werden müsse. Dies ist schlechthin Pflicht." [56])

[50]) NR III 88. [51]) NR III 54. [52]) NR III 88. [53]) SL IV 238.
[54]) SL IV 239. [55]) SL IV 238, v. Verf. gesp. [56]) SL IV 239 f.; vgl. 357.

Wenn aber der gegenwärtige Zustand eines Staates ihn überhaupt daran hindert, Durchgangspunkt zum wahren Staat zu sein, muß dann nicht gerade der sittliche Wille zum Staat seinen Umsturz fordern? Fichte anerkennt zwar ein solches Recht zur Revolution, aber nur dann, wenn es nicht die „Privatüberzeugung" eines einzelnen ist, die dazu treibt [57]); daraus entstünde nur Tyrannei, nicht echte Gemeinschaft. Vielmehr muß die Überzeugung von der Unhaltbarkeit der bisherigen Staatsverfassung dem Willen der im Staate Vereinigten entsprechen. Dazu bedarf es nicht der Äußerung der Mehrheit der Staatsbürger; äußerstenfalls kann diese Erkenntnis auch nur von einem einzelnen in der Schärfe des Begriffs erfaßt sein, während sie die andern als dumpfe Sehnsucht in sich tragen. Dieser eine aber muß vor seinem Gewissen sich darüber klar geworden sein, daß es nicht seine persönliche Meinung ist, die ihn zum Handeln veranlaßt; „ich darf in den Angelegenheiten des Ganzen nicht nach meiner Privatüberzeugung, sondern muß nach gemeinschaftlicher Überzeugung handeln" [58]); „denn ich handle in dieser Sache nicht auf mich allein, sondern auf die Gemeine" [59]). „Es ist gegen das Gewissen, den Staat umzustürzen; wenn ich nicht fest überzeugt bin, daß die Gemeine eine solche Umstürzung desselben will." [60]) Wer aber zu dieser Überzeugung gekommen ist, der darf und muß die Revolution entfachen und den Staat umwälzen. „Jeder . . ., wenn er sich nur von dem gemeinsamen Willen überzeugt hat, kann es dann ruhig auf sein Gewissen nehmen, ihn vollends umzustürzen." [61]) Es gibt somit das *Recht zum Umsturz*, aber nicht das des Umstürzlers aus Profession oder aus persönlichem Besserwissen, sondern das Recht dessen, der in Verantwortlichkeit vor dem Volk und um des Volkes willen, also *im inneren Auftrag des Volkes*, handelt. Die um deswillen einen Umsturz wagen, „sind durch ihr Herz und ihre Tugend Erhalter der Nation" [62]).

Hinter dem Staat und als letzte Instanz über allem staatlichen Miteinander erscheint so die *Gemeinschaft des Volkes.* Denn „was auf der Erde ist höher, denn das Volk"; „das Volk ist in der Tat und nach dem Rechte die höchste Gewalt, über welche keine geht, die die Quelle aller anderen Gewalt, und die Gott allein verantwortlich ist" [63]). Wenn aber das Volk darüber zu befinden hat, ob ein Staat vergehen und ein neuer Staat entstehen soll, so ist es auch der Ursprung und die Wurzel des Staates. In diesen Sätzen klingt der

[57]) SL IV 239. [58]) Ebenda. [59]) SL IV 238. [60]) Ebenda.
[61]) SL IV 240. [62]) NR III 183. [63]) NR III 182.

aufklärerische Gedanke der Volkssouveränität an. Doch zeigen sich auch hier die Umrisse eines Verständnisses, das über den Begriff der Aufklärung hinausführt. Das Volk wird weder verstanden als das mehr oder weniger zufällig zusammengekommene Konglomerat von Einzelmenschen, noch wird es lediglich in seinem naturhaften Sein begriffen, sondern Fichte faßt es als die Gemeinschaft derer, die miteinander verantwortlich sind. Nicht daß der andere und ich dieselbe Sprache sprechen, ist das Entscheidende in unserem Miteinander im Staate, sondern daß wir *verbunden* sind *in der gemeinsamen Verantwortlichkeit für die Möglichkeit, Mensch zu sein.*

§ 48
Die Gemeinschaft der Überzeugung als Kirche

Der Staat ist eine konkrete Gestaltung der Gemeinschaft der Überzeugung. Er erstreckt sich jedoch nur auf die Sphäre des äußeren welthaften Daseins und stellt damit den wesentlichen Gehalt jener Gemeinschaft nicht dar. Darum muß das Bewußtsein, in dem Wollen desselben letzten Zieles verbunden zu sein, in einer innerlicheren Art von Gemeinschaft Ausdruck gewinnen. Fichte bezeichnet sie als „eine *Kirche,* ein ethisches Gemeinwesen“ [64]). Weil sie aus der Verantwortlichkeit des Menschen notwendig entspringt, ist sie eine „Wechselwirkung, auf welche sich einzulassen jeder verbunden ist ... Jeder soll Mitglied der Kirche sein“ [65]). „So ist es *absolute Pflicht,* ... eine sichtbare Kirchengemeinschaft, so gut man kann, zusammenzubringen.“ [66])

Nun klingt es freilich höchst befremdlich, wenn eine historische Einrichtung wie die Kirche von Fichte aus dem Wesen des Menschen als notwendige Aufgabe abgeleitet wird. Will man der Kirche absolute Notwendigkeit zumessen, dann könnte dies doch nur so geschehen, daß man sie als göttliche Institution bezeichnete; andernfalls ist sie nur eine zufällige menschliche Einrichtung, die religiöse Menschen treffen können oder vielleicht aus den Erfordernissen des Religiösen heraus schaffen müssen, die aber niemals aus dem Wesen des Menschen heraus notwendig sein kann.

Dieser Einwand träfe jedoch nur dann die Sache, wenn das, was Fichte als Kirche bezeichnet, mit dem identisch wäre, was man heute

[64]) SL IV 246, v. Verf. gesp.; vgl. 241. [65]) SL IV 236.
[66]) SL IV 243, v. Verf. gesp.

darunter zu verstehen pflegt. Aber Fichte ist in seinem Kirchenbegriff noch weitgehend von der Aufklärung und ihrer *Ethisierung des Religiösen* abhängig. Die „positive Religion“ besteht für ihn wie für die Aufklärung überhaupt in „Veranstaltungen, die vorzügliche Menschen getroffen haben, um auf andere zur Entwicklung des moralischen Sinnes zu wirken“ [67]), der „Glaube an Gott und Unsterblichkeit“ ist ihm „der feste Glaube, daß die Beförderung des Vernunftzwecks wohl möglich ist“ [68]). Darum spricht Fichte von der Kirche als einer „moralischen Gemeine“ [69]) und bezeichnet als „Gesamtzweck der ganzen moralischen Gemeine ...: Einmütigkeit über moralische Gegenstände hervorzubringen“ [70]). Deshalb muß aber auch vom Begriff der Kirche der spezifisch religiöse Sinn ferngehalten werden. Fichte selbst spricht dies deutlich aus. „Also — die Kirche ist nicht etwa eine besondere Gesellschaft, wie es oft so vorgestellt wird, sondern sie ist nur eine besondere Ansicht derselben Einigen großen menschlichen Gesellschaft. Alle gehören zur Kirche, insofern sie die rechte moralische Denkart haben, und alle sollen zu derselben gehören.“ [71])

Ist die „Kirche“ im Sinne Fichtes nur die konkrete Darstellung der umfassenden Gemeinschaft der Überzeugung, dann ist es gleichgültig, in welcher Gestalt sie jeweils in einer bestimmten Zeit erscheint, ob als Kirche im engeren Sinne, als Weltanschauungsgemeinschaft, als Partei, als Sekte oder wie immer. Wesentlich ist nur dies, daß sie *die äußere Darstellung der Gemeinschaft* ist, *die jedem Menschen im Blick auf das letzte Ziel als notwendige Gestalt seiner Existenz mit andern erscheint.* Das Neue an dem Aufweis dieser Gemeinschaft sind nicht die Begriffe, mit deren Hilfe Fichte sie auslegt, sondern ist die Tatsache, daß er ihre Verwurzelung im Sein des Menschen bloßlegt und so neben dem Staat noch eine zweite und für das eigentliche Sein des Menschen entscheidendere Art von Gemeinschaft ontologisch begründet. Kirche „existiert, so gewiß als der Mensch endlich, aber perfektibel ist“ [72]).

[67]) SL IV 205. [68]) SL IV 350. [69]) SL IV 352; vgl. 344, 348 ff.
[70]) SL IV 348. [71]) Ebenda. [72]) SL IV 243.

§ 49

Die Solidarität der Verantwortlichen als gelehrte Gesellschaft

Weil die Gemeinschaft der Überzeugung in der Sinnenwelt Gestalt gewinnen muß, darum ist die Bildung des Staates notwendig; weil sie in der Verantwortlichkeit für die anderen besteht, stellt sie sich als Kirche dar. Ein Moment in ihr, das wir oben besprachen, hat jedoch noch nicht seine konkrete Darstellung gefunden, daß sie nämlich den Menschen in seiner Überzeugung gefährdet und darum ein Wagnis ist.

Es ist nicht vieles, was der Mensch so gewiß weiß, daß es keinem Zweifel ausgesetzt ist, und auch dieses wenige zeigt sich als erschütterbar, wenn ich mich ernstlich prüfe; es offenbart sich dann, daß ich „dabei in der geheimsten Tiefe meines Geistes meiner Sache doch nicht ganz gewiß bin“ [73]). Vor allem dann werde ich darauf gestoßen, wenn ich sehe, daß andere, denen ich ebenfalls den Ernst des Suchens nach der Wahrheit zutrauen muß, doch anders urteilen; „wenn einer nach dem anderen, dem ich meine Überzeugung vortrage, sie verwirft, so gebe ich zwar darum unmittelbar nicht meine Überzeugung auf, aber ich werde doch bedenklich und untersuche nochmals, und abermals [74]).

Die Tatsache, daß aus dem Vergleich mit der Überzeugung der andern vorzüglich die Erschütterung meiner Einsichten kommt, macht offenbar, daß das Beunruhigende darin liegt, meine Überzeugung könne vielleicht doch nur subjektiv sein. „Tief in meinem Geiste, wenn ich desselben gleich mir nicht deutlich bewußt bin, liegt der ... Zweifel, ob nicht meine Individualität auf das gefundene Resultat Einfluß gehabt habe.“ [75]) Nun muß dem Menschen aber entscheidend daran liegen, über das, was seine Aufgabe als Mensch ist, absolute Gewißheit zu erhalten. „Es kann ihm, so gewiß er moralisch denkt, nicht gleichgültig sein, ob er irre oder nicht.“ [76]) Er muß deshalb versuchen, die individuelle Bedingtheit seiner Erkenntnis auszuschalten, und dies kann er nur so, daß er sich in die Gefährdung durch die Einrede der andern begibt; er muß es auf sich nehmen, sich seine Überzeugung durch die Einsicht der andern fraglich machen zu lassen. Deshalb ist aus dem Ernst der Suche nach dem Ziel des Menschen heraus *eine „wechselseitige Mitteilung mit anderen“ notwendig* [77]).

[73]) SL IV 245. [74]) SL IV 245 f. [75]) SL IV 246. [76]) SL IV 249. [77]) SL IV 245.

Der einzelne erlangt „durch die Mitteilung erst Gewißheit und Sicherheit für die Sache selbst" [78]). Weil also die „Ausbildung meiner Überzeugung" mir „schlechthin geboten" ist, ist die „Mitteilung meiner Privatüberzeugung ... absolute Pflicht" [79]).

Wenn Fichte hier davon spricht, es komme darauf an, das individuelle Moment im Wissen abzustreifen, so ist damit keineswegs einer „objektiven" und damit unverbindlichen Wahrheit das Wort geredet. Nächst Kierkegaard hat keiner eindringlicher als Fichte die notwendige *Subjektivität jeder Wahrheit* und ihre Bedingtheit durch den Einsatz der Persönlichkeit betont. Daß aber der Fragende die Wahrheit immer nur in der durch seine Subjektivität bedingten Form haben kann, besagt nicht, daß er sich darauf berufen und ruhig in seiner Sondermeinung beharren könne; er muß dagegen, und desto mehr, je stärker er in der Suche nach der Wahrheit seine Persönlichkeit einsetzt, versuchen, über die jeweilige Beschränktheit seiner Erkenntnis hinauszukommen und das Erkannte in reinerer Wahrheit zu erfassen. Daß der volle Besitz der Wahrheit der endlichen Existenz notwendig verschlossen ist, besagt darum nur, daß sie aufgerufen ist, sich ihm anzunähern. Daher ist die Mitteilung, wenn sie eine Möglichkeit hierzu bietet, für den Wahrheitsuchenden absolute Pflicht; denn die Wahrheit, obgleich sie stets nur in subjektiver Gestalt wirklich wird, drängt von sich her auf Allgemeingültigkeit.

Die Mitteilung setzt als Bedingung ihrer Möglichkeit eine *Gemeinschaft* derer, die sich gegeneinander aussprechen, voraus. Die Arten von Gemeinschaft, die Fichte bisher darstellte, können aber diese Funktion nicht erfüllen, weil in ihnen beiden nicht die noch erschütterbare Überzeugung, sondern nur der Bestand von gesicherten Einsichten das Verbindende ist. Im Staat darf ich meine noch unsichere Privatüberzeugung „nicht vortragen, weil ich ja dadurch am Sturze des Staates arbeitete" [80]), dies aber ist dem Verantwortlichen nur erlaubt, wenn er sich als ausführendes Organ des gemeinsamen Willens weiß. In der Kirche, in der alle miteinander in stetiger Entwicklung des Wissens um das letzte Ziel des Menschseins leben, müßte der Mensch, der den tieferen Zweifel laut werden läßt, die andern, die dem nicht gewachsen sind, völlig in Verwirrung stürzen [81]). Die Gemeinschaft der Mitteilung kann daher auch *nicht alle Mitmenschen* umfassen. Dies ist jedoch aus ihrer Zwecksetzung heraus auch nicht notwendig. Über die Existenz in der Welt muß ich mich mit allen

[78]) SL IV 246. [79]) SL IV 247. [80]) Ebenda. [81]) Vgl. ebenda.

vereinigen und in die Gemeinschaft der Mitverantwortlichkeit müssen alle aufgenommen sein; um aber Gewißheit über meine Überzeugung zu erhalten und den „Zweifel zu heben", bedarf es „nicht eben der Übereinstimmung aller. Die ungeheuchelte Zustimmung eines Einzigen kann mir genügen" [82]). „Wenn man sonach nicht mit allen, sondern mit einer bestimmten, beschränkten Anzahl zu tun hätte ..., dann wäre es nicht verboten", seine Überzeugung „bekannt zu machen ... Das synthetische Vereinigungsglied des Widerspruches wäre also eine solche Gesellschaft" [83]).

Zu ihr können nur die gehören, die innerlich stark genug sind, sich in ihrer Überzeugung gefährden zu lassen, von denen also zu erwarten steht, daß sie der Zweifel, in den sie die Aussprache mit den andern stürzt, nicht verwirrt und zerstört, sondern nur sicherer und gewisser in der gemeinsam errungenen Einsicht macht. Denn es muß in dieser Gemeinschaft „die Freiheit, die jeder vor sich selbst und seinem eignen Bewußtsein hat, alles zu bezweifeln, alles frei und selbständig zu untersuchen, auch äußerlich realisiert und dargestellt sein. Sie ist ein Forum eines gemeinschaftlichen Bewußtseins, vor welchem mit absoluter unbeschränkter Freiheit alles mögliche gedacht und untersucht werden kann ... Man nennt eine solche Gesellschaft das gelehrte Publikum" [84]). So ist es für den, der sich auf den Weg macht, die wesenhafte Aufgabe des Menschseins zu finden, und der darum über „die Autorität der gemeinschaftlichen Überzeugung seines Zeitalters" hinaus nach der Wahrheit fragt, „Gewissenspflicht, ein gelehrtes Publikum zu errichten" [85]).

Auch der Begriff der *gelehrten Gesellschaft* entstammt der Denkweise der *Aufklärung;* dergleichen Vereinigungen zur Popularisierung der Wissenschaft und solche Gelehrtenrepubliken wurden hier und dort gegründet und noch viel öfter entworfen. Aber auch hier wieder übernimmt Fichte zwar den Begriff, gibt ihm aber einen vertieften Gehalt. Weder handelt es sich bei ihm um die Popularisierung einer fertigen Lehre, noch um die Anhäufung der verschiedenartigsten Kenntnisse, noch um gemeinschaftliches Moralisieren, sondern um das gemeinsame Forschen nach der Wahrheit, und auch hier nicht nach diesen oder jenen Wahrheiten, sondern nach der grundlegenden Wahrheit über die Existenz des Menschen. Wie das ganze Philosophieren Fichtes der Frage nach sich selbst entwächst, wie sie der Mensch in seiner Existenz stellt, so ist diese auch das ausschließliche Thema der

[82]) SL IV 246. [83]) SL IV 248. [84]) Ebenda. [85]) SL IV 248 f.

gelehrten Gesellschaft. Die Wissenschaft, die in dieser Gesellschaft getrieben wird, ist darum nicht eine formulierte Lehre und bedarf keiner besonderen Zurüstung, sondern ist immer da lebendig, wo Menschen mit Ernst die Frage nach der Wahrheit des Menschseins stellen und gewillt sind, sich durch die Gemeinschaft mit den andern erschüttern zu lassen — mag dies auch in einem bloßen Gespräch geschehen. Nicht eine besondere Institution ist die gelehrte Gesellschaft, wie Fichte sie postuliert, sondern sie bildet sich überall da, wo die *Solidarität der Verantwortlichen* Gestalt gewinnt.

Damit ist schließlich deutlich, warum Fichte noch über Staat und Kirche hinaus eine gelehrte Gesellschaft fordert. Es stellen sich in diesen Gemeinschaften die *drei Formen des Miteinander* dar, die sich *notwendig aus dem Sein des Menschen* ergeben. Der Staat ist notwendig, weil der Mensch in der Welt lebt und weil deshalb sein Mitsein mit den andern ebenfalls in der Welt seine Stelle finden muß. Die Kirche, die Gemeinschaft der Menschen von derselben Überzeugung, muß Gestalt gewinnen, weil der Mensch für sein Sein verantwortlich ist und dabei nicht auf sich allein, sondern auch auf die andern, die mit ihm sind, blicken muß. Die gelehrte Gesellschaft schließlich, die Gemeinschaft der Suche nach der Wahrheit, ist notwendig, weil der Mensch seine letzte Möglichkeit immer nur im Modus der Frage und des Vortastens hat, und weil es doch zu seinem Wesen gehört, über die Fraglichkeit des jeweiligen Moments hinaus die Gewißheit über sich selbst und über die wesentliche Aufgabe des Menschen anzustreben. Sie ist darum die tiefste unter den wesensnotwendigen Gemeinschaftsbeziehungen. Denn nicht die Gemeinschaft des Besitzes oder der Überzeugung, sondern die Gemeinschaft des Fragens ist die wesenhafteste Verbindung zwischen Menschen, weil die Frage der Grund des Wesens des Menschen ist.

V. Die ontologische Begründung der Gemeinschaft

§ 50

Einzelsein und Sein im Ganzen. Der Mensch in der Gemeinschaft

Mit der Darstellung der konkreten Gemeinschaften ist die Auslegung der *Begründung der Gemeinschaft,* wie sie *im Philosophieren Fichtes* sich vollzieht, beendet. Aus dem Wesen des Menschen geht zunächst hervor, daß dieser im Ursprung seines Daseins notwendig mit einem andern Menschen verbunden sein muß; es bildet sich die

Gemeinschaft von Anrede und Antwort. Aus ihr heraus und durch sie gewinnt der Mensch das Bewußtsein seiner Individualität und stellt sich auf sich selbst. Damit ist jedoch kein Individualismus postuliert; denn der Begriff der Individualität selber fordert den der Gemeinschaft. Die Freiheit des Individuums entspringt nur aus der Gemeinschaft und kann nur in ihr bewahrt bleiben. Darum erwächst aus dem Begriff der Individualität die Notwendigkeit des Staates als der Darstellung der Gemeinschaft in der Sphäre der welthabenden Existenz. So wenig allerdings das weltliche Dasein des Menschen dessen innerstes Sein ist, ebensowenig ist der Staat die wesentlichste Gemeinschaftsform. Tiefer im Grund des Menschseins wurzelt die Gemeinschaft der Überzeugung, die einzugehen jedem Pflicht ist, der in wesentlicher Weise Mensch sein will. Von daher erhalten zunächst der Staat und der Wille zu ihm ihre eigentliche Begründung. Darüber hinaus stellt sich das Miteinander der Überzeugung konkret in zwei Arten von Gemeinschaft dar, die sich beide vom Menschen her als wesensnotwendig erweisen lassen. Die eine gründet sich auf die gemeinsame Verantwortlichkeit mit den andern dafür, daß das letzte Ziel des Menschen verwirklicht werde. Die andere ist die Solidarität der zur ausdrücklichen Übernahme der Verantwortlichkeit Entschlossenen, die sich in der wechselseitigen Mitteilung in Frage stellen lassen, um die Gewißheit über die Aufgabe des Menschen zu erhalten; Fichte bezeichnet sie als gelehrte Gesellschaft.

Nun ist klar, daß mit diesen drei Gemeinschaftsformen nicht alle Möglichkeiten von Beziehungen zwischen Menschen umschrieben sind, in denen der Mensch im Laufe seines Daseins stehen kann. Dies ist jedoch der Begrenzung unserer Interpretation zuzuschreiben, die nicht auf Vollzähligkeit der Formen der Gemeinschaft, sondern auf deren Begründung im Wesen des Menschen sich richtete und daher nur die entscheidenden Arten der Vergemeinschaftung auslegte. Fichte interpretiert noch eine Reihe *weiterer Gemeinschaftsformen,* so die Ehe und die im Staat sich bildenden engeren Verbindungen, und weist auch deren Grund im Sein des Menschen auf.

Es scheint jedoch, als griffen weder die Gemeinschaft des Ursprungs noch die konkreten Gemeinschaften in den tiefsten Grund der menschlichen Existenz ein. Denn das Gewissen, das von diesem spricht, redet doch offenbar nicht von einem Sein mit andern, sondern ruft den Menschen in die Vereinzelung und in die Stille des Seins mit sich selbst. Aber die Tatsache, daß es in die Einsamkeit führt, besagt nur etwas über die Weise seiner Begegnung und schließt nicht aus, daß es in seinem Gebot von einem Sein mit andern redet. Tatsächlich sahen wir ja auch, daß das letzte Ziel seiner Existenz vom Menschen, wenn er sich richtig versteht, notwendig nicht als sein Einzelsein, sondern als das Freiseinkönnen aller verstanden wird. Das Gebot des Sittengesetzes, das den Menschen zu seiner wesenhaften Freiheit aufruft, stellt ihm letztlich die *Gemeinschaft der Menschen in der Freiheit* als *Richtpunkt seines Strebens* vor. „Das Objekt des Sittengesetzes, d. i. dasjenige, worin es seinen Zweck dargestellt wissen will, ist schlechthin nichts Individuelles, sondern die Vernunft überhaupt."[1]) „Das eigentliche Objekt des Vernunftzweckes ist immer die Gemeine vernünftiger Wesen" [2]); „nicht wir selbst sind unser Endzweck, sondern alle sind es" [3]). Darum entfaltet sich die Verantwortlichkeit des Menschen für sich selbst notwendig zur Verantwortlichkeit für alle Menschen: „die ganze Gemeine der vernünftigen Wesen wird von seiner Sorge und seiner Wirksamkeit abhängig" [4]).

So zeigt sich über die bisherigen Aufweise der Gemeinschaft hinaus deren tiefste Verwurzelung im Sein des Menschen. Denn das, was der Mensch ist, entscheidet sich letztlich von seiner äußersten Möglichkeit her; weiß er sich in ihr mit den andern Menschen verbunden, so ist er im Grunde aller jeweiligen Vergemeinschaftungen und *im Grunde all seines Seins ein Wesen der Gemeinschaft.*

Damit hat Fichte endgültig *alles individualistische Verständnis des Seins des Menschen zurückgewiesen.* Die Individualität ist zwar die notwendige Existenzweise eines endlich-absoluten Wesens, aber sie ist vor die Aufgabe gestellt, sich aufzugeben und an die Gemeinschaft hinzugeben; sie hat nur Bestand als Übergang. „Jeder wird gerade dadurch, daß seine ganze Individualität verschwindet und vernichtet wird, reine Darstellung des Sittengesetzes in der Sinnenwelt; eigentliches reines Ich, durch freie Wahl und Selbstbestimmung." [5]) Der Einzelmensch „ist Zweck, als Mittel, die Vernunft zu realisieren. Dies ist der letzte Endzweck seines Daseins, dazu allein ist er da; und wenn dies nicht geschehen sollte, so brauchte er überhaupt nicht zu sein" [6]). *Die Gemeinschaft ist nicht um des Individuums willen, sondern das Individuum um der Gemeinschaft willen da.* „Der Begriff des Menschen ist sonach gar nicht der Begriff eines einzelnen, denn ein solcher ist undenkbar, sondern der einer Gattung." [7])

[1]) SL IV 254. [2]) SL IV 343; vgl. 348. [3]) SL IV 253.
[4]) SL IV 256; vgl. 275. [5]) SL IV 256.
[6]) Ebenda; vgl. NR III 273. [7]) NR III 39.

Daher müssen auch *die konkreten Gemeinschaften* als *Stufen auf dem Wege der Menschheit zu ihrem Ganzsein* begriffen werden. „Die Vernunft ist Eine, und ihre Darstellung in der Sinnenwelt ist auch nur Eine; die Menschheit ist ein einziges organisiertes und organisierendes Ganzes der Vernunft. Sie wurde getrennt in mehrere voneinander unabhängige Glieder; schon die Naturveranstaltung des Staats hebt diese Unabhängigkeit vorläufig auf, und verschmilzt einzelne Mengen zu einem Ganzen, bis die Sittlichkeit das ganze Geschlecht in Eins umschafft." [8])

Letztlich gründet es in den beiden entscheidenden Grundvoraussetzungen des Seins des Menschen, in der *Absolutheit und* der *Endlichkeit,* daß der Mensch ein gemeinschaftliches Wesen ist. Im Ursprung ist er mit einem andern verbunden, und dies ist ein Merkmal seiner Endlichkeit. Im Laufe seines Daseins hat er, weil er Synthesis von Absolutheit und Endlichkeit in der Weise der Selbstverantwortlichkeit ist, in mannigfaltiger Weise mit den ihm Begegnenden in Gemeinschaft zu treten. Zuletzt muß er sich im Blick auf die Absolutheit, sein letztes Ziel, als ein Wesen verstehen, das je schon im Ganzen steht und ins Unendliche anstreben muß, die Vereinzelung seines Daseins abzustreifen.

Damit verknüpfen sich *Wissenschaftslehre und Sittenlehre* zur *Einheit einer Philosophie vom Menschen in der Gemeinschaft.* Auch die Wissenschaftslehre handelt nicht, wie es den Anschein haben könnte, vom isolierten Ich. „In der Wissenschaftslehre ... ist die Vernunft das einige an sich, und die Individualität nur akzidentell; die Vernunft Zweck; und die Persönlichkeit Mittel; die letztere nur eine besondere Weise, die Vernunft auszudrücken, die sich immer mehr in der allgemeinen Form derselben verlieren muß. Nur die Vernunft ist ewig; die Individualität muß unaufhörlich absterben."[9]) Die Sittenlehre aber gibt die genauere Auslegung dieser Vernunft an sich, indem sie sie als die Gemeinschaft der Menschen kennzeichnet. „Unsere Sittenlehre ist sonach für unser ganzes System höchst wichtig, indem in ihr die Entstehung des empirischen Ich aus dem reinen genetisch gezeigt und zuletzt das reine Ich aus der Person gänzlich herausgesetzt wird. Auf dem gegenwärtigen Gesichtspunkte ist die Darstellung des reinen Ich das Ganze der vernünftigen Wesen, die Gemeine der Heiligen." [10])

Die Ontologie des Menschen, die Fichte entwirft, ist also keineswegs Ichphilosophie in dem mißverständlichen Sinne eines Solipsismus;

[8]) NR III 203. [9]) 2. Einl. I 505. [10]) SL IV 255.

vielmehr ist sie von ihrem Grunde her eine Philosophie der Gemeinschaft. Sie ist, wie Fichte selbst es ausdrückt, „ein System, dessen Anfang und Ende und ganzes Wesen darauf geht, daß die Individualität theoretisch vergessen, praktisch verleugnet werde“ [11]). Der Mensch, nicht in einem mehr oder minder belangvollen Teil seines Seins oder in bestimmten Wesenszügen, sondern im Ganzen und im Grunde seines endlich-absoluten, fragenden Daseins ist der *Mensch in der Gemeinschaft.*

§ 51

Fichtes Gemeinschaftsgedanke und die Idee der Priorität des einzelnen vor der Gemeinschaft

Überblickt man Fichtes Begründung der Gemeinschaft im ganzen und versucht man, ihre Stelle im geschichtlichen Zusammenhang zu bestimmen, so weisen viele Momente darauf hin, daß sie der ihr vorausgehenden Zeit verhaftet ist und selbst in weitem Maße noch aufklärerischen Charakter trägt. Wir erwähnten dies an mehreren Stellen im Gange der Interpretation, so vor allem bei der Besprechung des Staates, der Kirche und der gelehrten Gesellschaft. Charakteristisch für das Denken der *Aufklärung* ist die Feindschaft gegen die Metaphysik und der Versuch, vom Menschen her die philosophische Wahrheit zu begründen. So tritt auch das Problem der Gemeinschaft in Gestalt der Frage nach der Vergeselligung des Menschen auf. Es wird gefragt, wie von den einzelnen her Gemeinschaft zustande kommt. Dabei ist undiskutierte Voraussetzung, daß *das Einzelsein ursprünglicher* sei *als das Sein in der Gemeinschaft.*

Diese Blickrichtung führt noch zu keinem eigentlichen *Individualismus.* Für einen solchen ist kennzeichnend, daß er entweder ein faktisches Isoliertsein des Menschen behauptet, zu dem die Gemeinschaft nur zufällig hinzukommt, oder daß er die Aufgabe des Menschen darin sieht, sich aus der Gemeinschaft zu lösen und auf sich selbst zu stellen. Diese Auffassung setzt zwar voraus, daß das Gemeinschaftsproblem vom einzelnen her aufgerollt wird; ein Blick auf die Aufklärung zeigt jedoch, daß damit sehr wohl auch die Konzeption einer sozialen Natur des Menschen zusammengehen kann. Das Entscheidende in der Idee der Priorität des einzelnen ist ja nicht, daß eine faktische isolierte Existenz des Menschen angenommen wird; wesentlich ist vielmehr nur, daß der einzelne, mag er nun isoliert sein oder je schon in der Gemein-

[11]) 2. Einl. I 517.

schaft stehen, nicht primär als bloßes Glied des Ganzen verstanden wird, sondern selbst das ursprünglich Erblickte ist und daß die Gemeinschaft so angesehen wird, daß sie aus den einzelnen aufgebaut ist und in ihnen besteht.

Dieser Gedanke hat bis zu seiner Ausformung in der Aufklärung bereits eine lange Geschichte hinter sich. Er bildet sich im Zerfall des antiken Staatsdenkens und erhält dort, nach gewissen Ansätzen in der Sophistik, bei *Epikur* die radikale Form der Vertragstheorie; nach ihr entsteht die Gemeinschaft des Staates dadurch, daß sich die einzelnen ursprünglich Getrennten durch Vertrag zu ihr zusammenschließen. Die *Stoa* vertritt ebenfalls den Gedanken der Priorität des einzelnen, wenn auch nicht in derselben Deutlichkeit; sie betont nur, daß der Weise in seiner Selbstgenügsamkeit der Gemeinschaft keineswegs bedürfe. Tiefer als Epikur und im Anschluß an Aristoteles, ohne allerdings dessen ontologische Grundlegung zu übernehmen, läßt sie die Gemeinschaft aus einer mit dem Sein des Menschen verbundenen sozialen Anlage erwachsen. In der Begründung dieser ihrer Ansicht spricht sie jedoch den Gedanken eines einheitlichen Befaßtseins aller Menschen im Ganzen der Vernunft und damit einer Priorität dieses Vernunftganzen aus und berührt sich so mit Auffassungen, die den Gedanken der Priorität des einzelnen durchkreuzen.

Verstärkend mußten auf diesen Gedankenkreis Ideen aus der *christlichen Anthropologie* wirken. Zwar weisen der Begriff des Reiches Gottes und die Tendenzen, die von Anfang an auf ein transzendentes Verständnis des Kirchenbegriffs drängen, darauf hin, daß das frühe Christentum sich keineswegs einseitig durch die These von der Bedeutung der Einzelseele oder gar durch die Behauptung, es sei religiöser Individualismus, kennzeichnen läßt. Und doch verleiht die Verpersönlichung des religiösen Verhältnisses im Christentum dem einzelnen stärkeres Gewicht. Hinzu kommen die Vorstellungen vom Paradies und vom Urmenschen, die der spätantiken Idee vom Naturrecht, d. h. von dem dem Menschen als solchem zukommenden Recht, neuen Auftrieb geben und dahin führen, daß ein ursprünglicher gemeinschaftsloser oder zumindest staatloser Zustand des Menschen konstruiert wird. So stellt sich etwa das Problem, ob die Gemeinschaft lediglich eine Folge des Sündenfalles sei oder zur ursprünglich unverderbten Natur des Menschen gehöre. Unterstützt wird diese Tendenz durch die Problematisierung des Seins im Staate, die in der feindseligen Auseinandersetzung mit diesem erwuchs.

Aber der Gesichtspunkt der menschlichen Entstehung der Gemeinschaft ist nicht der herrschende und vor allem nicht der für die Zukunft bedeutungsvolle im Christentum; ihm stehen die Idee einer göttlichen Gründung des Staates, der Kirche und der Gesellschaft überhaupt und vor allem der übermächtige Gedanke der Priorität des Ganzen vor dem einzelnen gegenüber, der vom Neuplatonismus her seine entscheidende Unterstützung erhielt. Darum spielt sich die weitere Geschichte der Idee der Priorität des einzelnen so ab, daß überall da, wo in der christlichen Philosophie, sei es aus religiösen Gründen oder aus einer Wandlung der ontologischen Fragestellung, die ganzheitliche Betrachtungsweise erschüttert wird, auch im Gemeinschaftsbegriff die Eigenständigkeit des einzelnen wieder der entscheidende Gesichtspunkt wird.

Im *Nominalismus* erneuern Wilhelm von Occam, Marsilius von Padua und Gabriel Biel den Gedanken des Staatsvertrages und lassen die Gemeinschaft der Kirche in dem Zusammenschluß der Gläubigen entstehen und bestehen. In dieselbe Richtung weist die Auflösung des hierarchischen Kirchenbegriffs und die Idee des allgemeinen Priestertums, wie sie in der *Reformation* sich bildet. Auch die Philosophie der *Renaissance* nimmt mit spätantiken Ideen die Gedanken des Naturrechts und damit die Betrachtungsweise vom einzelnen her wieder auf; so kann Ennea Silvia die radikale These aufstellen, der Mensch sei ursprünglich ungesellig durch die Wälder gestreift, ehe er sich zur Gemeinschaft zusammengeschlossen habe, und kann Macchiavelli den Staat aus den Bedürfnissen und Interessen der einzelnen aufbauen. Doch bleiben auch in dieser Zeit Pantheismus und Universalismus im Kampf mit dieser These; der Widerstreit zeigt sich deutlich bei *Nicolaus von Cues,* der die staatliche Gebundenheit auf die Selbständigkeit der Individuen zurückführt und doch aus den Grundlagen seiner Philosophie heraus zu dem Gedanken der Priorität des Ganzen gedrängt wird.

Das Naturrecht kommt zu seiner vollen Herrschaft in der folgenden Epoche, im Zeitalter des *Rationalismus* und der Aufklärung. Die Betrachtung des Menschen als eines vor allem durch die Vernunft charakterisierten Wesens mußte ja dazu führen, auch die Gemeinschaftsgebilde als aus der vernünftigen Natur des einzelnen entsprungen anzusehen. Das deutsche und holländische *Naturrecht* greift auf ältere Vorstellungen zurück und geht davon aus, der Mensch sei seiner Natur nach ursprünglich ein soziales Wesen; Grotius spricht ihm einen „appetitus socialis“ zu und legt als Naturrecht das auseinander, was mit der geselligen Natur des Menschen übereinstimmt. Aus dieser begründet

Althusius den Staatsvertrag und Pufendorf läßt die Gemeinschaft aus einem vernünftigen Nebeneinander von Geselligkeitstrieb und Selbsterhaltungstrieb erwachsen. Im Gegensatz dazu kommt das jesuitische Naturrecht, so vor allem Mariana, gelegentlich zu der extremen Annahme einer ursprünglichen Gesellschaftslosigkeit, läßt aber doch andererseits — so insbesondere Suarez — die Gemeinschaft in einem Naturtrieb zur Vereinigung gründen. Am radikalsten ist die These, die Hobbes aufstellt; er geht von einem Urzustand des bellum omnium contra omnes aus und begründet die Gemeinschaft in keinerlei sozialen Akten, sondern einzig im Egoismus, der des Miteinander bedarf, um sich am sichersten befriedigen zu können.

In diesen Theorien ist deutlich die Richtung angezeigt, in der sich die Idee der Priorität des einzelnen vor dem Ganzen in jenem Zeitalter ausprägt. Daß ein ursprünglicher Drang zur Gesellschaft angenommen wird, besagt ja nicht, daß nun die Gemeinschaft und nicht der einzelne auch der entscheidende und ursprüngliche Blickpunkt ist. So kann Grotius trotz seiner Annahme einer sozialen Natur des Menschen ausdrücklich betonen, der Teil sei älter als das Ganze. Es bleibt also bei der Betrachtungsweise vom einzelnen her; wesentlich ist, daß in dieser Epoche nicht ontologisch, sondern *psychologisch* gefragt wird. Nicht das philosophisch zu erforschende Wesen des Menschen, sondern psychische Verhaltungen, Sozialtrieb, Trieb zur Vereinigung, appetitus socialis, gesellige Natur, Selbsterhaltungstrieb und andere werden festgestellt und erst von ihnen aus wird dann nach Ursprünglichkeit oder Abgeleitetheit der Gemeinschaft gefragt.

Diese psychologische Fragestellung beherrscht dann insbesondere die Gemeinschaftsphilosophie der Aufklärung. Vor allem die *englische Aufklärung* ist, seit Bacon einen auf Selbsterhaltung und Gemeinschaft gerichteten Doppelinstinkt im Menschen behauptete, und seit der Theorie des Hobbes von einer verwirrenden Mannigfaltigkeit von Auffassungen über den psychologischen Ursprung der Gemeinschaft erfüllt. Vernunft, Instinkt, Bedürfnis, Streben nach Glückseligkeit, Furcht, Mitleid, Herdentrieb, moralischer Sinn, sind einige der Begriffe, in deren Dimension sich die Auseinandersetzung über die Genesis des Staates und der Gesellschaft bewegt. Auch hier — so bei Cumberland, Bolingbroke, Ferguson und vor allem bei Shaftesbury und Smith — wird gelegentlich eine ursprüngliche Sozialität des Menschen oder ein Sozialtrieb der Gemeinschaftsbildung zugrunde gelegt und wird gegen die Theorie des Staatsvertrags Verwahrung eingelegt. Die Gesellschaft, so behauptet Shaftesbury, sei so früh wie die Menschheit überhaupt; Hume nennt den Einzelzustand nur eine Fiktion und Locke spricht von einer natürlichen Gesellschaft. Von hier aus ist es dann nur noch ein Schritt zu der These von der Priorität der Gemeinschaft dem einzelnen gegenüber, wie sie Shaftesbury, Ferguson und vor allem Smith aufstellen. Aber auch diese ist nicht im metaphysischen Sinne gemeint, sondern als psychologische Tatsachenfeststellung; nicht daß der Mensch aus seinem Wesen heraus gemeinschaftlich ist, ist der Ausgangspunkt dieser Theorie, sondern daß die Gemeinschaft faktisch ihn immer schon umfängt. Auch diese These gehört daher trotz der scheinbar entgegengesetzten Formulierung in den Kreis der Auffassungen, in denen der Blickpunkt primär der einzelne ist.

In derselben Linie bewegt sich die Gesellschaftsproblematik der *französischen Aufklärung.* Auf der einen Seite läßt Rousseau die Gemeinschaft aus Selbstliebe und Mitleid entspringen und versteht den Naturzustand als völliges Einzelsein des Menschen; auf der andern Seite behaupten die Physiokraten, denen sich hierin Voltaire anschließt, die Gesellschaft entstehe durch eine nécessité physique aus den für sich lebenden Individuen; Montesquieu bestärkt diese Auffassung durch den Hinweis darauf, daß der Mensch ja in die Gesellschaft hineingeboren werde, also faktisch nie einzelner sei.

Die *deutsche Aufklärung* ist stärker als die englische und französische von der metaphysischen Tradition durchherrscht; doch auch hier steht die philosophische Auffassung der Gemeinschaft unter dem Gedanken der Priorität des einzelnen. Wolff und etwa auch Friedrich der Große gründen Gesellschaft und Staat auf einen Vertrag, den die Individuen abschließen. Bei Wolff allerdings begründet nicht irgendeine psychische Eigenschaft des Menschen die Gemeinschaft, sondern das Wesen des einzelnen, der Monade, die von sich selbst her auf Vollkommenheit drängt und diese nur im Wirken für die andern findet. Ihre Wurzel hat diese Auffassung bei Leibniz, bei dem um der inneren Unausgeglichenheit willen, die wir bereits früher erörterten, neben der These von der metaphysischen Priorität des Ganzen gleichzeitig die Auffassung sich findet, daß die Gesellschaft durch die Individuen gebildet werde und von ihnen her ihr Sein habe.

Es ist kein Zweifel, daß *Fichte* philosophiegeschichtlich in diese Traditionslinie eingereiht werden muß. Das Verdienst seiner Ontologie des Menschen und seiner Begründung der Gemeinschaft besteht ja gerade darin, daß im Wissen des einzelnen Menschen von sich selbst die philosophische Frage wurzelt. Doch darf Fichte darum nicht ohne weiteres als Aufklärer bezeichnet werden. Die Grundthese über das Sein des Menschen, daß es Sein im Ganzen ist, weist ihn in die entgegengesetzte Traditionslinie, die die Priorität der Gemeinschaft vor dem einzelnen behauptet. Die Eigenart seiner Begründung der Gemeinschaft besteht in der *Verbindung und innerlichen Durchdringung der beiden gegensätzlichen Gedankenreihen.*

Zunächst trennt ihn von der Aufklärung, daß er deren *bloß psychologische Fragestellung überwindet.* Zwar erwähnt auch er gelegentlich, daß die Bedürftigkeit des Menschen einen Hinweis auf seine Gemeinschaftlichkeit gebe, aber er gründet die Gemeinschaft nicht auf bestimmte Eigenschaften, sondern gewinnt ihre Notwendigkeit aus dem Zentrum einer Ontologie des Menschen. Hierbei schlägt er den umgekehrten Weg ein wie die Versuche der Aufklärung, außer dem des Leibniz, über den wir nachher noch sprechen werden. Sie alle gehen von der Tatsache vorhandener Gemeinschaften aus und fragen nach deren psychologischem Gegründetsein. Fichte geht umgekehrt von dem Wesen des Menschen aus und findet in den Bedingungen einer Verwirklichung des Selbstbewußtseins die Gemeinschaft als notwendige Existenzweise des Menschen. Erst von hier aus begründet er dann die faktisch vorkommenden Arten von Gemeinschaft. Nicht also, weil Gemeinschaft tatsächlich vorhanden ist, muß der Mensch gemeinschaftbildend sein, sondern weil er wesensmäßig dazu angelegt ist, Gemeinschaft zu schaffen, darum kommen in der Wirklichkeit konkrete Gemeinschaften vor.

Dieser scheinbar rein formale Gesichtspunkt ist sachlich bedeutungsvoll. Der Mensch, von dem Fichte in seiner Grundlegung der Ontologie redet, ist ja zunächst weder der einzelne noch der Mensch in der Gemeinschaft, sondern der Mensch in seinem bloßen Sein, noch ehe überhaupt über das Sein mit andern oder für sich selbst entschieden ist. Die Frage nach Individualismus oder Sozialismus und nach der Priorität des einzelnen vor der Gemeinschaft oder umgekehrt hat in diese Tiefe der Fragestellung keinen Zugang. Wenn nun Fichte im reinen Wesen des Menschen den notwendigen Bezug zur Gemeinschaft aufweist, so ist damit einerseits die Blickrichtung vom Ich her zu den andern verwirklicht; Fichte kommt damit in die Nähe der Theorie von der Priorität des einzelnen vor der Gemeinschaft. Zum andern aber enthüllt sich das Sein in der Gemeinschaft als das, was der Mensch notwendig als seine Wesensbestimmung sieht; die Gemeinschaft ist insofern vor dem einzelnen.

Diese Synthese der beiden Blickrichtungen ist möglich auf Grund der Auslegung des Seins des Menschen, wie Fichte sie gibt. Wäre die Priorität der Gemeinschaft vor dem einzelnen als faktischer Zustand gemeint, sodaß die Gemeinschaft das primär Bestehende und der Mensch nichts weiter als ein Glied wäre, dann ließe sich die Frage nach der Bildung der Gemeinschaft vom Menschen aus nicht stellen und es wäre keine Synthese der beiden Aspekte möglich. Aber Fichte sieht das Sein im Ganzen nicht als faktische Eigenschaft des Menschen, sondern als das, was er werden kann und werden soll, wie er alles Sein des Menschen als Seinkönnen begreift. So ist *der einzelne vor dem Ganzen,* weil er es ist, der die Gemeinschaft verantwortlich zu ergreifen hat, und die *Gemeinschaft ist vor dem einzelnen,* weil sie die mit allem Existieren des Menschen je schon gestellte Aufgabe ist.

Das Neue in Fichtes Begründung der Gemeinschaft wurzelt letztlich in seinen ontologischen Einsichten. Hier nun läßt sich aufs deutlichste der *Gegensatz gegen das Menschenbild der Aufklärung* einsehen. Dort strebt der Mensch in geruhigem Fortschritt und in Vernünftigkeit nach seiner Glückseligkeit oder Vollkommenheit; in Fichte dagegen bricht das Verständnis vom Menschen als der in die Unruhe des ständigen Fragens nach sich selbst gestellten, sich selbst verantwortlichen und nur im Entschluß jeweils sich findenden Existenz durch. Von daher erhalten auch die konkreten Arten von Gemeinschaft, die Fichte beschreibt, ihren veränderten Gehalt, obgleich sie oft in denselben Worten beschrieben werden, in denen die Aufklärung sie versteht. So wird der Vertragsbegriff von der Idee der Verantwortlichkeit her ausgelegt; so werden Kirche und gelehrte Gesellschaft von der fragenden und in die Gefährdung versetzten Existenz her verstanden; so ist schließlich Fichtes Idee von der Einheit der Vernunft nicht mehr identisch mit dem aufklärerischen Begriff der Einförmigkeit des Gleichartigen, sondern ist die dem Menschen in seiner Verantwortlichkeit notwendig vorgestellte Idee der Gemeinschaft mit allen seinesgleichen. Die Worte der Aufklärung werden noch gebraucht, aber der Geist, der sie ausspricht, ist ein anderer.

§ 52
Der Gemeinschaftsbegriff Fichtes in den späteren Entwürfen seiner Philosophie

Von dem Gedanken der Verantwortlichkeit aus läßt sich, wie unsere Auslegung zeigte, zwar eine Grundlegung der Gemeinschaft gewinnen, aber doch nur in sehr begrenztem Umfang; die konkreten

Formen von Gemeinschaft, die Fichte ableitet, erfassen ja nicht entfernt das ganze Gebiet gemeinschaftlicher Beziehungen, in dem der Mensch faktisch existiert und existieren kann. Nun zeigt sich jedoch in der *weiteren Entwicklung der Gedanken Fichtes,* daß sein Begriff von der Gemeinschaft wachsend größere Tiefe, Fülle und Reichtum erhält. Dies hängt zusammen mit der allgemeinen Fortgestaltung seines Philosophierens, die ihn von seinem früheren Ansatzpunkt immer weiter wegführt. Ausgegangen war Fichte von einer Auslegung des Selbstbewußtseins und hatte dieses in seiner Zerspaltenheit dargestellt, um die Einheit zwar als Grundvoraussetzung, aber als das nicht mehr Faßbare und nur als äußerste Idee Erblickbare aufzuweisen. Der Einsatzpunkt war die faktische Existenz des Menschen, und die Einheit war nur der letzte Horizont seines Blickes auf sich selbst. In den späteren Stadien des Philosophierens Fichtes aber kehrt sich das Verhältnis um. Blickpunkt wird jetzt die Einheit, die als absolutes Wissen, als das Absolute, als das Eine Leben, als absolutes Sein und schließlich als Gott verstanden wird, und das konkrete Dasein des Menschen wird nicht unmittelbar von ihm selbst her, sondern von dieser Einheit aus betrachtet.

Allerdings sind die Übergänge fast unmerklich; der neue Aspekt kündigt sich jedoch schon im *Atheismusstreit* an. Hier wird Fichte gezwungen, das Ganze, das früher lediglich als letzter Aspekt des absolut-endlichen Menschen verstanden wurde, an sich selbst zu betrachten, weil er nur von ihm her den Begriff Gottes gewinnen kann. Er versteht nun die umfassende Einheit als geordnete Gemeinschaft und sieht in ihr ein ordnendes Prinzip wirksam, den ordo ordinans, den er als Gott bezeichnet. Mit dieser Gottesidee ist allerdings noch keineswegs der alte metaphysische Seinsbegriff wieder in seine Rechte eingesetzt. Fichte wehrt ausdrücklich den Substanzbegriff ab; im Begriff des ordo ordinans ist lediglich ausgesprochen, daß das in der Absolutheit erblickte Miteinander sich selbst ins Gefüge bringt und darin erhält. Und doch vollzieht sich bereits damit der entscheidende Übergang in die andere Betrachtungsweise; denn aus dem Wesen des Menschen und aus den Notwendigkeiten seines Selbstbewußtseins läßt sich zwar ersehen, daß er sich letztlich als im Ganzen stehend begreifen muß; aber über die Art der Ordnung in diesem „Geisterreich" kann von dieser phänomenalen Basis aus nichts weiter ausgemacht werden; einer solchen Aussage liegt vielmehr eine Voraussetzung zugrunde, die aus einem unmittelbaren Blick auf das Ganze gewonnen ist.

Die *späteren Entwürfe der Wissenschaftslehre* sind in stets wachsender Deutlichkeit von der Idee des Ganzen her konzipiert, das immer mehr vom Menschen losgelöst wird. So geht die *Wissenschaftslehre von 1801* von dem *absoluten Wissen* aus, das nicht mehr das menschliche Wissen ist, weil „alles unser wirkliches und mögliches Wissen durchaus nie das absolute, sondern nur ein relatives, so oder anders bestimmtes und beschränktes Wissen“ ist [12]). Allerdings ist das absolute Wissen noch im Menschen beheimatet; Fichte wendet sich auch hier an die Selbstanschauung. Aber das Sein dieses Wissens ist nicht dasselbe wie das des absolut-endlichen Menschen; Fichte kennzeichnet es als „das Eine, ... sich selbst gleiche, unveränderliche, ewige und unaustilgbare Sein schlechthin“ [13]).

Ähnlich wird in der *Wissenschaftslehre von 1804* ausgeführt, „daß das Wissen oder Gewißheit ... wirklich eine rein für sich bestehende Substanz sei“ [14]); es ist, „als für sich bestehend, unabhängig von aller Wandelbarkeit, sich selbst gleiche und in sich geschlossene Einheit“ [15]). Die „Aufgabe der Philosophie“ ist jetzt nicht mehr die Durchdringung der menschlichen Existenz, sondern „Darstellung des Absoluten“ [16]). Damit ist das Absolute, das Sein und Wissen in sich schließt [17]), also die Identität, tatsächlich zum Blickpunkt geworden. Schon hier kennzeichnet Fichte dieses Eine als „das rein immanente Sein, als das Absolute, Substante, Gott“ [18]).

Noch deutlicher wird dies in den „*Grundzügen des gegenwärtigen Zeitalters*“ von 1804/05, wo das „Eine und sich selber gleiche Leben der Vernunft“ der Ausgangspunkt ist [19]). „Das Eine wahrhaft Seiende und schlechthin durch sich selber Daseiende ist das, was alle Zungen *Gott* nennen.“ [20])

In der „*Anweisung zum seligen Leben*“ vom Jahre 1806 schließlich geht Fichte ausdrücklich von Gott und seinem Sein aus und stellt das Wissen als das Dasein Gottes, d. h. als Gott in seiner Wirklichkeit, dar. „Das reale Leben des Wissens ist daher, in seiner Wurzel, das innere Sein und Wesen des Absoluten selber, und nichts anderes“ [21]); „inwiefern Wir das Wissen sind, sind wir selber in unserer tiefsten Wurzel das göttliche Dasein.“ [22]) Dieses Absolute, das „Sein“, muß man begreifen „als schlechthin von und durch sich selber seiend; als Eins, und als in sich unwandelbar und unveränderlich“ [23]). Gott

[12]) II 13. [13]) II 61. [14]) X 106. [15]) X 108. [16]) X 94.
[17]) Vgl. X 149. [18]) X 223. [19]) VII 25. [20]) VII 129, v. Verf. gesp.
[21]) V 443. [22]) V 448. [23]) V 447.

wird hier völlig als der Ausgangspunkt des Sich-verstehens des Menschen gefaßt; „er schwebt uns vor ... als dasjenige, durch welches wir uns und unsere Welt denken und verstehen“ [24]). Das unendliche Streben, das Fichte zuvor als phänomenalen Befund im Dasein des Menschen aufgewiesen hatte, wird daher nun als „Sehnsucht nach dem Ewigen“ ausgelegt. „Dieser Trieb, mit dem Unvergänglichen vereinigt zu werden und zu verschmelzen, ist die innigste Wurzel alles endlichen Daseins.“ [25])

Die *Wissenschaftslehre von 1810* endlich stellt diesen Gesichtspunkt völlig ins Zentrum. „Nur Eines ist schlechthin durch sich selbst: Gott, und Gott ... ist in sich selbst lauter Leben.“ Das Wissen aber ist nur „ein Bild oder Schema“ [26]). Von diesem Grundansatzpunkt aus wird dann mit Hilfe des begrifflichen Zusammenhangs von Sein und Dasein Gottes die metaphysische Frage des Heraustretens der Endlichkeit aus der Absolutheit erörtert. Die *Ontologie des Menschen* hat sich damit völlig *zur Metaphysik gewandelt.*

Die Frage der inneren Einheit der Philosophie des jungen und des älteren Fichte hat die Forschung schon immer beschäftigt und die widerstreitendsten Antworten gefunden. Tatsächlich muß sie sowohl bejaht wie verneint werden. Sieht man darauf, wie Fichte in seinem Gedankengang nirgends springt, sondern jeweils in konsequenter Weiterbildung die nächste Stufe seines Systems findet, so wird man von einer einheitlichen Entwicklung sprechen können; hält man aber fest, daß der Blickpunkt sich entscheidend verschiebt, so muß man doch eine *grundsätzliche Verschiedenheit des früheren Entwurfes von den späteren Systemen* annehmen.

Weil es die Betrachtung vom Ganzen und nicht mehr vom Selbstbewußtsein her ist, die die entscheidende Wandlung im Philosophieren Fichtes herbeiführt, darum muß sich diese im *Begriff der Gemeinschaft* zentral ausprägen. Wenn alles Wirkliche von seiner Herkunft aus dem Ganzen her verstanden wird, dann muß auch *das Individuum* in seinem selbständigen Dasein geleugnet und lediglich als *Teil des Ganzen* begriffen werden. Zwar findet sich noch in der Sittenlehre von 1812 eine Darstellung des Verhältnisses von Individuum und Gemeinschaft, die der in der ersten Periode des Philosophierens Fichtes entspricht; auch hier wird Gemeinschaft noch als Bedingung der Möglichkeit des Bewußtseins der Individualität verstanden und damit in gewisser Weise auf dieses bezogen. „Das einzige

[24]) V 461. [25]) V 407. [26]) II 696.

Kriterium darum, an welchem die Erhebung eines Individui zum realen Bewußtsein klar wird: wenn es sich als Glied der Gemeinde, Glied eines Ganzen, als dessen integrierender Teil erscheint." [27]) Aber schon diese Formulierung der Beziehung von Teil und Ganzem macht den veränderten Aspekt deutlich. „Etwas an sich ist das Ich nur als Teil des Ganzen und in der Ordnung des Ganzen; denn nur das Ganze ist an sich." [28]) Individuum und Gemeinschaft sind so innig ineinander verwoben, daß das Individuum gar kein Sein hat außer in seiner Gliedhaftigkeit im Ganzen. Das „wahre und einige Selbständige und auf sich selbst Beruhende" ist „das Eine und ewige Denken, in welchem alle Individuen nur Gedachtes sind" [29]). „Nichts Einzelnes vermag zu leben in sich und für sich, sondern alles lebt in dem Ganzen, und dieses Ganze selber in unaussprechlicher Liebe stirbt unaufhörlich für sich selber, um neu zu leben. Das ist einmal das Gesetz der Geisterwelt: alles, was zum Gefühle des Daseins gekommen, falle zum Opfer dem ins Unendliche fort zu steigernden Sein; und dieses Gesetz waltet unaufhaltbar, ohne irgendeines Einwilligung zu erwarten." [30]) So ist auch stärker noch als in den früheren Stufen des Philosophierens Fichtes, weil jetzt begründet in dem Aspekt vom Ganzen her, Hingabe an das Ganze die wesentliche Forderung der Sittlichkeit. „Wer auch nur überhaupt an sich als Person denkt, und irgendein Leben und Sein, und irgendeinen Selbstgenuß begehrt, außer in der Gattung und für die Gattung, der ist im Grund und Boden ... nur ein gemeiner, kleiner, schlechter und dabei unseliger Mensch." [31])

Diese innigere Hingabe und ihre Wurzel, der Blickpunkt vom Ganzen her, vermögen nun auch den *konkreten Gemeinschaften* einen reicheren Gehalt zu geben, als sie ihn in den früheren Stadien der Wissenschaftslehre erhalten konnten. „Darin besteht eines jeglichen Bestimmung und Wert, daß er mit allem, was er ist, hat und vermag, sich an den Dienst der Gattung, — und da und inwiefern der Staat die Art des Dienstes, welchen diese Gattung in der Regel bedarf, bestimmt, — an den Dienst des Staates setze." [32]) Der *Staat* wird so, noch mehr als früher, „ein geschlossenes Ganze" [33]). Die Vertragstheorie, in der der Aufbau des Staates vom einzelnen her noch anklang, wird jetzt endgültig abgewiesen; die Staaten sind nicht durch Beschlüsse, sondern durch „das vernunftlose Ohngefähr zusammengebracht" worden [34]); ihre Entstehung wird also *geschichtlich* betrachtet,

[27]) XI 70 f. [28]) XI 71. [29]) Grundz. VII 55. [30]) VII 63.
[31]) VII 35 [32]) VII 225. [33]) VII 145.
[34]) Bestimmung des Menschen II 273.

und der Staat wird nicht mehr als ein ein für allemal feststehendes, statisches Ganzes verstanden, sondern selbst in den historischen Prozeß hineinbezogen. „Die Staatsverfassung eines bestimmten Zeitalters ist ... das Resultat seiner früheren Schicksale." [35]) Die „Staatslehre" schildert darum den Staat als „Entwicklungspunkt eines Reiches der Freiheit" [36]). In diesem *Begriff des Reichs* als dem Ziel des Lebens des Staates erhält auch die Gemeinschaft als Idee ihre konkretere Ausprägung.

Weiter wird auch der Ursprung des Staates tiefer und geschichtlicher gesehen und als das *Volk* ausgelegt. „Eine Menschenmenge, durch gemeinsame sie entwickelnde Geschichte zur Errichtung eines Reiches vereint, nennt man ein Volk." [37]) Dieses ist nun nicht mehr lediglich die jeweils zusammentretende Menge, die die oberste Instanz über das Leben im Staate bildet, sondern erscheint als besondere Gemeinschaft von geschichtlichem Leben. So kann Fichte auch die einzelnen Völker in ihrer Besonderheit als Gebilde mit eigenen Aufgaben und eigener Verantwortlichkeit begreifen; letztlich versteht er sie als eigentümliche Ausprägungen des Göttlichen. „Dies ist nun ... ein Volk: das Ganze der in Gesellschaft miteinander fortlebenden und sich aus sich selbst immerfort natürlich und geistig erzeugenden Menschen, das insgesamt unter einem gewissen besondern Gesetze der Entwicklung des Göttlichen aus ihm steht." [38]) „Volk und Vaterland in dieser Bedeutung, als Träger und Unterpfand der irdischen Ewigkeit, und als dasjenige, was hienieden ewig sein kann, liegt weit hinaus über den Staat, im gewöhnlichen Sinne des Wortes." [39])

Der Anschein des Leeren, der den Erweisen der Gemeinschaft auf der früheren Stufe des Philosophierens Fichtes noch anhaftet, weicht jetzt dem Augenschein der inneren Fülle und des geschichtlichen Reichtums. Die *Gemeinschaft* ist nun tatsächlich als das verstanden, was *vor dem Einzelnen* ist; *dieser* ist wesentlich *Glied und Teil des Ganzen.* Damit vollzieht Fichte eine vollständige Wendung des Gedankens und *philosophiert* nicht mehr vom Menschen und seinem Selbstbewußtsein, sondern *vom Ganzen her.* Recht und Möglichkeit dieses reicheren Gemeinschaftsbegriffes werden sich daher von Recht und Möglichkeit der ihr zugrunde liegenden metaphysischen Haltung her entscheiden müssen.

[35]) VII 128. [36]) IV 418. [37]) Staatslehre IV 412.
[38]) Reden VII 381. [39]) Reden VII 384.

§ 53

Die metaphysische Wurzel des Gemeinschaftsbegriffes des späten Fichte

Mit dem Gedanken der Priorität der Gemeinschaft vor dem einzelnen reiht sich Fichte in den Zusammenhang der abendländischen Metaphysik ein, für die das Denken vom Ganzen her kennzeichnend ist. Letztlich leitet sich der *metaphysische Gemeinschaftsbegriff* von *Aristoteles* her. Zwar scheint es beim ersten Anblick, als gebe Aristoteles eine Begründung der Gemeinschaft vom einzelnen Menschen her; er läßt ja den Staat und die konkreten Gemeinschaften aus dem Sein des Menschen entspringen, den er als ein „zoon politikon“, als ein Wesen des Miteinander, versteht [40]). Darin aber, wie Aristoteles den Satz von dem sozialen Wesen des Menschen begründet, zeigt sich, daß diese Bestimmung letztlich doch der vom Ganzen ausgehenden Betrachtungsweise entspringt: der Mensch ist wesensmäßig im Miteinander, weil das Ganze früher ist als der Teil; das Sein des Menschen wird somit von vornherein als Teilsein im Ganzen verstanden [41]).

An diesen Gedanken knüpfen die philosophischen Bemühungen um die Gemeinschaft in der Folgezeit immer wieder an, allerdings im Streit mit der Gegenthese, der Auffassung von der Priorität des einzelnen vor der Gemeinschaft. Bereits in der *Spätantike* treten die beiden gegnerischen Ansichten einander gegenüber. Epikur vertritt die These von der Priorität des einzelnen; die *Stoa* ist geteilt; doch sieht auch sie in ihren wesentlichen Vertretern den Menschen als Glied in das Ganze nun nicht mehr des Staates, sondern der Menschheit eingeordnet. Der *Neuplatonismus* schließlich wird von seinen grundlegenden philosophischen Einsichten her dahin gedrängt, das einzelne als entsprungen aus dem Ganzen und in das Ganze zurückkehrend zu verstehen und demgemäß der Gemeinschaft in den Stufen und Formen ihres Seins die vorherrschende Stellung gegenüber dem Einzelwesen zuzuweisen. Die aristotelische Auffassung wird hier radikalisiert, indem das einzelne seine substantielle Eigenständigkeit völlig verliert; Substanz ist nur das Ganze, und das einzelne ist überhaupt nur als Teil im Aufbau des Ganzen.

Wie die Idee der Priorität des einzelnen vor der Gemeinschaft von bestimmten *christlichen* Gedankengängen her ihre Unterstützung erhielt, so auch die Metaphysik des Ganzen. Der Mensch, wie ihn das

[40]) Vgl. Polit. I 2, 1253a. [41]) Ebenda.

Neue Testament sieht, ist ja nicht der einzelne in seinem Sein für sich, sondern je schon der Angehörige einer Gemeinschaft, eines Volkes, der „Welt", und ist mit den andern in der gemeinsamen Abstammung von Adam und der gemeinsamen Schuld solidarisch verbunden. Er ist weiter seiner Idee nach dazu bestimmt, Bürger des Reiches Gottes zu sein. Dementsprechend ist das Subjekt des frühen Christentums in erster Linie die Gemeinde.

Ihre denkerische Durchdringung erfährt diese Auffassung des Urchristentums vom *Neuplatonismus* her, wie er vor allem durch die Schriften des Dionysius Areopagita wirksam wurde. Darin ist der Mensch immer als Glied der ganzen Menschheit gesehen und diese ist selbst nur einer der Kreise, die zusammen das Ganze des Seins ausmachen und die darum gar nicht sind außer in diesem Ganzen. Die letzte Konsequenz des Neuplatonismus ist daher die pantheistische Mystik, in der die Individualität völlig im Ganzen aufgeht; so läßt Scotus Eriugena die Individualität aus Gott herausfließen und wieder in den Gottesgrund zurückkehren.

Allerdings ist der Gemeinschaftsbegriff des Christentums nur gelegentlich zu diesen radikalen Konsequenzen vorgedrungen. Doch finden sich fast überall in den späteren Denksystemen neuplatonische Elemente. So sieht *Augustin* den Menschen in der Mitte zwischen zwei Möglichkeiten seiner gemeinschaftlichen Existenz, den beiden civitates, und versteht die Kirche als das vor Anbeginn der Welt gegründete ewige Reich, oder als corpus mysticum. Immer bleibt jedoch der Gedanke an den einzelnen und sein Heil das ständige Korrektiv aller Versuche, die Sicht vom Ganzen her so weit zu treiben, daß der einzelne als solcher überhaupt verschwindet.

Diese Gefahr des Verschwimmens in neuplatonische Mystik wird in der Folgezeit gebannt durch die Bekanntschaft mit dem echten und nicht durch die arabische Tradition verfälschten Aristoteles. Die Einsicht, daß die Substantialität lediglich dem einzelnen zukommt, besagt dabei allerdings nicht, daß der Mensch primär einzelner und erst sekundär Wesen der Gemeinschaft sei. Dies zeigt sich aufs deutlichste bei *Thomas von Aquino*. Er übernimmt aus Aristoteles die These von der Substantialität des einzelnen; die Gemeinschaften — die Familie, der Staat, das Volk, die Kirche — haben nicht die Einheit der Substanz, sondern lediglich die Einheit des Sich-zusammenfügens, die „unitas compositionis aut ordinis" [42]), und diese hat den geringsten Eini-

[42]) Vgl. etwa Summa theol. I II 17, 4.

gungsgrad unter den möglichen Arten von Einssein [43]). Faßt man diesen ontologischen Gedanken zusammen mit der christlichen Idee, daß es dem Menschen letztlich um sein persönliches Heil gehen muß, daß er „propter seipsum" existiert [44]), so scheint das Gewicht wieder einseitig auf den einzelnen verlegt zu sein. Und doch begreift Thomas, wie vor ihm bereits Albertus Magnus, im Anschluß an Aristoteles den Menschen als „naturaliter animal sociale" [45]). Er begründet dies wiederum mit dem Verhältnis von Ganzem und Teil, demgemäß „omnis pars naturaliter est propter totum" [46]). Darüber hinaus tritt von christlichen Gedankengängen her bei Thomas das Ganze noch stärker in den Mittelpunkt. Im Innersten seines Wesens zeichnet den Menschen ein Streben nach dem summum bonum, nach Gott, aus; dieser aber sieht primär nicht auf das einzelne und auf den einzelnen, sondern auf das Ganze; er will alles im Hinblick auf das bonum commune [47]). So ist das Streben des Menschen innigst und notwendig, eben wegen seiner Bezogenheit auf Gott, auf das Ganze gerichtet; „ipse totus homo ordinatur, ut ad finem, ad totam communitatem, cuius est pars" [48]). Daran ändert auch nichts, daß im Unterschied zu Aristoteles das Heil des einzelnen über dem Staat steht [49]); denn über dem einzelnen und jenseits des Staates erhebt sich die umfassende Gemeinschaft der Kirche, als einer gleichermaßen irdischen und jenseitigen Größe, auf die zugeordnet der Mensch sich in seinem Heilstreben begreifen muß [50]). So erfährt bei Thomas *die metaphysische Begründung der Gemeinschaft* ihre *theologische Umgestaltung.* Der Mensch, christlich verstanden, ist immer schon Glied eines Ganzen, das, im Ratschluß Gottes, eigenes Sein und selbständige Bedeutung vor und über dem einzelnen hat.

Eben um dieser ihrer tieferen theologischen Begründung willen behält die Idee der Priorität der Gemeinschaft vor dem einzelnen auch in den Zeiten, in denen, wie im Nominalismus, der Gedanke des einzelnen sich stärker in den Vordergrund drängt, noch Bestand. Von naturphilosophischen Überlegungen her erhält er in der Zeit der Re-

[43]) Vgl. Summa c. Gent. II 58, 2.
[44]) Vgl. Summa theol. 2 II 64, 2 ad 3 u. ö.
[45]) Vgl. Summa c. Gent. III 128, 1 u. ö.
[46]) Summa theol. 2 II 64, 2.
[47]) Vgl. a. a. O. 1 II 19, 10.
[48]) a. a. O. 2 II 65, 1.
[49]) Vgl. a. a. O. 1 II 21, 4 ad 3.
[50]) Vgl. Summa c. Gent. III 117.

naissance eine neue Stütze; der Mensch wird, so etwa von *Giordano Bruno,* als Glied und Teil des Weltganzen verstanden. Auch im theologischen Bereich wird der Gedanke des organischen Ganzen und des Ursprungs des einzelnen aus ihm von *Nicolaus von Cues* erneuert.

Zu entscheidender Geltung kommt der Gedanke der Ganzheit, wie wir bereits an früherer Stelle zeigten, bei Leibniz. Der Gesichtspunkt, von dem her er seine monadologische Philosophie konzipiert, ist ja ein doppelter: der Aspekt von der einzelnen Monade aus und der auf die Gesamtheit der Monaden, das Universum, in dem die einzelne Monade nur ein Teil ist; beide Momente verbinden sich auch in seiner Gemeinschaftsidee. Er schreibt dem Menschen einen Instinkt für die Gemeinschaft zu und begründet ihn im Streben nach der Vollkommenheit, das dem Menschen wesensnotwendig ist. Doch auch hier liegt letztlich die Überschau vom Gesichtspunkt Gottes aus zugrunde; denn der Mensch ist Bürger in der «cité de Dieu», die Leibniz als «un monde moral dans le monde naturel» bezeichnet [51]). Die Gemeinschaftlichkeit des Menschen ist somit darin begründet, daß er von Gott als Wesen des Miteinander geschaffen ist.

Der leitende Gedanke in diesen Begründungen der Gemeinschaft vom Ganzen her ist immer derselbe: es wird im Menschen eine auf Gemeinschaft gerichtete Wesensanlage gefunden. Aber die philosophische Betrachtung bleibt nicht bei der Feststellung dieser Tatsache und bei dem Aufspüren ihrer Gründe stehen, sondern erhebt sich auf einen *Standpunkt außerhalb des Menschen,* sei es durch die Aufstellung eines allgemeinen metaphysischen Satzes oder durch die Einführung der Idee Gottes als dessen, der zunächst auf das Ganze und erst durch dieses hindurch auf das einzelne sieht. Immer sind es metaphysische Voraussetzungen, in denen dieser Gemeinschaftsbegriff wurzelt.

Es ist offensichtlich, daß *Fichtes Gemeinschaftsgedanke in den späteren Stadien* sich in diese philosophiegeschichtliche Entwicklungslinie einordnet. Auch hier wird, im Unterschied zu dem ersten Entwurf der Wissenschaftslehre, die Gemeinschaftlichkeit des Menschen nicht von dessen Sein aus gesehen, sondern vom Ganzen her, und dieses Ganze wird nicht aus dem unmittelbaren Wissen des Menschen von sich selbst, sondern aus der Überschau gewonnen und hat darum nicht den Charakter einer erweisbaren Grundvoraussetzung des konkreten und faktischen Seins des Menschen, sondern einer metaphysischen Hypothese. So kann man die Entwicklung des Gemeinschaftsbegriffs Fichtes

[51]) Mon. 85/86, 621 f.

als Einbiegen in die Linie der Tradition der abendländischen Metaphysik der Ganzheit kennzeichnen.

Diese Wendung ist es, die für die weitere Entwicklung des Gemeinschaftsbegriffs wesentlich wurde. *Schellings* Identitätssystem nimmt die Problematik des Ganzen und seines Herabsteigens zur Einzelheit auf. *Schleiermacher* greift den Begriff des Individuums als einer Individuation des Identischen, die aus ihrem Wesen heraus wieder zum Ganzen, zum Universum, strebt, auf. *Hegel* endlich versteht das in sich geordnete Reich der Gemeinschaftsformen als Gefüge von Stufen in der umfassendsten Gemeinschaft, der des absoluten Geistes[52]). Einzig *Kierkegaard* erneuert, gerade im Protest gegen den metaphysischen Gemeinschaftsbegriff, den Gedanken des einzelnen und seiner Verantwortlichkeit und gewinnt von da aus seine Begründung der Gemeinschaft.

§ 54

Die Ursprünglichkeit in Fichtes frühem Gemeinschaftsbegriff. Kant und Fichte

Die Auseinandersetzung mit Fichte spitzt sich letztlich darauf zu, Recht und Möglichkeit der *radikalen Umkehr des Blickpunktes* zu erörtern, die sich im Übergang von dem frühen Stadium seines Philosophierens zu den späteren Darstellungen vollzieht. Der Gesichtspunkt, den er in der ersten Epoche mit Energie festhält, ist der, nichts in der Philosophie zuzulassen oder anzunehmen, was sich nicht in der Selbsterfahrung ausweisen ließe; so vollzog sich ja auch unsere Auslegung seiner Sätze so, daß wir die konkreten phänomenalen Tatbestände im Dasein des Menschen aufdeckten, die den philosophischen Aussagen zugrunde liegen. Dies ist jedoch für die späteren Stadien nicht mehr möglich. Der Einsatzpunkt ist hier die Überschau über das Ganze, nicht mehr die Perspektive des endlich-absoluten Menschen. „Die wahre, in sich selbst zu Ende gekommene und über die Erscheinung hinweg wahrhaft zum Kerne derselben durchgedrungene Philosophie ... geht aus von dem Einen, reinen, göttlichen Leben." [53]) Die Philosophie versetzt sich jetzt in einen Standpunkt, der letztlich Gott zukommt; sie „erfaßt die Dinge, so wie sie an sich sind, d. i. in der Welt des reinen Gedankens, welcher Welt Urprinzip Gott ist; demnach also,

[52]) Vgl. Haering, Th., Gemeinschaft und Persönlichkeit in der Philosophie Hegels. In Philosophie der Gemeinschaft, 7 Vorträge, hrsg. von Felix Krüger, 1929, S. 59 ff.

[53]) Reden VII 362.

wie Gott sie denken müßte, falls ihm ein Denken beizulegen wäre" [54]). Daß also die Philosophie aus einer Ontologie des Menschen zu einer Metaphysik des Ganzen wird, besagt zugleich, daß sie *die Basis der Ausweisbarkeit in der konkreten Existenz verliert.*

Die Entscheidung für den frühen oder späten Gemeinschaftsbegriff Fichtes wird so letztlich zur *Entscheidung über das Wesen der Philosophie.* Diese aber kann nur im wirklichen Vollzug des Philosophierens gefällt werden. Wenn der Philosophierende in seinem Nachdenken der Tradition verhaftet bleibt, dann reiht er sich zwar ein in eine lange und ehrwürdige Geschichte, kommt aber selbst zu keiner Ursprünglichkeit des Philosophierens. Entschließt er sich dagegen, nur das als wahr anzuerkennen, was sich ihm selbst zeigt, und von diesem Gesichtspunkt aus zu philosophieren, dann entspringt eine zwar immer durch seine Subjektivität bestimmte, aber in ihrem Wahrheitsgehalt doch an der Faktizität ausweisbare Philosophie, die zwar nicht sich anmaßt, die Wahrheit zu besitzen, aber in ständigem Ringen der Wahrheit sich anzunähern bestrebt ist.

Diese *Ursprünglichkeit* ist es, deretwegen wir uns mit Fichtes Begriff von der Gemeinschaft in seiner frühen Ausprägung auseinandergesetzt haben. Sie bedeutet nicht, daß der Philosoph sich aus dem Nichts sein Gedankengebäude erschaffe; faktisch überkommt er ja bereits in der Sprache eine bestimmte Ausgelegtheit der Welt und übernimmt er immer schon eine ausgeprägte Blickweise. Entschließt er sich aber zur Ursprünglichkeit, so wird er das Überlieferte nicht als das einfach zu Übernehmende, sondern als das, womit er sich auseinanderzusetzen hat und das er an seinem eigenen Wissen von der Wahrheit zu messen hat, verstehen.

So knüpft Fichte, wie wir sahen, auch in seinem ersten Vorstoß zum Begriff der Gemeinschaft an die Tradition der Aufklärung an, in der die Verwurzelung der Frage nach der Gemeinschaft im Problem des Menschen, wenn auch verflacht, lebendig war. Doch hatte sich gezeigt, daß sein Ansatz sich grundlegend von dem Gemeinschaftsbegriff der Aufklärung unterscheidet, indem es ihm gelingt, *aus dem Selbstbewußtsein und letztlich aus der Selbstverantwortlichkeit eine ontologische Begründung der Gemeinschaft* zu gewinnen.

Doch auch in diesem Punkte ist Fichte von seiner Geschichte abhängig, und zwar von dem Philosophen, dem er überhaupt die grundlegenden Gesichtspunkte für sein Philosophieren verdankt, von *Kant.*

[54]) Über das Wesen des Gelehrten, 1805, VI 392.

Kants eigentliches Verdienst innerhalb der Problematik einer Ontologie des Menschen ist es ja, die Idee der Verantwortlichkeit, der Gewissenhaftigkeit oder des Gehorsams gegen das eigentliche Selbst in den Mittelpunkt gerückt zu haben. Wenngleich Fichte, wie wir früher zeigten, über Kant hinausgeht, das Ich in seinem einheitlichen Wesen tiefer versteht und damit Gewissenhaftigkeit und Selbstverantwortlichkeit ontologisch grundlegender in ihrem Zusammenhang mit dem ursprünglichen Selbstbewußtsein interpretiert, so bleibt er doch auch hier der Anregung durch Kant innigst verpflichtet.

Wie nach ihm Fichte, so geht auch Kant bei der Begründung der Gemeinschaft vom Menschen aus. Doch ist er stärker der Aufklärung und ihrer Frage nach dem psychologischen Grunde und den psychischen Voraussetzungen der Gemeinschaft verhaftet. In der „Religion innerhalb der Grenzen der bloßen Vernunft“ erwähnt er unter den „Elementen der Bestimmung des Menschen“ einen „Trieb zur Gesellschaft“ [55]). So erörtert er in seiner „Idee zu einer allgemeinen Geschichte in weltbürgerlicher Absicht“ „die ungesellige Geselligkeit der Menschen, d. i. den Hang derselben in Gesellschaft zu treten, der doch mit einem durchgängigen Widerstande, welcher diese Gesellschaft beständig zu trennen droht, verbunden ist ... Der Mensch hat eine Neigung sich zu vergesellschaften ... Er hat aber auch einen großen Hang sich zu vereinzelnen (isolieren)“ [56]). „Der Mensch ist ein für die Gesellschaft bestimmtes (obzwar doch auch ungeselliges) Wesen.“ [57]) Kant gibt nun allerdings keinen ontologischen Erweis des Faktums einer solchen Anlage; er begründet nicht die Gemeinschaftlichkeit aus dem Wesen des Menschen, und dies darum nicht, weil ihm *Gemeinschaft noch nicht eigentlich zum Problem geworden* ist; sein Interesse an der Gemeinschaft ist konkret und praktisch. Die Ursprünglichkeit, in der Fichte die Frage nach der Gemeinschaft ansetzt, zeigt sich demgegenüber darin, daß er das vordem Selbstverständliche in Frage stellt, um es im Durchgang durch die Frage gesichert zu erhalten.

Im Fortgang der Analysen stimmt die Art, wie Fichte die Gemeinschaft vom Menschen uns aufbaut, wiederum mit der Kants überein. Auch für diesen ist es ein Vertrag, „der ursprüngliche Kontrakt“, in dem der Staat zustande kommt. Auch hier ist nicht ein tatsächliches historisches Ereignis gemeint, sondern nur die „Idee“

[55]) VI 26. Die Schriften Kants werden zitiert nach der Akademieausgabe; die römische Zahl zeigt den Band, die arabische die Seite an.

[56]) VIII 20 f.

[57]) Metaphysik der Sitten VI 471.

eines solchen Aktes, „nach der die Rechtmäßigkeit" des Staates „allein gedacht werden kann" [58]). Ebenso nimmt Kant einen Zustand vor der Rechtsgemeinschaft — gleichfalls als Idee — an, „die wilde, gesetzlose Freiheit", von dem her es zum staatlichen Zusammenschluß kommt [59]). Der Staat selbst gründet sich bei beiden Denkern auf „das gemeinsame Interesse aller, im rechtlichen Zustande zu sein" [60]); ihm liegt „ein jeden anderen verbindender, mithin kollektiv-allgemeiner (gemeinsamer) und machthabender Wille" zugrunde [61]).

Auch die Auslegung der ethischen Gemeinschaft bei Kant und Fichte stimmt weitgehend überein. Allerdings setzt auch hier Fichte die Frage ursprünglicher an, wenn er die sittliche Gemeinschaft aus der Gemeinschaft der ursprünglichen Aufforderung entstehen läßt, die im Wesen des Menschen gründet. Kant gibt keine solche ontologische Begründung. Fichtes Verdienst ist hier wiederum, die Kantischen Einsichten in das Wesen der Gemeinschaft vertieft und aus der Selbsterfahrung begründet zu haben.

Am tiefsten stimmen beide darin überein, daß ihnen das letztlich zu Erstrebende die Gemeinschaft, das „Ideal eines Ganzen aller Menschen" ist [62]). Kant nennt sie das „Reich der Zwecke" [63]), „eine Welt vernünftiger Wesen (mundus intelligibilis)" [64]), das „corpus mysticum der Vernunftwesen" [65]). Zu ihm ist der Mensch „durch seine eigene Natur schon bestimmt" [66]), und zwar bringt es, ebenso wie bei Fichte, gerade das Eigentliche in seinem Wesen, die „Persönlichkeit", mit sich, daß er „zur intelligibeln Welt gehört" [67]). Der Mensch muß, weil „das höchste sittliche Gut durch die Bestrebung der einzelnen Person zu ihrer eigenen moralischen Vollkommenheit allein nicht bewirkt wird", auf „eine Vereinigung derselben in ein Ganzes zu eben demselben Zwecke zu einem System wohlgesinnter Menschen", hinarbeiten [68]). Auch Kant also leitet aus dem gemeinschaftlichen Endzweck die Notwendigkeit konkreter Gemeinschaft ab. So ist es Pflicht,

[58]) Metaphysik der Sitten VI 315.
[59]) a. a. O. VI 316.
[60]) a. a. O. VI 311.
[61]) a. a. O. VI 256.
[62]) Religion innerhalb der Grenzen VI 96.
[63]) Grundlegung zur Metaphysik der Sitten IV 433.
[64]) a. a. O. VI 438.
[65]) Kritik der reinen Vernunft III 525.
[66]) Grundlegung zur Metaphysik der Sitten IV 435.
[67]) Kritik der praktischen Vernunft V 155.
[68]) Religion innerhalb der Grenzen VI 97 f.

eine Kirche, als ein „ethisches gemeines Wesen unter der göttlichen moralischen Gesetzgebung" zu gründen [69]). Aber während sich für Fichte der Begriff der Kirche in der Übereinstimmung in dem Verständnis der Aufgabe des Menschen erschöpft, behält er bei Kant noch etwas von seinem religiösen Sinn bei; der Glaube an Gott, den Fichte nur nebenbei erwähnt, ist hier Mittelpunkt der Kirche; eben darum ist jedoch die Kirchengemeinschaft, wie Fichte sie versteht, eine weitere und allgemeinere Form von Gemeinschaft. Ebenso gibt Fichte auch der gelehrten Gesellschaft, der Gemeinschaft der gegenseitigen Erschütterung und der gemeinsamen Suche nach der Wahrheit, einen tieferen und allgemeiner menschlichen Sinn, während Kant sie nur gelegentlich erwähnt und in engerem Sinne versteht [70]).

Auch bei Kant also ist es die Mitverantwortlichkeit unter der absoluten Forderung des Gewissens, auf die sich die moralische Gemeinschaft gründet; doch hat er nicht ebenso wie Fichte diesen Gedanken als die Wurzel des ganzen gemeinschaftlichen Seins des Menschen gesehen; seine Bemerkungen zur Frage der Gemeinschaft gehen nicht hinter den Begriff des Menschen als eines Bürgers der intelligiblen Welt oder als eines mit gemeinschaftbildenden Anlagen ausgestatteten Wesens hinaus. Bei ihm ist daher die Doppelheit der Traditionslinie noch unverbunden; der Begriff der Gliedschaft im Reiche Gottes entstammt der Metaphysik der Ganzheit, die Idee einer psychischen Anlage zur Gemeinschaft der Tradition des Gedankens von der Priorität des einzelnen vor dem Ganzen, und die Mitverantwortlichkeit, die der Selbstverantwortlichkeit entspringt, wird zwar als gemeinschaftgründende Wesensbestimmung hier und da gesehen, wird aber noch nicht als das Moment deutlich, das das gemeinschaftliche Wesen des Menschen einheitlich in sich befaßt. *Erst bei Fichte wachsen die beiden überlieferten Gedankenkreise wirklich zur Einheit zusammen,* weil sie *in dem Gedanken der Selbst- und Mitverantwortlichkeit* gebunden sind und in ihn verwandelt werden.

Von daher rechtfertigt sich letztlich die Tatsache, daß unsere Erörterung der Gemeinschaft bei dem *Gemeinschaftsbegriff des frühen Fichte* einsetzte. Hier ist *zum erstenmal wieder das Sein des Menschen in der Gemeinschaft ohne Verdeckung durch die doppeltgerichtete Tradition gesehen* und in einer Tiefe begründet, die Fichte zwar ohne die grundlegende Umwälzung des philosophischen Denkens in Kant

[69]) a. a. O. VI 101.

[70]) Vgl. Der Streit der Fakultäten VII 18 f.

nicht erreicht hätte, in die vorgestoßen zu sein aber sein eigentliches Verdienst bleibt.

§ 55

Entwurf einer ontologischen Begründung der Gemeinschaft in Auseinandersetzung mit Fichte

Mag auch die Begründung der Gemeinschaft in der ersten Periode des Philosophierens Fichtes den Vorzug des fruchtbaren Ansatzpunktes besitzen, so bleibt ihr Ergebnis doch weithin unbefriedigend. Eine Gemeinschaft „Staat", eine Gemeinschaft „Kirche" und eine Gemeinschaft „gelehrte Gesellschaft", allenfalls noch eine Gemeinschaft „Ehe" oder eine Gemeinschaft „Stand", sind als wesensnotwendig erwiesen; die ganze reiche Fülle des Lebens in den konkreten Gemeinschaften, in das doch jeder Mensch sich faktisch eingebettet weiß, bleibt aber außerhalb des philosophischen Denkgebäudes. Darüber hinaus kann auch die Durchführung der Begründung der Gemeinschaft, wie Fichte sie gibt, nicht vollständig befriedigen. Man braucht sich nur daran zu erinnern, auf welch gewundenem Wege — über die Unvereinbarkeit des Wollens und des Vorstellens im Anfang des menschlichen Daseins und über das Phänomen der ursprünglichen Aufforderung — Fichte zum Aufweis der Notwendigkeit der Gemeinschaft gelangt.

Und doch hat sich uns in der Besprechung der geschichtlichen Voraussetzungen Fichtes die Einsicht gefestigt, daß sein Ansatz im ersten Vorstoß der einzig fruchtbare für ein wirklich gegründetes philosophisches Verständnis von der Gemeinschaft ist. So müßte man sich denn zwischen unausweisbarem Reichtum des Lebendigen und Enge des Begründbaren entscheiden? Wir nannten oben jedoch nicht den ganzen Beweisgang Fichtes, sondern lediglich seinen Ansatz das einzig Fruchtbare. Dieser, die *Begründung der Gemeinschaft aus dem Wesen des Menschen,* bleibt die unaufhebbare philosophische Forderung; die Durchführung dieser Begründung durch Fichte ist jedoch, wie jeder philosophische Versuch, ein Vorstoß in ein noch unbekanntes Gebiet, und ist darum notwendig einseitig und gewaltsam. Ehe daher die Bedeutung von Fichtes Grundlegung der Gemeinschaft endgültig ans Licht tritt, muß man zusehen, ob nicht im Nachvollzug seiner Gedankenschritte die Verengungen und Einseitigkeiten sich vermeiden lassen und so, im Geiste Fichtes, aber im Versuch, ihn zu Ende zu denken, die Gemeinschaft sich tiefer und inniger begründen ließe.

Die innerste Bestimmung des Seins des Menschen, die Fichte gibt, muß ihre Bedeutung behalten; das Wesen des Menschen, soll es aus ihm selbst heraus begriffen werden, ist zuinnerst *Selbstbewußtsein.* Wenn Fichte dieses weiterhin als Tathandlung auslegt, so ist auch dieser Charakter unmittelbar aus dem Phänomen des Selbstbewußtseins geschöpft und ein genuiner Begriff einer Ontologie des Menschen. Aber in dem Erweis, der die Begründung des Mitseins vorbereitet und dessen Ergebnis ist, daß der Mensch sich selbst ursprünglich als wollend versteht, steckt bereits eine Verengung. Das Faktum zwar, daß das Wollen der ursprüngliche Seinscharakter des Menschen ist, weist sich wiederum in der unmittelbaren Selbsterfahrung aus. Der Beweis selbst aber geht davon aus, daß im Selbstbewußtsein ein Subjekt und ein Objekt unterschieden werden und daß das Subjekt-Ich das Objekt-Ich anschaut. Mit dieser Kennzeichnung wird jedoch in die Ontologie des Menschen ein Begriffspaar eingeführt, das nicht genuin aus ihr erwachsen ist. Obwohl Fichte dabei das Mißverständnis abwehrt, als handle es sich um das Anschauen eines vorhandenen und seienden Ich, entstammen doch die Begriffe des Subjekts, des Objekts und des Anschauens der Auslegung der gegenständlichen Welt. Zu sich selbst verhält sich das Ich jedoch nie wie zu einem Objekt; seiner selbst ist es sich nicht, oder wenigstens nicht ursprünglich, im ruhigen Anschauen bewußt. Die Kennzeichnung des Ich als Subjekt-Objekt-Identität geht darum an der eigentümlichen Ichhaftigkeit des menschlichen Ich vorbei.

Tatsächlich bezeichneten wir ja auch in unserer Auslegung Fichtes diese Begriffsbestimmung als die formalste und fanden inhaltlich reicher und begrifflich tiefer das Wesen des Selbstbewußtseins in seiner Kennzeichnung als Frage nach sich selbst, als ontologische Synthesis, ausgesprochen. Das Begriffspaar von Frage und Antwort entstammt ja ursprünglich der Sphäre des menschlichen Seins und ist daher dazu geeignet, was sich auch in der sachhaltigen Auslegung des Selbstbewußtseins bestätigte, dieses in seinem spezifisch menschlichen Sein zu kennzeichnen. *Der wesentliche Charakter des Selbstbewußtseins ist nicht Identität von Subjekt und Objekt, sondern Selbstgespräch.*

Dieser Begriff vom Ich ermöglicht es nun, was von der bloßen Subjekt-Objekt-Identität her nicht ohne weiteres durchführbar ist, den *inneren Zusammenhang von Selbstbewußtsein und Selbstverantwortlichkeit* zu begreifen und so die praktische Wissenschaftslehre mit der theoretischen inniger zu verbinden, als Fichte es vermag. Die Selbstverantwortlichkeit läßt sich als eine ausgezeichnete Weise des

Selbstbewußtseins begreifen. Dieses entspringt aus der Frage des Menschen nach sich selbst in seiner Absolutheit; die Frage aber ist nur möglich, wenn der Gedanke der Absolutheit zuvor den Menschen in die Fraglichkeit versetzt; die Absolutheit muß sich daher in irgendwelcher Weise ankündigen. Eine ausdrückliche Art von Ankündigung lernten wir im Gewissen kennen. Es bedarf jedoch nicht eines solchen ausdrücklichen Sich-meldens; die Ankündigung kann auch im bloßen Gefühl des Unbefriedigtseins in der augenblicklichen Endlichkeit oder des Hinausgetriebenwerdens über die je bestimmte Stufe der Wirklichkeit laut werden. Nun ist die Selbstverantwortlichkeit die Antwort des Menschen auf die reine Ankündigung des eigentlichen Seinkönnens im Gewissen; in ihr weiß der Mensch sich selbst als frei, weil er sich als frei ergreift. Aber ebenso ist schon das bloße Selbstbewußtsein eine Art von Antwort auf die fraglichmachende Absolutheit; denn auch in ihm erfährt der Mensch seine Freiheit. Die Selbstverantwortlichkeit ist also das klar und entschlossen ergriffene Selbstbewußtsein, und dieses ist die nicht ausdrückliche Form der Selbstverantwortlichkeit. Ist nun die Selbstverantwortlichkeit der tiefste Grund der Gemeinschaft und ist das Selbstbewußtsein das innerste Thema der Ontologie des Menschen, so erhält durch ihre innigere Verbindung auch die ontologische Begründung der Gemeinschaft größere Tiefe und Gewißheit.

Soll aus der Selbstverantwortlichkeit als dem eigens ergriffenen Wesen des Menschen Gemeinschaft erwachsen, so muß jene sich von sich aus zur Mitverantwortlichkeit entfalten. Dieser Übergang aber setzt voraus, daß das *Sein mit andern* wesenhaft zum Sein des Menschen gehört. Fichte kommt zu dieser Ableitung auf einem Umweg, indem er das Mitvorhandensein eines andern Menschen als notwendige Bedingung des Selbstbewußtseins erweist. Diese Deduktion ist jedoch sehr schwierig und umwegig. Sie führt über die Paradoxie, die daraus erwächst, daß der Mensch vorstellendes und wollendes Wesen ist, und mündet in den Nachweis der Notwendigkeit einer Aufforderung durch den andern ein, die zugleich die Notwendigkeit der Existenz dieses andern Menschen beweist. Damit aber sind zwar das notwendige Vorhandensein eines Mitmenschen und indirekt auch das Mitsein als notwendige Seinsbestimmung des Menschen erwiesen, aber dies ist doch einmal nicht unmittelbar als Seinsweise des Menschen aufgewiesen und zum andern in seiner Notwendigkeit auf den einen im Anfang des Daseins begegnenden andern Menschen beschränkt.

Der Grund hierfür liegt darin, daß Fichte das Sein des Menschen verengt sieht, wenn er es wesentlich durch Wollen und Vorstellen charakterisiert. Er hält ja auch nicht immer an diesem engen Begriff fest, sondern nimmt in den Ansatz seiner Wesensanalyse des Menschen außerdem noch das *Gefühl* auf. Dies nun ist es, von dem her sich das Mitsein inniger begründen läßt. Fichte macht darauf aufmerksam, daß das Gefühl immer zwiefach ist: Gefühl der Begrenztheit und Gefühl des Sehnens. Aber es ist nicht schlechthin Gefühl der Begrenztheit oder Gefühl des Sehnens, sondern ist je schon von sich selbst her auf ein bestimmt geartetes Gefühltes gerichtet; in der Verschiedenartigkeit ihres Gefühlten differenzieren sich die einzelnen Arten des Gefühls.

Innerhalb des Gefühlsbereichs des Sehnens ist das ursprünglichste Gefühl das der Sehnsucht nach andern Menschen oder der *Liebe*, unter der primär nicht die Hingabe an andere, sondern das Bedürfnis nach einem Mitsein mit andern zu verstehen ist. Ein Beweis dafür ist, daß das Kind alles Begegnende zunächst nicht als vorhandenen Gegenstand, sondern als ein Du versteht. Ein negativer Beweis ist die Verzweiflung, die den Menschen befällt, wenn er aus den Beziehungen zu seiner Mitwelt herausgerissen wird. Dieses Gefühl der Liebe treibt den Menschen hinaus aus sich selbst und führt ihn in die Suche nach andern seinesgleichen; in ihm bietet sich eine aus dem Wesen des Menchen entspringende Verhaltung dar, in der dieser von sich selbst her sich auf andere Menschen anweist. In ihm liegt somit der *Ursprung des Mitseins.*

Wird daher die Liebe in den phänomenalen Ansatz der Frage nach dem Menschen mit aufgenommen, so bedarf es nicht mehr der Umständlichkeit des Beweises aus dem Zwiespalt von Wollen und Vorstellen, um das Mitsein als Wesenselement des Menschseins aufzuweisen. Zwar läßt sich nicht nachweisen, daß der Mensch mit andern seinesgleichen sein muß; die Notwendigkeit einer Begegnung mit einem Du ist nicht deduzierbar. Aber es läßt sich umfassend zeigen, daß der Mensch, der — in der Liebe — auf das Sein mit andern angelegt ist, sein Wesen nicht erfüllt, wenn er nicht faktisch mit andern zusammen ist.

Damit ist allerdings erst die Anlage zum Mitsein und noch keine Gemeinschaft nachgewiesen. Ihre Notwendigkeit wird nur dann einsichtig, wenn sich im Mitsein eine Pflicht zur Gemeinschaftlichkeit offenbart. Diese läßt sich gewinnen, wenn man darauf achtet, wie sich Selbstverantwortlichkeit und Mitverantwortlichkeit zueinander verhalten. Der Mensch in der Selbstverantwortlichkeit hat vor seinem eigentlichen Wesen Achtung. Nun läßt sich freilich nicht ohne Übergang, wie es Fichte unternimmt, das eigentliche Wesen als die schlechthinige Gemeinschaft aller Vernunftwesen aufweisen; denn in seiner Selbstverantwortlichkeit ist der Mensch unmittelbar nicht auf das Reich der Vernunft, sondern auf sich selbst gerichtet. Wohl aber ergibt sich von dieser Haltung aus die Forderung eines bestimmten Verhaltens zu den andern. Denn wenn der Mensch sich selbst von seinem eigenen Ziel her versteht, dann muß er auch die andern von daher begreifen und sie als bestimmt zu ihrem eigentlichen Seinkönnen ansehen. Er wird dann dem, was sie der äußersten Möglichkeit nach sind, mit derselben Achtung begegnen, die er vor seinem eigenen inneren Wesen hat. Nun ist der Mensch in seiner Existenz nie faktisch sein absolutes Seinkönnen, aber er ist innerlich dazu aufgerufen, es zu werden. Versteht er den andern ebenso wie sich selbst, so weiß er sich in der Achtung vor dessen Innerstem verpflichtet, ihn in seinem Ringen um die Verwirklichung seines Wesens zu unterstützen. So wie ich für mein Menschseinkönnen verantwortlich bin und er für das seinige verantwortlich ist, so bin auch ich für sein Menschseinkönnen und ist auch er für das meine verantwortlich. *Die Selbstverantwortlichkeit entfaltet sich notwendig zur Mitverantwortlichkeit.*

Durch diese Haltung verwandelt sich das bloße Miteinander in die *Gemeinschaft*; denn um mit den andern verantwortlich sein zu können, muß ich mit ihnen in Verbindung treten. Allerdings lassen sich von daher keine bestimmten konkreten Formen und Arten von Gemeinschaft als notwendig erweisen; Fichtes Deduktion des Staates, der Kirche und der gelehrten Gesellschaft übersieht die menschliche und geschichtliche Bedingtheit jeder Gemeinschaftsgestaltung. Wie sich die Gemeinschaft jeweils verwirklicht, ob als Gespräch, als Freundschaft, als Ehe, als Geselligkeit, als Staat, als Kirche, hängt von der Art der Begegnung, von den natürlichen Gegebenheiten des Menschen und von der Tradition ab. Der Mensch in seiner Geschichtlichkeit wird immer neue Formen der Gemeinschaft schaffen; entscheidend ist aber dabei nicht, welcher Art die Gemeinschaft ist, sondern wie der Mensch in ihr steht, ob er sie als bloßes Miteinander betrachtet oder mit dem Gehalt der Mitverantwortlichkeit erfüllt.

Denn eins ist deutlich: die Gemeinschaft ist nur dann echt und reicht nur dann in die Tiefe des Wesens hinab, wenn sie aus freier Verantwortlichkeit ergriffen wird. Nicht die Naturgegebenheit einer

Gemeinschaft oder ihr ehrwürdiges Alter machen sie zur Aufgabe des Menschen, sondern der Entschluß zum echten und gewissenhaften Sein mit andern; *nur die Verantwortlichkeit vor sich selbst verknüpft wahrhaft das Wesen des Menschen und die Gemeinschaft.*

Johann Gottlieb Fichte

Über den Begriff der Wissenschaftslehre (1794)
Grundlage der gesamten Wissenschaftslehre (1794/95)

Vollständiger Text aus der J. G. Fichte Gesamtausgabe der Bayerischen Akademie der Wissenschaften. 417 Seiten.

Die beiden Schriften eröffnen den Zugang zu Fichtes Transzendentalphilosophie. Philosophie als Wissenschaftslehre versteht Fichte als die konsequente Fortführung der Philosophie Kants.

Fichte-Bibliographie

von Hans Michael Baumgartner und Wilhelm G. Jacobs. 348 Seiten.

Diese Fichte-Bibliographie ist die erste systematische und auf Vollständigkeit angelegte Bibliographie des Schrifttums von und über Fichte. Im Unterschied zu den bisher für Fichte vorliegenden bibliographischen Arbeiten ist sie auf keinen speziellen Gesichtspunkt eingeschränkt. Dank dieser Universalität bietet sie der Forschung ein Instrument, das beim Studium Fichtes und der Philosophie des deutschen Idealismus unentbehrlich ist.

Peter Baumanns

Fichtes ursprüngliches System
Sein Standort zwischen Kant und Hegel

242 Seiten.

Die Arbeit weist nach, daß Fichtes Jenenser System weder als folgerichtige Weiterbildung der Kantischen Transzendentalphilosophie, noch als unvollkommene Wegbereitung des absoluten Idealismus Hegels, sondern als eine ethische Anthropologie zu verstehen ist.

Wolfgang Schrader

Empirisches und absolutes Ich
Zur Geschichte des Begiffs Leben in der Philosophie J. G. Fichtes

218 Seiten.

Die Arbeit untersucht Fichtes Theorie der Subjektivität aus ihren Anfängen in der „Kritik der Offenbarung" bis hin zur Darstellung in der „Wissenschaftslehre" von 1804.

Max Wundt

Johann Gottlieb Fichte

2. unv. Auflage der Ausgabe Stuttgart 1927. Frommanns Klassiker der Philosophie Band 28. 328 Seiten. Leinen.

Max Wundt

Fichte-Forschungen

2. unv. Auflage der Ausgabe Stuttgart 1929. 428 Seiten. Leinen.

J. G. Fichte - Gesamtausgabe

der Bayerischen Akademie der Wissenschaften

Herausgegeben von Reinhard Lauth, Hans Jacob † und Hans Gliwitzky unter Mitwirkung von Manfred Zahn, Richard Schottky und Peter Schneider

I. Reihe: Werke
II. Reihe: Nachgelassene Schriften
III. Reihe: Briefe
IV. Reihe: Kollegnachschriften

Die Gesamtausgabe der Bayerischen Akademie der Wissenschaften bringt erstmals schlechthin alles, was von Fichtes Schriften und Briefen erhalten ist, darunter ca. ein Drittel noch unveröffentlichtes Material mit Ausarbeitungen von höchster Relevanz. Die Ausgabe veröffentlicht die Schriften und Briefe Fichtes in chronologischer Folge. Durch diese Anlage kann die historische und systematische Entfaltung der transzendentalen Konzeption Fichtes in allen Auffächerungen zugleich übersehen werden. Allen Texten sind ein erschöpfender philologischer Apparat und literarische Anmerkungen beigegeben. Vorworte geben über die Genese der Texte und ihre zeitgenössischen Wirkungen Auskunft. Jeder Band enthält ausführliche Register und mehrere Abbildungen.
„Durch ihren wissenschaftlichen Wert, die kritische Genauigkeit und Vollständigkeit, durch die verwendete Sorgfalt, die Sachkunde und geistige Redlichkeit, von denen sie zeugen, durch die Klarheit und Eleganz, mit der die Texte dargeboten werden, erscheinen diese prachtvollen Bände als ein Muster wissenschaftlicher Edition" (Martial Gueroult, Collège de France).